INTERMEDIATE 2

YONSEI ACADEMIC KOREAN

Vocabulary & Grammar

중급 II

연세 대학한국어 어휘·문법

연세대학교 한국어학당 편

연세대학교 출판문화원

머리말

국내 최고의 명성으로 한국어 교육의 50년 전통을 이어 온 연세대학교 언어연구교육원 한국어학당에서는 한국어 교육의 질을 높이기 위해 그동안 많은 교재를 편찬해 왔다. 최근 한국 내 대학, 대학원에서 수학하고 있거나 진학하고자 하는 외국인이 증가함에 따라 학문을 목적으로 하는 한국어 교재에 대한 학습자들의 요구가 높아지고 있다. 이에 따라 연세대학교 언어연구교육원 한국어학당에서는 대학 수학을 목적으로 하는 외국인 유학생들을 대상으로 한국어와 한국 문화를 교육할 수 있는 새로운 교재를 출간하게 되었다.

이 교재는 대학 생활에 필요한 의사소통 기능을 집중적으로 향상시킬 수 있는 [대학 생활을 위한 한국어] 시리즈와 대학에서의 수학 능력을 집중적으로 향상시킬 수 있는 [대학 강의 수강을 위한 한국어] 시리즈로 되어 있다. [대학 생활을 위한 한국어] 시리즈는 『대학 생활을 위한 한국어 초급 I』, 『대학 생활을 위한 한국어 초급 II』, 『대학 생활을 위한 한국어 중급 I』, 『대학 생활을 위한 한국어 중급 II』로 되어 있으며, 『대학 강의 수강을 위한 한국어』 시리즈는 『대학 강의 수강을 위한 한국어 중급 I』, 『대학 강의 수강을 위한 한국어 중급 II』, 그리고 『대학 강의 수강을 위한 한국어 고급』으로 되어 있다.

[대학 생활을 위한 한국어] 시리즈는 한국어 학습 단계별로 요구되는 내용을 주제로 말하기, 듣기, 쓰기 능력을 향상할 수 있도록 다양한 과제와 활동으로 구성된 분리형 교재이다. 그리고 [대학 강의 수강을 위한 한국어] 시리즈는 대학 수학에서 요구되는 기능과 장르를 중심으로 말하기, 듣기, 쓰기, 읽기 능력을 향상할 수 있도록 실용적인 과제와 활동으로 구성된 분리형 교재이다.

그리고 이렇게 의사소통 기능을 중심으로 분리된 교재와 함께 각 단계에서 기본적인 언어능력 습득을 위한 어휘 문법 교재가 필요한 바 이번에 어휘문법 교재를 출간하여 대학 수학을 목적으로 하는 학습자를 대상으로 하는 교재인 '대학 한국어 과정' 교재를 완성하게 되었다. 이번에 출간하는 [연세 대학한국어 어휘 · 문법] 시리즈는 초급Ⅰ, 초급Ⅱ, 중급Ⅰ, 중급Ⅱ, 고급의 5단계로 구분되는데 각 단계에서 필수적으로 인식되는 어휘와 문법을 설명하고 연습을 제시하여 학습자가 혼자서도 한국어 어휘와 문법을 익힐 수 있도록 하였다.

[대학 생활을 위한 한국어]와 [대학 강의 수강을 위한 한국어], [연세 대학한국어 어휘 · 문법] 교재 시리즈가 연세대학교 언어연구교육원 한국어학당에서 공부하는 학생들뿐만 아니라 한국 내에서 대학, 대학원 수학을 목적으로 하고 있는 모든 한국어 학습자들에게 도움이 되기를 바란다.

연세대학교 언어연구교육원
한국어학당 교재편찬위원회

일러두기

- 『연세 대학한국어 어휘·문법 중급 Ⅱ』는 대학에서 공부하는 외국인 학습자를 위한 중급 단계의 책으로 『대학 강의 수강을 위한 한국어 중급 Ⅱ』와 『대학 생활을 위한 한국어 중급 Ⅱ』와 연계해서 사용할 수 있도록 구성하였다.
- 『연세 대학한국어 어휘·문법 중급 Ⅱ』는 중급 단계에서 필요한 어휘와 문법을 제시하고 연습할 수 있게 함으로써 학습자들의 어휘력과 문법 능력을 향상시킬 수 있도록 구성하였다.
- 『연세 대학한국어 어휘·문법 중급 Ⅱ』는 총 10개 과이며 각 과는 4개항씩 총 40개의 항으로 구성하였고 부록으로 모범 답안과 어휘 색인을 실었다.
- 각 과의 주제는 『대학 생활을 위한 한국어 중급 Ⅱ 말하기』의 주제를 따라 이와 동일하게 선정하였다.

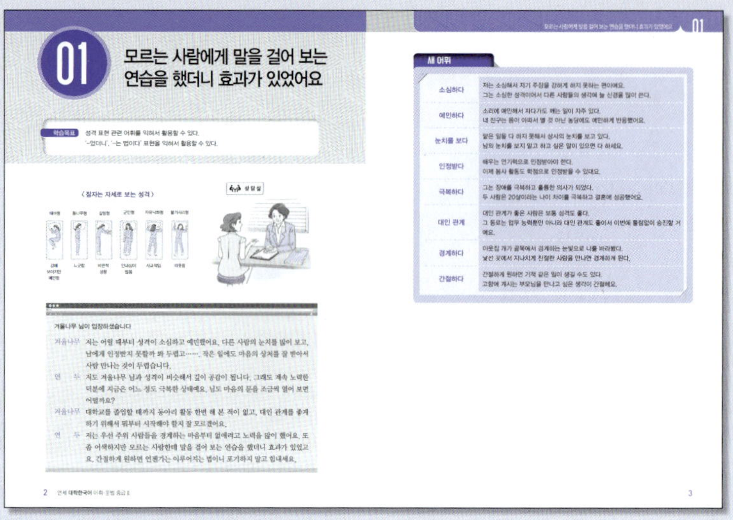
01
모르는 사람에게 말을 걸어 보는 연습을 했더니 효과가 있었어요
새 어휘
소심하다
예민하다
눈치를 보다
인정받다
극복하다
대인 관계
경계하다
간절하다

- **각 항의 제목, 학습 목표, 본문 대화가 제시된다.**

- 각 항의 제목은 대화 중에서 학습 목표에서 제시한 문법이 사용된 주요 문장을 선정하여 제시하였다.
- 학습 목표는 각 항에서 학습할 어휘와 문법을 중심으로 제시하였다.
- 삽화와 사진은 대화 상황과 관련된 것으로 대화를 위한 들어가기의 역할을 하도록 구성하였으며 대화 내용에 대한 학습자들의 이해를 돕고 학습자들의 흥미를 유발할 수 있도록 하였다.
- 대화는 각 항의 주제와 관련하여 가장 전형적이고 대표적인 상황을 설정하고자 노력하였으며 2~2.5 차례의 대화로 구성하였다.

- **어휘는 대화에 나오는 새 어휘와 주제 어휘로 나누어 제시하였다.**

- 새 어휘는 대화에 사용된 어휘 중에서 초급Ⅰ, 초급Ⅱ 및 중급Ⅰ에서 학습하지 않은 어휘로 선정하여 제시하였다. 각 항에서 7~9개의 새 어휘를 제시하고 각 어휘마다 의미를 유추할 수 있는 예문을 2개씩 제시하였다. 또한 연습문제를 덧붙여 학습한 어휘를 확인해 볼 수 있도록 하였다. 『연세 대학한국어 어휘·문법 중급 Ⅱ』에서 다루는 새 어휘는 총 322개이다.
- 주제 어휘는 각 항의 주제와 관련된 어휘를 선정하여 제시하고 연습문제를 통해 확인하도록 하였다. 각 항별로 8~10개의 주제 어휘를 제시하였으며 『연세 대학한국어 어휘·문법 중급 Ⅱ』에서는 총 366개의 주제 어휘를 제시하였다.

- **문법은 문법 설명, 예문, 연습으로 구성된다.**

– 문법은 『대학 생활을 위한 한국어 중급Ⅱ 말하기』와 『대학 강의 수강을 위한 한국어 중급Ⅱ 말하기』의 문법 항목을 바탕으로 각 항마다 2개씩 선정하였다. 문법 항목마다 형태, 의미, 기능적 특징을 설명하고 이해를 돕는 예문을 4개씩 제시하였으며 학습한 내용을 점검할 수 있는 연습문제를 실었다.

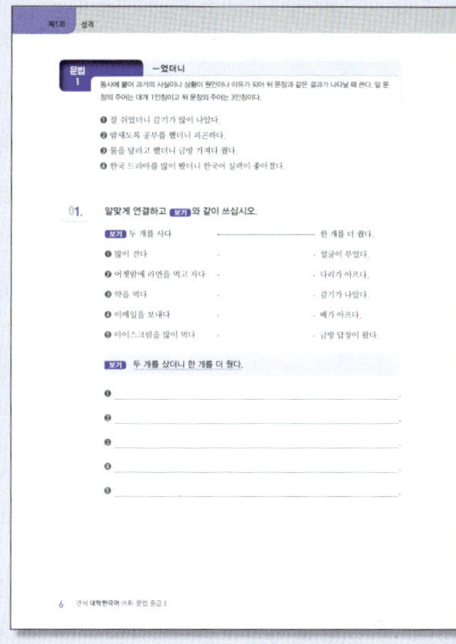

- **각 항의 마지막에는 활동이 있다.**

– 활동은 각 항에서 학습한 어휘와 문법을 활용하여 말하거나 쓰는 연계 활동으로 구성하였다.

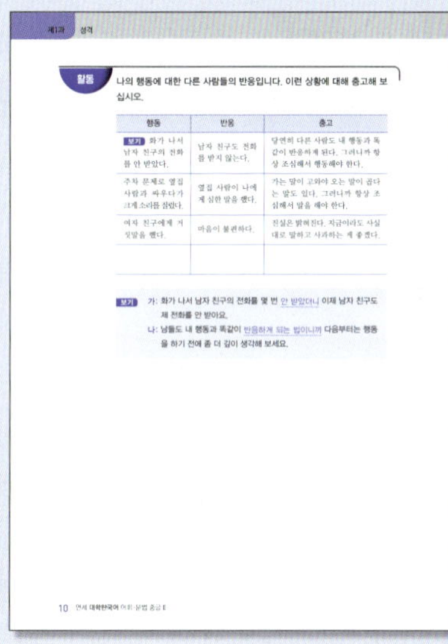

- 모범 답안은 어휘 연습과 문법 연습의 모범 답안을 제시하여 학습자가 확인할 수 있도록 하였다.

- 어휘 색인에서는 각 항에서 다루어진 새 어휘와 주제 어휘를 가나다 순으로 정리하였으며 해당 본문의 과와 항을 함께 제시하였다.

차 례

내용 구성

과	항	제목	학습 목표	새 어휘	주제 어휘	문법
제1과 성격	(1)	모르는 사람에게 말을 걸어 보는 연습을 했더니 효과가 있었어요	• 성격 표현 관련 어휘를 익혀서 활용할 수 있다. • '-었더니', '-는 법이다' 표현을 익혀서 활용할 수 있다.	소심하다 예민하다 눈치를 보다 인정받다 극복하다 대인 관계 경계하다 간절하다	성격 표현 관련 어휘 Ⅰ 대범하다 명랑하다 털털하다 느긋하다 섬세하다 덜렁거리다 상냥하다 자상하다 우유부단하다	• -었더니 • -는 법이다
	(2)	성격 형성은 환경에 달려 있다고 보는 사람들도 있어요	• 성격 표현 관련 어휘를 익혀서 활용할 수 있다. • '에 따르면', '에 달려 있다' 표현을 익혀서 활용할 수 있다.	타고나다 기질 영향을 미치다 까다롭다 형성 책임감 순응하다 사교적 원만하다	성격 표현 관련 어휘 Ⅱ 변덕스럽다 여성스럽다 싫증을 잘 내다 너그럽다 참을성이 없다 인정이 많다 붙임성이 있다 애교가 많다	• 에 따르면 • 에 달려 있다
	(3)	새로운 일에 도전하는 걸 좋아하다가 보니 다양한 활동에 참여하는 편이에요	• 성격 유형 관련 어휘를 익혀서 활용할 수 있다. • '-다가 보니', '-기보다' 표현을 익혀서 활용할 수 있다.	성향 도전하다 철저하다 적응력 개방적 받아들이다 목표 구체적 우선순위	성격 유형 관련 어휘 폐쇄적 현실적 이상적 낙관적 비관적 계획적 충동적 열정적 냉소적 진취적	• -다가 보니 • -기보다
	(4)	성격 검사 결과로 봐서는 학자나 은행원이 잘 맞을 것 같군요	• 직업과 관련된 성격 어휘를 익혀서 활용할 수 있다. • '-을 겸', '으로 봐서는' 표현을 익혀서 활용할 수 있다.	경력 인턴 단조롭다 반복적 협력적 조직 논리적 안정적 금융기관	직업과 관련된 성격 어휘 추진력 친화력 기획력 창의력 결단력 판단력 성실성 사교성 적극성 독창성	• -을 겸 • 으로 봐서는
제2과 전통	(1)	예전에 비하면 장을 사다 먹는 사람들이 많아졌어요	• 음식 맛 관련 어휘를 익혀서 활용할 수 있다. • '-어 두다', '에 비하면' 표현을 익혀서 활용할 수 있다.	가옥 장독대 발효 항아리 숙성되다 좌우하다 고유 안타깝다	음식 맛 관련 어휘 달콤하다 매콤하다 새콤하다 짭짤하다 얼큰하다 느끼하다 고소하다 구수하다 떫다 비리다	• -어 두다 • 에 비하면
	(2)	전통 예술이 원래의 모습을 잃지 않을까 싶은데요	• 전통 공연 예술 관련 어휘를 익혀서 활용할 수 있다. • '-게 마련이다', '-을까 싶다' 표현을 익혀서 활용할 수 있다.	계승하다 힘쓰다 아무래도 고급화되다 거리감 대중화하다 기획하다 -계 발굴하다	전통 공연 예술 관련 어휘 보존하다 보전하다 발전하다 국악 판소리 탈춤 풍물놀이(농악) 사물놀이	• -게 마련이다 • -을까 싶다
	(3)	옛날 사람들은 후손의 미래가 조상의 무덤 자리에 의해 결정된다고 믿었어요	• 한국의 가옥 구조 관련 어휘를 익혀서 활용할 수 있다. • '으로', '에 의해' 표현을 익혀서 활용할 수 있다.	전형적 배산임수 집터 고려하다 지형 풍수지리 여기다 무덤 통하다	한국의 가옥 구조 관련 어휘 기와집 초가집 지붕 처마 천장 바닥 마루 마당 안방 건넌방	• 으로 • 에 의해
	(4)	마치 보름달을 보는 것처럼 푸근하고 넉넉한 느낌이었어요	• 문화 유산 및 전통 계승 관련 어휘를 익혀서 활용할 수 있다. • '-는다기에', '마치 -는 것처럼' 표현을 익혀서 활용할 수 있다.	걸치다 장인 자자손손 대 잇다 푸근하다 넉넉하다 가업 평을 받다	문화 유산 및 전통 계승 관련 어휘 국보 보물 유형 문화재 무형 문화재 인간 문화재 자연유산 맥을 잇다 유지하다 복원하다	• -는다기에 • 마치 -는 것처럼
제3과 변화	(1)	나이가 많다고 해서 다 결혼해야 하는 건 아니지요	• 결혼 관련 어휘를 익혀서 활용할 수 있다. • '-는다고 해서', '-는 수가 있다' 표현을 익혀서 활용할 수 있다.	걱정이 이만저만이 아니다 필수 경제력 현상 가속화되다 악영향 세대	결혼 관련 어휘 독신 미혼 기혼 초혼 이혼 재혼 결혼 적령기 시집가다 장가가다 가정을 이루다	• -는다고 해서 • -는 수가 있다

제3과 변화	(2)	두 분이 심사숙고해서 결정하신 만큼 잘 해 나가실 거라고 믿어	• 가족 형태 관련 어휘를 익혀서 활용할 수 있다. • '-더니[1]', '-는 만큼' 표현을 익혀서 활용할 수 있다.	조촐하다 치르다 아무튼 심사숙고하다 형태 주변 편견 시선	가족 형태 관련 어휘 핵가족 대가족 한부모 가족 다문화 가족 공동체 가족 조손 가족 1인 가구 비동거 가족	• -더니[1] • -는 만큼
	(3)	물질적으로 풍요로워짐에 따라 정신적인 가치를 중요하게 여기는 사람들이 늘고 있습니다	• 소비문화 관련 어휘를 익혀서 활용할 수 있다. • '-건 -건', '-음에 따라' 표현을 익혀서 활용할 수 있다.	실용적 독특하다 가치 제값 상관하다 자체 물질적 대표적 풍요롭다	소비문화 관련 어휘 소비자 생산자 판매하다 구매하다 수입 지출 저가 고가 절약하다 낭비하다	• -건 -건 • -음에 따라
	(4)	기술이 중요했던 예전 사회와 달리 지금은 지식과 정보의 중요성이 커졌습니다	• 산업 관련 어휘를 익혀서 활용할 수 있다. • '과 달리', '-어 내다' 표현을 익혀서 활용할 수 있다.	-차 산업 비중 종사하다 차지하다 제조업 수출 지적하다 그치다	산업 관련 어휘 농업 수산업(어업) 축산업 경공업 중공업 서비스업 상업 금융업 통신업 유통업	• 과 달리 • -어 내다
제4과 교육	(1)	장난꾸러기였던 아이가 점점 모범생으로 변하는 모습이 인상적이더라	• 교육 방식 관련 어휘를 익혀서 활용할 수 있다. • '-더라', '-다가 보면' 표현을 익혀서 활용할 수 있다.	장난치다 끌다 저지르다 바람직하다 장난꾸러기 모범생 편 역효과	교육 방식 관련 어휘 칭찬하다 격려하다 평가하다 타이르다 무시하다 나무라다 야단치다 체벌을 가하다 매를 들다	• -더라 • -다가 보면
	(2)	인성 발달에 좋은 영향을 줄 리 없습니다	• 사교육 관련 어휘를 익혀서 활용할 수 있다. • '-을 리 없다', '-자면' 표현을 익혀서 활용할 수 있다.	대거 대비하다 작용하다 인성 과열되다 일관되다 정책 소신 명문대	사교육 관련 어휘 사교육 학원 과외 영재 교육 조기 교육 입시 위주 교육 주입식 교육 예체능 교육 선행 학습	• -을 리 없다 • -자면
	(3)	이번 학기에 공부를 너무 안 해서 낙제할 뻔했어요	• 교육 제도 관련 어휘를 익혀서 활용할 수 있다. • '-을 뻔하다', '만으로는' 표현을 익혀서 활용할 수 있다.	낙제하다 회의 고졸 현장 실습 가치관 효율적	교육 제도 관련 어휘 공교육 의무교육 국·공립학교 사립학교 대안학교 학제 학사 석사 박사	• -을 뻔하다 • 만으로는
	(4)	설마 학점을 못 받게 되는 건 아니겠지?	• 온라인 교육 관련 어휘를 익혀서 활용할 수 있다. • '설마 -는 건 아니겠지요?', '-었더라면' 표현을 익혀서 활용할 수 있다.	제출하다 정 공개 기초 일반인 진행 진작	온라인 교육 관련 어휘 전자 학습(이러닝) 모바일 학습 자기 주도적 학습 온라인 교육 학점 인정 평생 교육 사이버 대학 웹 기반 학점은행제	• 설마 -는 건 아니겠지요? • -었더라면
제5과 소통	(1)	계속 이런 식이라면 그냥 헤어질까 봐요	• 소통 관련 어휘를 익혀서 활용할 수 있다. • '-을까 보다', '-지' 표현을 익혀서 활용할 수 있다.	언짢다 사소하다 다투다 공감하다 다소 하늘의 별따기 보편적	소통 관련 어휘 아 다르고 어 다르다 말 한 마디로 천냥 빚 갚는다 가는 말이 고와야 오는 말이 곱다 한 귀로 듣고 한 귀로 흘린다 쇠 귀에 경 읽기 마이동풍 표현하다 전달하다 이해하다 공감하다	• -을까 보다 • -지

내용 구성

제5과 소통	(2)	혹시 교수님께서 많이 언짢아하시던가 요?	• 비언어적 의사소통 관련 어휘를 익혀서 활용할 수 있다. • '-게', '-던가요?' 표현을 익혀서 활용할 수 있다.	실은 행동하다 고개를 숙이다 말대꾸 쳐다보다 반성하다 반항하다	비언어적 의사소통 관련 어휘 몸짓 손짓 발짓 눈짓 고개를 젓다 고개를 끄덕이다 고개를 갸우뚱하다 얼굴을 찡그리다 눈살을 찌푸리다	• -게 • -던가요?
	(3)	소통의 매체인 스마트폰이 오히려 소통을 단절시키는 도구가 된 셈이네	• 소통의 단절 관련 어휘를 익혀서 활용할 수 있다. • '-는 셈이다', '-는다고 해도' 표현을 익혀서 활용할 수 있다.	부재 씁쓸하다 매체 단절시키다 주범 돌리다 내몰리다	소통의 단절 관련 어휘 외톨이 따돌림 경청하다 귀를 기울이다 은둔하다 틀어박히다 소외되다 왕따를 당하다	• -는 셈이다 • -는다고 해도
	(4)	잘 듣는다는 게 여간 어려운 일이 아니에요	• 토론 관련 어휘를 익혀서 활용할 수 있다. • '-을 게 아니라', '여간 -지 않다' 표현을 익혀서 활용할 수 있다.	제대로 반박하다 종종 일방적 펼치다 따지다 명확하다 불쾌하다	토론 관련 어휘 찬성하다 동의하다 지지하다 주장하다 반대하다 비판하다 공격하다 방어하다 문제를 제기하다 중재하다	• -을 게 아니라 • 여간 -지 않다
제6과 대중 문화	(1)	아이돌 가수가 주인공이라던데 재미있어요?	• 드라마 관련 어휘를 익혀서 활용할 수 있다. • '-는다던데', '치고' 표현을 익혀서 활용할 수 있다.	한숨도 못 자다 각색하다 시청률 억지스럽다 갈등 사회상 반영하다	드라마 관련 어휘 기획 각색 제작 연출 시청자 출연자 주인공 주연 조연 줄거리	• -는다던데 • 치고
	(2)	전에는 공개 오디션 프로그램이 인기를 끌더니 이제는 그렇지 않은가 봐	• 대중가요 관련 어휘를 익혀서 활용할 수 있다. • '-는 바람에', '-더니[2]' 표현을 익혀서 활용할 수 있다.	선발하다 오디션 데뷔하다 신인 정식 홍보하다 확보하다 수익	대중가요 관련 어휘 음원 음반 작곡하다 작사하다 편곡하다 무대에 오르다 활동하다 활동을 중단하다 활동을 재개하다	• -는 바람에 • -더니[2]
	(3)	몇 년 전만 해도 웃음이나 경쟁을 중심으로 하는 오락 프로그램이 많았어요	• 방송 관련 어휘를 익혀서 활용할 수 있다. • '만 해도', '-는다든가' 표현을 익혀서 활용할 수 있다.	오락 요구하다 때우다 대리 만족 가상 충족하다 욕구	방송 관련 어휘 시사 교양 연예 오락 스포츠 홈쇼핑 편성표 제작진	• 만 해도 • -는다든가
	(4)	한국 화장품이 외국인 관광객들한테 날개 돋친 듯이 팔린대	• 아름다운 신체 관련 어휘를 익혀서 활용할 수 있다. • '-는지', '-는 듯이' 표현을 익혀서 활용할 수 있다.	발 디딜 틈이 없다 붐비다 내국인 입간판 눈에 띄다 날개가 돋치다 몰려나오다 열광하다 동경하다	아름다운 신체 관련 어휘 얼굴이 갸름하다 쌍꺼풀이 지다 코가 오뚝하다 몸매가 좋다 피부가 뽀얗다 훤칠하다 체격이 좋다 이목구비가 뚜렷하다	• -는지 • -는 듯이
제7과 인터넷	(1)	중요한 소식을 놓칠까 봐 꺼 놓을 수가 있어야지요	• 인터넷 관련 어휘를 익혀서 활용할 수 있다. • '-을 수가 있어야지요', '-었다 하면' 표현을 익혀서 활용할 수 있다.	아예 제약 신속하다 미화되다 게시물 상대적 박탈감 압박감	인터넷 관련 어휘 검색 접속 게시판 네티즌 사이트 블로그 가입 탈퇴 글을 올리다 댓글을 달다	• -을 수가 있어야지요 • -었다 하면

제7과 인터넷	(2)	내가 듣기로는 시민들의 위치와 정보 데이터를 수집하고 분석해서 버스 노선을 만들었다던데	• 데이터 관련 어휘를 익혀서 활용할 수 있다. • '-도록[1]', '으로는' 표현을 익혀서 활용할 수 있다.	심야 귀가하다 자정 시민 데이터 분석하다 패턴 예측하다 유용하다	데이터 관련 어휘 (데이터를) 수집하다 저장하다 입력하다 분석하다 공유하다 활용하다 처리하다 전송하다 수신하다	• -도록[1] • 으로는
	(3)	지금 사전 등록을 하나 마나 전시회 무료 체험은 마감됐을 거야	• 사물인터넷 관련 어휘를 익혀서 활용할 수 있다. • '-는 김에', '-으나 마나' 표현을 익혀서 활용할 수 있다.	사물인터넷 책자 실시간 감지하다 작동하다 사전 제한	사물인터넷 관련 어휘 인공지능 원격 조종 스마트 기기 첨단 기기 인식하다 연동되다 조작하다 조절되다	• -는 김에 • -으나 마나
	(4)	시스템 해킹으로 인해 사이버 범죄가 끊이지 않고 있습니다	• 사이버 범죄 관련 어휘를 익혀서 활용할 수 있다. • '으로 인해', '-기에는' 표현을 익혀서 활용할 수 있다.	침해 사례 혼란 일으키다 이득 취하다 대책 보안 마련하다	사이버 범죄 관련 어휘 개인 정보 유출 저작권 침해 무단 도용 전자 금융 사기 불법 사이트 불법 다운로드 악성 애플리케이션 악성 코드 감염 사이버 수사대 IP 추적	• 으로 인해 • -기에는
제8과 건강	(1)	슈퍼바이러스를 물리칠 수 있도록 우리 몸의 면역력을 키우는 것도 필요합니다	• 약 관련 어휘를 익혀서 활용할 수 있다. • '-다가는', '-도록[2]' 표현을 익혀서 활용할 수 있다.	일반적 감염 항생제 강력하다 내성 남용 안심하다 물리치다 면역력	약 관련 어휘 소화제 수면제 진통제 해열제 지사제 처방하다 조제하다 복용하다 오용하다	• -다가는 • -도록[2]
	(2)	작심삼일이라더니 온갖 간식거리가 다 있네요	• 영양소와 건강한 식습관 관련 어휘를 익혀서 활용할 수 있다. • '-는다더니', '을 비롯하여' 표현을 익혀서 활용할 수 있다.	작심삼일 유혹 뿌리치다 영양소 섭취하다 당뇨병 고혈압 뇌졸중 공복감	영양소와 건강한 식습관 관련 어휘 단백질 탄수화물 지방 비타민 무기질 가공식품 저염식 제철 음식 발효 식품 유기농 식품	• -는다더니 • 을 비롯하여
	(3)	제가 우울증에 걸린 건 아닌가 걱정이 되기도 해요	• 정신 이상 관련 어휘를 익혀서 활용할 수 있다. • '-기도 하다', '-으나' 표현을 익혀서 활용할 수 있다.	불면증 시달리다 식욕 우울증 방치하다 불안 장애 유발하다 숙면	정신 이상 관련 어휘 중독 공포증 공황 장애 대인기피증 외상 후 스트레스 장애 초조하다 불안하다 우울하다 염려하다 무기력하다	• -기도 하다 • -으나
	(4)	조사에 의하면 우리 국민의 평균 수명이 80세가 넘었다고 합니다	• 생로병사 관련 어휘를 익혀서 활용할 수 있다. • '에 의하면', '-고 보니' 표현을 익혀서 활용할 수 있다.	장수 수명 고통 제외하다 실감하다 부작용 목돈 가중시키다 걸림돌이 되다	생로병사 관련 어휘 영·유아기 아동기 청소년기 청·장년기 중년기 노년기 출생 성장 노화 사망	• 에 의하면 • -고 보니
제9과 환경	(1)	젊어서 고생은 사서도 한다고 나한테는 의미 있는 여행이었어	• 공정 여행 관련 어휘를 익혀서 활용할 수 있다. • '대로', '-는다고[1]' 표현을 익혀서 활용할 수 있다.	공정 현지인 일회용품 최대한 심다 보탬 뿌듯하다 한마디	공정 여행 관련 어휘 개발하다 파괴하다 훼손하다 보호하다 보존하다 규제하다 환경친화 자연친화	• 대로 • -는다고[1]

내용 구성

단원	과	제목	학습 목표	어휘	주제 어휘	문법
제9과 환경	(2)	창의적이고 기발한 제품들이 어찌나 많은지 깜짝 놀랐어요	• 환경 파괴와 쓰레기 관련 어휘를 익혀서 활용할 수 있다. • '어찌나 -는지', '이며' 표현을 익혀서 활용할 수 있다.	창의적 기발하다 방수포 폐지 생소하다 용어 차원 친환경적	환경 파괴와 쓰레기 관련 어휘 폐수 폐기물 수질 오염 대기 오염 토양 오염 분리하다 배출하다 수거하다 재활용하다	• 어찌나 -는지 • 이며
	(3)	대책을 서둘러 마련하지 않고서는 재앙을 피할 수 없을 겁니다	• 환경오염 및 자연재해 관련 어휘를 익혀서 활용할 수 있다. • '-는 게 틀림없다', '-고서는' 표현을 익혀서 활용할 수 있다.	우려하다 접하다 면적 급격하다 해수면 잠기다 가정하다 닥치다 재앙	환경오염 및 자연재해 관련 어휘 오존층 파괴 온실 효과 이상 기후 미세 먼지 산성비 지진이 나다 홍수가 나다 가뭄이 들다 해일이 일어나다 화산이 폭발하다	• -는 게 틀림없다 • -고서는
	(4)	이 습지마저 없어지면 안 되겠습니다	• 생태 및 지형 관련 어휘를 익혀서 활용할 수 있다. • '마저', '-으며' 표현을 익혀서 활용할 수 있다.	공존 습지 생태계 도심 정화하다 식히다 게을리하다	생태 및 지형 관련 어휘 사막 해안 계곡 반도 대륙 서식하다 진화하다 적응하다 멸종하다	• 마저 • -으며
제10과 직업	(1)	적성을 고려해서 직장을 신중하게 선택할걸 그랬어	• 일에 대한 가치관 관련 어휘를 익혀서 활용할 수 있다. • '-으라고', '-을걸 그랬다' 표현을 익혀서 활용할 수 있다.	증명사진 만만하다 조급하다 타협하다 단지 돈벌이 결코	일에 대한 가치관 관련 어휘 명예 권력 부 소속감 보람 긍지 생계를 잇다 자아를 실현하다 능력을 발휘하다 가치를 추구하다	• -으라고 • -을걸 그랬다
	(2)	저는 신입 사원 모집에 지원하고자 몇 해 전부터 취업 준비를 해 온 대학생입니다	• 취업 관련 어휘를 익혀서 활용할 수 있다. • '-고자', '-으므로' 표현을 익혀서 활용할 수 있다.	채용 모집 인재상 철학 바탕 창의성 학벌 중요시하다	취업 관련 어휘 구직하다 지원하다 면접하다 취업하다 근무하다 이직하다 실직하다 퇴직하다	• -고자 • -으므로
	(3)	연봉도 연봉이지만 기업 문화 때문에 이직을 많이 하는 것 같아	• 임금 관련 어휘를 익혀서 활용할 수 있다. • '도 이지만', '-는다고[2]' 표현을 익혀서 활용할 수 있다.	취재 응하다 유심히 부쩍 연봉 권위적 보수적	임금 관련 어휘 보수 급여 임금 월급 수당 상여금 퇴직금 연금	• 도 이지만 • -는다고[2]
	(4)	앞으로 다양한 정보를 참고해 가면서 미래를 준비하세요	• 직종 관련 어휘를 익혀서 활용할 수 있다. • '-는가 하면', '-어 가면서' 표현을 익혀서 활용할 수 있다.	종사자 유망하다 재생 에너지 생명 공학 변리사 떠오르다 참고하다	직종 관련 어휘 사무직 생산직 기술직 영업직 전문직 서비스직 교직 연구직 성직	• -는가 하면 • -어 가면서

제 1 과

성격

01 모르는 사람에게 말을 걸어 보는 연습을 했더니 효과가 있었어요

02 성격 형성은 환경에 달려 있다고 보는 사람들도 있어요

03 새로운 일에 도전하는 걸 좋아하다가 보니 다양한 활동에 참여하는 편이에요

04 성격 검사 결과로 봐서는 학자나 은행원이 잘 맞을 것 같군요

01 모르는 사람에게 말을 걸어 보는 연습을 했더니 효과가 있었어요

학습 목표 성격 표현 관련 어휘를 익혀서 활용할 수 있다.
'-었더니', '-는 법이다' 표현을 익혀서 활용할 수 있다.

잠자는 자세로 보는 성격

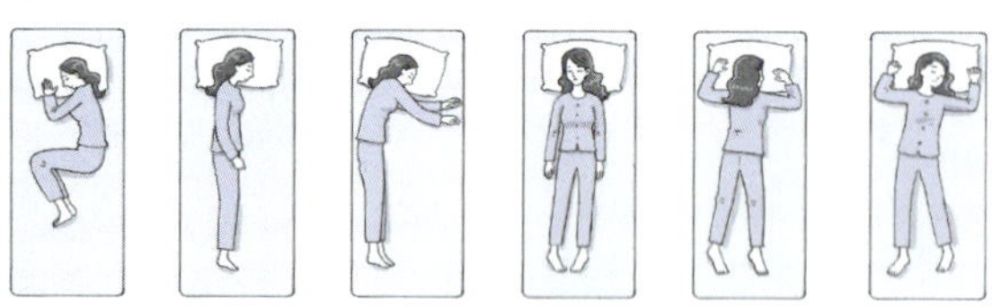

겨울나무 님이 입장하셨습니다

겨울나무　저는 어릴 때부터 성격이 소심하고 예민했어요. 다른 사람의 눈치를 많이 보고, 남에게 인정받지 못할까 봐 두렵고……. 작은 일에도 마음의 상처를 잘 받아서 사람 만나는 것이 두렵습니다.

연　　두　저도 겨울나무 님과 성격이 비슷해서 깊이 공감이 됩니다. 그래도 계속 노력한 덕분에 지금은 어느 정도 극복한 상태예요. 님도 마음의 문을 조금씩 열어 보면 어떨까요?

겨울나무　대학교를 졸업할 때까지 동아리 활동 한번 해 본 적이 없고 대인 관계를 좋게 하기 위해서 뭐부터 시작해야 할지 잘 모르겠어요.

연　　두　저는 우선 주위 사람들을 경계하는 마음부터 없애려고 노력을 많이 했어요. 또 좀 어색하지만 모르는 사람한테 말을 걸어 보는 연습을 했더니 효과가 있었고요. 간절하게 원하면 언젠가는 이루어지는 법이니 포기하지 말고 힘내세요.

새 어휘

소심하다	저는 소심해서 자기 주장을 강하게 하지 못하는 편이에요. 그는 소심한 성격이어서 다른 사람들의 생각에 늘 신경을 많이 쓴다.
예민하다	소리에 예민해서 자다가도 깨는 일이 자주 있다. 내 친구는 몸이 아파서 별 것 아닌 농담에도 예민하게 반응했어요.
눈치를 보다	맡은 일을 다 하지 못해서 상사의 눈치를 보고 있다. 남의 눈치를 보지 말고 하고 싶은 말이 있으면 다 하세요.
인정받다	배우는 연기력으로 인정받아야 한다. 이제 봉사 활동도 학점으로 인정받을 수 있대요.
극복하다	그는 장애를 극복하고 훌륭한 의사가 되었다. 두 사람은 20살이라는 나이 차이를 극복하고 결혼에 성공했어요.
대인 관계	성격이 좋은 사람은 대인 관계가 좋다. 그 동료는 업무 능력뿐만 아니라 대인 관계도 좋아서 이번에 틀림없이 승진할 거예요.
경계하다	이웃집 개가 골목에서 경계하는 눈빛으로 나를 바라봤다. 낯선 곳에서 지나치게 친절한 사람을 만나면 경계하게 된다.
간절하다	간절하게 원하면 기적 같은 일이 생길 수도 있다. 고향에 계시는 부모님을 만나고 싶은 생각이 간절해요.

01. 빈칸에 알맞은 말을 쓰십시오.

보기 성격이 ___소심한___ ~~는/은/ㄴ~~ 사람은 불만이 있어도 말을 못 하고 늘 참기만 한다.

❶ 이 드라마는 전쟁 후 한국인들이 경제적 어려움을 __________는/은/ㄴ 과정을 잘 표현하고 있다.

❷ 우리 반 학생들은 왜 나를 __________고 무서워하는지 모르겠다.

❸ 신경이 __________어서/아서/여서 작은 일에도 자주 화를 낸다.

❹ 김 과장은 윗사람들로부터 능력을 __________어서/아서/여서 승진이 빨랐다.

02. 빈칸에 알맞은 말을 쓰십시오.

보기 ___대인 관계가___ ~~이/가~~ 좋은 사람들은 직장 생활에서도 성공할 확률이 높다. 같은 공간에서 오랜 시간 같이 일을 하면 마음이 안 맞아서 기분이 상하는 일도 가끔 생길 수 있다. 이럴 때마다 다른 사람의 ❶ __________으면서/면서 하고 싶은 말도 못하는 ❷ __________는/은/ㄴ 성격의 사람들이 있는데 이런 성격을 ❸ __________지 못하면 직장 생활은 물론이고 개인의 발전에도 도움이 되지 않는다. '시작이 반'이라는 말처럼, 지금 당장은 어려울지 몰라도 자신의 의견을 주장하는 연습을 많이 하면 언젠가는 나도 모르게 익숙해질 것이다. ❹ __________게 원하면 무슨 일이든지 이루어진다고 하지 않는가? 오늘부터라도 시작해 보자.

주제 어휘

성격 표현 I	• 대범하다 • 명랑하다 • 털털하다 • 느긋하다 • 섬세하다 • 덜렁거리다 • 상냥하다 • 자상하다 • 우유부단하다

01. 관계있는 것을 찾아 연결하십시오.

보기 섬세하다 ——— 그 소설은 주인공의 작은 감정 변화까지도 잘 표현하고 있어요.

❶ 털털하다 • • 결정을 쉽게 하지 못해요.

❷ 상냥하다 • • 남이 실수를 해도 금방 잊어버리고 화를 내는 일이 별로 없어요.

❸ 우유부단하다 • • 우리 사장님은 직원들의 생일도 잊지 않고 챙겨 주세요.

❹ 자상하다 • • 백화점 여직원이 웃으며 친절하게 대해 주었어요.

02. 빈칸에 알맞은 말을 쓰십시오.

결혼 상대로는 어떤 사람이 좋을까? 나는 밝고 보기 명랑하 고 서두르지 않는 ❶ __________ 는/은/ㄴ 성격이라는 칭찬을 자주 받는다. 하지만 ❷ __________ 어서/아서/여서 실수를 할 때도 많기 때문에 결혼 상대는 나와는 좀 다른 사람을 만났으면 좋겠다. 내가 놓치고 실수하는 것도 잘 챙겨 주는 ❸ __________ 는/은/ㄴ 사람이었으면 좋겠다. 또 어떤 일을 결정할 때 용기 있게 결정을 내릴 수 있는 ❹ __________ 는/은/ㄴ 사람이면 더 좋겠다.

문법 1 -었더니

동사에 붙어 과거의 사실이나 상황이 원인이나 이유가 되어 뒤 문장과 같은 결과가 나타날 때 쓴다. 앞 문장의 주어는 대개 1인칭이고 뒤 문장의 주어는 3인칭이다.

❶ 잘 쉬었더니 감기가 많이 나았다.
❷ 밤새도록 공부를 했더니 피곤하다.
❸ 물을 달라고 했더니 금방 가져다 줬다.
❹ 한국 드라마를 많이 봤더니 한국어 실력이 좋아졌다.

01. 알맞게 연결하고 보기 와 같이 쓰십시오.

보기 두 개를 사다 ———— 한 개를 더 줬다.

❶ 많이 걷다 • • 얼굴이 부었다.
❷ 어젯밤에 라면을 먹고 자다 • • 다리가 아프다.
❸ 약을 먹다 • • 감기가 나았다.
❹ 이메일을 보내다 • • 배가 아프다.
❺ 아이스크림을 많이 먹다 • • 금방 답장이 왔다.

보기 두 개를 샀더니 한 개를 더 줬다.

❶ ______________________________.
❷ ______________________________.
❸ ______________________________.
❹ ______________________________.
❺ ______________________________.

02. 다음 글을 읽고 대화를 완성하십시오.

연희는 어제도 숙제를 확인하느라 밤을 새워서 아주 피곤하다. 웨이는 피곤해하는 연희에게 기숙사에 가서 좀 쉬라고 했다. 그런데 어제 커피를 많이 마셨기 때문에 연희는 잠이 오지 않았다. 웨이는 얼마 전 잠이 안 올 때 따뜻한 우유를 마시고 푹 잔 경험이 생각나서 연희에게 그 이야기를 해 주었다. 연희는 웨이의 말대로 해 보겠다고 했다. 그래도 연희는 이제 발표를 끝냈기 때문에 마음이 편해졌다.

웨이: 왜 이렇게 피곤해 보여요?
연희: 오늘까지 내야 하는 숙제가 있었는데, 고쳐야 할 부분이 많아서 확인하느라 어제 **보기** 밤을 새웠더니 너무 피곤해요.
웨이: 여기서 이러고 있지 말고 기숙사에 가서 잠깐이라도 쉬고 오지 그래요?
연희: 저도 그러고 싶은데, 어제 ❶ ____________ 잠이 안 와요.
웨이: 얼마 전에 저도 잠이 안 와서 고생한 적이 있었어요. 그런데 자기 전에 ❷ ____________ 효과가 있었어요. 연희 씨도 이따가 그렇게 해 보세요.
연희: 네, 그럴게요. 그래도 ❸ ____________ 이제 마음은 편하네요.

웨이는 한국에 처음 왔을 때 너무 외로워서 강아지를 키우기로 했다. 강아지는 날마다 산책을 시켜 줘야 하니까 덕분에 운동도 되고 좋은 것 같다. 또 웨이가 사랑을 준 만큼 강아지도 웨이를 잘 따른다. 웨이는 요즘 강아지를 키우기를 잘 한 것 같다고 생각한다.

친구: 요즘은 강아지랑 같이 있어서 좋지?
웨이: 응. ❹ ____________ 덕분에 운동도 되고 참 좋아.
친구: 거 봐. 내 말 듣기를 잘 했지? 강아지가 네 말을 잘 들어?
웨이: 내가 늘 관심을 가지고 ❺ ____________ 나를 정말 잘 따라. 키우기를 잘 한 것 같아.

문법 2 -는 법이다

동사, 형용사에 붙어 자연스러운 법칙이나 당연히 그러하거나 또는 그렇게 해야 함을 나타낼 때 쓴다.

❶ 겨울이 가면 봄이 오는 법이다.
❷ 죄를 지으면 벌을 받아야 하는 법이다.
❸ 시작이 있으면 끝도 있는 법이다.
❹ 빛이 있으면 그림자도 있는 법이다.

01. 알맞은 문장을 골라 보기 와 같이 대화를 완성하십시오.

- 세상에 공짜는 없다.
- 겨울이 가면 봄이 온다.
- 오랫동안 같이 지내면 마음이 통한다.
- 기다리면 때가 온다.
- 시간이 지나면 잊혀진다.
- 인연이 있으면 결국 만난다.

보기 가: 여러 회사에 20번도 넘게 원서를 냈는데 다 불합격했어요.
휴……, 제 인생은 왜 이런지 모르겠어요.
나: 겨울이 가면 봄이 오는 법이지요. 지금 희망이 없고 힘들게 느껴지겠지만 조금만 더 지나면 좋은 기회가 올 거예요.

❶ 가: 이 사이트에 가입하면 한 달 동안 쓸 수 있는 무료 쿠폰을 준대요.
나: ______________________. 혹시 위험할 수도 있으니까 잘 확인해 보고 가입하세요.

❷ 가: 저 사람, 배우 정소라 씨 아니에요? 옛날에 정말 인기가 많았는데 이제는 아무도 몰라보네요.
나: ______________________.

❸ 가: 정말 가지고 싶었던 물건인데 어떻게 내 마음을 알았어? 고마워.
나: 1학년 때부터 계속 같은 기숙사 방을 썼는데 내가 그걸 왜 모르겠어?
______________________.

❹ 가: 오래 사귄 남자 친구와 헤어지고 나니까 결혼도 못 할까 봐 걱정이에요.
나: ______________________.

❺ 가: 이번에도 승진이 안 돼서 크게 실망했어요.
나: 조금만 더 기다려보세요. ______________________.
기회가 이번 한 번만 있는 건 아니잖아요.

02. 보기 와 같이 대화를 완성하십시오.

> **보기** 가: 동생이 중학생이 되니까 말을 잘 안 하고 말도 안 들어요.
> 나: 중학생 때는 다 그런 법이지요 .

❶ 가: 요즘 앉아서 공부만 해서 그런지 살이 계속 쪄요.
나: ______________________.

❷ 가: 시간이 없어서 서둘러서 일을 하다가 실수를 많이 했어요.
나: 서둘러서 그렇지요. ______________________.

❸ 가: 아랫사람이 일을 잘못해서 회사가 피해를 입었는데 윗사람이 책임을 지기로 했대요.
나: 높은 자리라는 것이 원래 그렇지요. ______________________.

❹ 가: 제가 라면을 정말 좋아하는데 날마다 먹으니까 라면도 싫어지네요.
나: 당연하지요. ______________________.

❺ 가: 저는 요리에 소질이 없다고 생각했는데 요리를 계속 했더니 실력이 많이 좋아졌어요.
나: ______________________.

활동 **나의 행동에 대한 다른 사람들의 반응입니다. 이런 상황에 대해 충고해 보십시오.**

행동	반응	충고
보기 화가 나서 남자 친구의 전화를 안 받았다.	남자 친구도 전화를 받지 않는다.	당연히 다른 사람도 내 행동과 똑같이 반응하게 된다. 그러니까 항상 조심해서 행동해야 한다.
주차 문제로 옆집 사람과 싸우다가 크게 소리를 질렀다.	옆집 사람이 나에게 심한 말을 했다.	가는 말이 고와야 오는 말이 곱다는 말도 있다. 그러니까 항상 조심해서 말을 해야 한다.
여자 친구에게 거짓말을 했다.	마음이 불편하다.	진실은 밝혀진다. 지금이라도 사실대로 말하고 사과하는 게 좋겠다.

보기 가: 화가 나서 남자 친구의 전화를 몇 번 안 받았더니 이제 남자 친구도 제 전화를 안 받아요.

나: 남들도 내 행동과 똑같이 반응하게 되는 법이니까 다음부터는 행동을 하기 전에 좀 더 깊이 생각해 보세요.

02 성격 형성은 환경에 달려 있다고 보는 사람들도 있어요

학습 목표 성격 표현 관련 어휘를 익혀서 활용할 수 있다.
'에 따르면', '에 달려 있다' 표현을 익혀서 활용할 수 있다.

한국출신 쌍둥이 자매로 미국, 프랑스로 입양되어 사만다, 아나이스로 살아오다가 25년만에 만나게 됨.

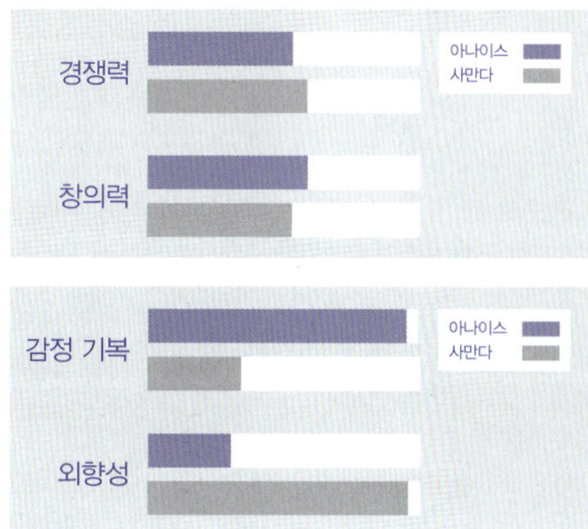

마리아　아 참, 오늘 수업 시간에 발표를 해야 하는데 발표 자료를 집에 두고 왔네요. 전 왜 이리 덜렁거리는지 모르겠어요. 어렸을 때부터 이런 실수를 많이 했는데 이런 성격을 타고난 것 같아요.

미　선　하긴 타고난 기질이 성격에 영향을 미친다고들 하지요. 한 연구 결과에 따르면 짜증을 잘 내고 잘 우는 까다로운 기질을 가진 아기들은 커서도 예민한 성격을 가지고 있었대요.

마리아　그럼 성격은 바꿀 수가 없겠군요. 저는 계속 이렇게 살아야 하는 걸까요?

미　선　하지만 성격 형성은 환경에 달려 있다고 보는 사람들도 있어요. 태어난 순서에 따라 성격도 달라지잖아요. 첫째들은 책임감이 강하고 순응하는 성격을 가진 경우가 많지요.

마리아　맞아요. 중간에 태어난 아이들은 사교적이고 대인 관계가 원만한 편이라고 하고요. 참, 이럴 시간이 없는데 저 자료 가지러 빨리 집에 다녀올게요.

새 어휘

어휘	예문
타고나다	내 친구는 말재주를 타고났다. 배우 이미희는 타고난 미모로 미인 대회에 나가서 1등을 했어요.
기질	작가들이 다 예술적인 기질을 타고나는 것은 아닌 것 같다. 우리 고모는 할아버지를 많이 닮아서 남성적인 기질을 가지고 있어요.
영향을 미치다	부모의 교육 방식은 아이에게 큰 영향을 미친다. 식습관은 우리의 건강 상태에 큰 영향을 미쳐요.
까다롭다	난초는 기르기가 까다롭다. 우리 아버지는 입맛이 까다로워서 아무거나 드시지 않아요.
형성	신문이 여론 형성에 어떻게 영향을 주나요? 과학 시간에 우주의 형성 과정에 대해 배웠다.
책임감	회사에서는 책임감이 강한 사람을 뽑고 싶어한다. 저는 아이가 태어났을 때 무거운 책임감을 느꼈어요.
순응하다	옛날 사람들은 자연에 순응하며 살았어요. 가난한 집에서 태어난 철수는 자신의 현실이 마음에 들지 않았지만 순응하며 살기로 했다.
사교적	내 친구는 사교적인 성격이라서 누구와도 친하게 지낸다. 사교적이지 않은 사람은 물건 파는 일을 하는 것이 힘들 것 같아요.
원만하다	영수는 성격이 원만해서 친구가 많아요. 대인 관계가 원만하지 않으면 직장 생활을 하는 것이 힘들 것이다.

01. 빈칸에 알맞은 말을 쓰십시오.

보기 옛날 여자들 중에는 주어진 환경에 순응해서 ~~어서/아서/여서~~ 사는 사람이 많았다.

❶ 부모의 부정적인 행동은 아이들에게 나쁜 ____________ 는다/ㄴ다/다.

❷ 우리 언니는 성격이 ____________ 어서/아서/여서 친구가 별로 없다.

❸ 아기들을 보면 타고난 ____________ 이/가 있는 것 같아요.

❹ 내 동생은 성격이 ____________ 이어서/여서 사람들을 잘 사귄다.

02. 빈칸에 알맞은 말을 쓰십시오.

성격은 태어나면서부터 **보기** 타고나는 ~~는/은/ㄴ~~ 것인가? 아니면 환경에 따라 달라지는 것인가? 연구 결과에 따르면 태어난 순서가 성격 ❶ ____________ 에 영향을 미친다고 한다. 첫째로 태어난 아이들은 부모들이 뒤에 태어난 아이들보다 더 엄격하게 교육하여 자기 일을 끝까지 다 하려는 ❷ ____________ 이/가 강하다고 한다. 또 규칙에 ❸ ____________ 는/은/ㄴ 편이어서 규칙을 잘 지키고 크게 반항하지 않는다. 중간에 태어난 아이들은 성격이 사교적이어서 친구들을 잘 사귀고 대인 관계가 ❹ ____________ 는다고/ㄴ다고/다고 한다.

주제 어휘

성격 표현Ⅱ	• 변덕스럽다 • 참을성이 없다	• 여성스럽다 • 인정이 많다	• 싫증을 잘 내다 • 붙임성이 있다	• 너그럽다 • 애교가 많다

01. 빈칸에 알맞은 말을 쓰십시오.

보기 여자 친구가 아이스크림을 먹고 싶다고 해서 사 왔는데 갑자기 따뜻한 커피가 마시고 싶다고 한다. (변덕스럽다)

❶ 슈퍼마켓에서 분유를 훔친 아기 엄마를 슈퍼마켓 주인이 용서해 줬다. (　　　　)

❷ 우리 어머니는 가난한 사람들을 늘 도와주세요. (　　　　)

❸ 제 친구는 처음 만나는 사람들에게 말도 잘 걸고 인사도 잘 해서 사람들을 금방 사귀는 편이에요. (　　　　)

❹ 민수는 여자 형제가 많아서 그런지 행동이나 말투가 여자 같아요. (　　　　)

02. 빈칸에 알맞은 말을 쓰십시오.

영수: 엄마, 나 미선이하고 또 싸웠어.

엄마: 넌 왜 그렇게 **보기** 참을성이 없 니? 화가 나도 좀 참지.

영수: 걔가 잘못했는데 왜 내가 용서해 줘야 해?

엄마: 미선이는 행동이나 말투가 귀엽고 눈웃음도 잘 치고 ❶ ________어서/아서/여서 서로 싸울 일이 별로 없을 것 같은데…….

영수: 엄마가 몰라서 그래. 오늘도 만나기로 약속을 했는데 친구에게 나쁜 일이 생겨서 자기가 도와줘야 한다면서 못 온다고 하지 뭐야?

엄마: 그건 미선이가 다른 사람의 어려움을 지나치지 못하는 ❷ ________는/은/ㄴ 성격이라서 그렇지. 엄마는 미선이가 어른들에게 ❸ ________게 인사도 잘 해서 좋던데…….

영수: 아니야, 이랬다저랬다 얼마나 변덕스러운지 몰라.

엄마: 네 마음이 벌써 변한 거 아니고? 너는 어렸을 때부터 좋아하던 장난감도 금방 버리고 ❹ ________었잖아/았잖아/였잖아.

문법 1 에 따르면

명사에 붙어 뒤에 어떤 사실을 인용하면서 인용된 내용의 출처를 밝힐 때 쓴다. 문장의 끝에는 '-는다고 한다' 등의 간접화법 종결 형태를 쓴다.

❶ 신문 기사에 따르면 요즘 금값이 떨어지고 있다고 합니다.

❷ 선생님 말씀에 따르면 이번 기말시험이 좀 어려울 거래요.

❸ 일기 예보에 따르면 오늘 오후에 비가 많이 올 거라고 해요.

❹ 한 연구 결과에 따르면 지나친 흡연으로 머리카락이 빠질 수 있다고 한다.

01. 보기와 같이 바꾸십시오.

보기 신문에 환율이 많이 올랐다는 기사가 실렸어요.
➡ 신문 기사에 따르면 환율이 많이 올랐대요.

❶ 오늘 아침에 인천 공항 근처에 있는 공장에서 불이 났다는 뉴스가 나왔어요.

➡ ____________________.

❷ 의사 선생님이 할아버지 건강이 많이 좋아지셨다고 말씀하셨어요.

➡ ____________________.

❸ 하버드 대학 보고서에 대인 관계가 행복에 가장 큰 영향을 미친다고 나왔어요.

➡ ____________________.

❹ 요즘에는 아들보다 딸을 더 선호한다는 조사 결과가 나왔어요.

➡ ____________________.

❺ 통계청에서 지난해 36.4%의 국민이 기부 활동에 참여했다고 발표했어요.

➡ ____________________.

02. 다음 자료를 읽고 대화를 완성하십시오.

주장	성격은 타고난다		성격은 만들어진다	
주장의 근거	보기 그리스 학자 플라톤의 말	성격은 타고나는 것으로 5가지 유형으로 나눌 수 있다.	❶ 오스트리아 심리학자 프로이트의 말	어렸을 때의 경험이 성격 형성에 중요하다.
	❷ 한국의 관상 이론	얼굴과 체형에 따라 성격이 다르다.	❸ 한 신문 기사	이란의 샴 쌍둥이 자매가 "우리는 얼굴은 같지만 생각, 성격이 모두 다르다"면서 분리 수술을 받고 싶어했다.
	❹ 미국 정신과 의사의 연구 결과	어렸을 때 기질이 커서도 크게 변하지 않았다.	❺ 행동학자 스키너의 설명	인간의 행동은 학습되는 것이고 조건에 따라 변화된다.

영수: 전 성격은 타고나는 것이라고 생각해요. 보기 그리스 학자 플라톤의 말에 따르면 성격은 타고나는 것으로 5가지 유형으로 나눌 수 있다고 했어요 .

미선: 글쎄요, 전 성격은 만들어지는 것이라고 생각하는데요. ❶ ____.
태어난 순서에 따라 성격도 다른 것을 볼 수 있잖아요.

영수: 하지만 ❷ ____. 얼굴과 체형은 타고나는 것이잖아요.

미선: 그렇지만 얼굴과 체형이 같아도 성격이 다를 수 있다는 것을 보여 주는 예도 있어요. ❸ ____.
쌍둥이니까 얼굴과 체형이 똑같을 텐데도 자기들은 다르다고 했어요.

영수: 글쎄요, 하지만 다른 연구 결과도 있어요. ❹ ____.
예를 들어 까다로운 아기들은 커서도 예민한 성격을 가지고 있었대요.

미선: 하지만 ❺ ____.
환경의 영향을 받아 변한다는 거지요.

문법 2 에 달려 있다

명사에 붙어 어떤 일이나 상태가 '무엇에 의존하다' 또는 '어떤 것에 좌우되다'의 의미로 쓴다. 또한 사람이 올 때는 '에게 달려 있다'로 쓴다.

❶ 행복은 마음 먹기에 달려 있어요.

❷ 이번 일의 성공은 우리들의 노력에 달려 있다.

❸ 아이들의 생활 습관은 부모에게 달려 있다고 할 수 있다.

❹ 우리 회사의 미래는 신입 사원 여러분에게 달려 있습니다.

01. 보기 와 같이 바꾸십시오.

보기 경제 회복은 정부와 국민의 노력에 따라서 달라질 수 있다.
➡ 경제 회복은 정부와 국민의 노력에 달려 있다.

❶ 노년의 행복은 건강에 따라서 달라질 수 있다.
➡ ______________________________.

❷ 한 나라의 미래는 젊은이들에 따라서 달라질 수 있다.
➡ ______________________________.

❸ 신제품의 성공은 마케팅에 따라서 달라질 수 있다.
➡ ______________________________.

❹ 환경 보호는 국민들의 의식에 따라서 달라질 수 있다.
➡ ______________________________.

❺ 행복한 결혼 생활은 서로 감사하는 마음에 따라서 달라질 수 있다.
➡ ______________________________.

02. 다음을 읽고 이야기를 완성하십시오.

고등학생: 제가 이번에 한국대학교 입학시험을 보는데 어떻게 하면 합격할 수 있을지 선배님들께 그 비결을 물어보고 싶어요.

미 선: 저는 시험의 합격은 보기 본인의 노력에 달려 있는 것 같아요. 얼마나 열심히 노력하냐에 따라서 그 결과가 달라지겠지요.

제 임 스 : 맞아요, 특히 시험에 합격하는 것은 ❶ ______________________________. 어떻게 공부하냐가 중요하지요.

리 에: 시험 합격 여부는 ❷ ______________________________. 어떻게 시간을 관리하냐에 따라서 합격할 수도 못할 수도 있어요.

웨 이: 다 맞는 말인데 저는 시험에 합격하냐 못하냐는 ❸ ______________________________. 아무리 열심히 공부해도 잘 할 수 있다는 자신감이 부족하면 시험에서는 합격하기가 어려운 것 같아요.

마 리 아 : 제 생각엔 ❹ ______________________________. 예전에 시험 보는 날 컨디션이 좋지 않아 시험에 떨어진 적이 있는데 시험 보는 날 몸 상태를 잘 관리하는 것도 중요해요.

영 수: 그러고 보면 시험에 합격하는 것은 ❺ ______________________________. 열심히 공부했어도 운이 나빠서 시험에 떨어지는 사람도 있고 공부를 안 했지만 그날 시험을 잘 봐서 붙는 사람도 있잖아요.

활동

보기 와 같이 조언해 보십시오.

인용의 출처	인용의 내용
'성공하는 습관' 책	인생의 성공은 습관에 따라서 달라질 수 있다.
의사 선생님의 말씀	건강의 회복은 본인의 의지에 따라서 달라질 수 있다.
교육학자의 말	아이의 미래는 부모의 교육에 따라서 달라질 수 있다.

보기
가: 인생에서 어떻게 하면 성공할 수 있을까요?
나: '성공하는 습관'이란 책에 따르면 인생의 성공은 습관에 달려 있다고 해요. 성공한 사람과 실패한 사람의 차이는 습관의 차이에 있었다고 합니다.

03 새로운 일에 도전하는 걸 좋아하다가 보니 다양한 활동에 참여하는 편이에요

학습 목표 성격 유형 관련 어휘를 익혀서 활용할 수 있다.
'-다가 보니', '-기보다' 표현을 익혀서 활용할 수 있다.

ISTJ 집중력이 강하고 일을 철저하게 하는 사람	**ISFJ** 책임감과 인내심이 강한 사람	**INFJ** 통찰력과 직관력이 뛰어난 사람	**INTJ** 창의력과 분석력이 뛰어난 사람
ISTP 상황을 파악하고 적응하는 능력이 뛰어난 사람	**ISFP** 따뜻한 감성과 겸손한 마음을 가진 사람	**INFP** 낭만적이고 이상적인 신념이 강한 사람	**INTP** 지적 호기심이 강하고 문제 해결력이 뛰어난 사람
ESTP 친구, 음식, 운동 등 다양한 활동을 즐기는 사람	**ESFP** 사교적이고 친절하며 낙천적인 사람	**ENFP** 따뜻하고 정열적이며 활기가 넘치는 사람	**ENTP** 독창적인 혁신가로 여러 방면에 재능이 많은 사람
ESTJ 현실적이고 실용적인 것을 좋아하는 사람	**ESFJ** 다른 사람과의 조화를 중요하게 생각하는 사람	**ENFJ** 적극적이고 책임감이 강하며 사교적인 사람	**ENTJ** 활동적이며 결단력과 지도력이 있는 사람

MBTI 16가지 유형

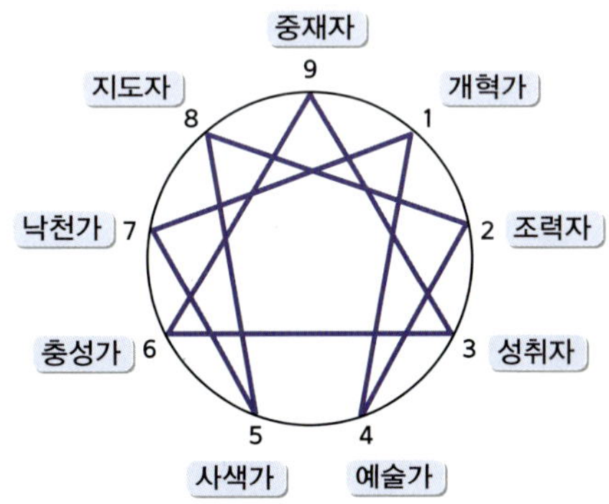

에니어그램 9가지 유형

상담사　김미선 씨, 여기 지난번에 한 성격 유형 검사 결과가 나왔어요. (잠시 후) 검사 결과에 따르면 미선 씨는 외향적인 성향이 강한 것으로 나왔네요.

미　선　맞아요. 저는 사람들을 사귀는 걸 좋아해서 사교적이고 활달하다는 말을 많이 들어요. 그리고 새로운 일에 도전하는 걸 좋아하다가 보니 다양한 활동에 참여하는 편이고요.

상담사　네, 그렇군요. 그리고 미선 씨는 일을 철저하게 계획해서 행동하기보다 그때그때 변하는 상황에 맞추어 행동하는 유형이라고 나와 있어요. 적응력이 뛰어나서 상황을 개방적으로 받아들이는 사람이라고 할 수 있지요.

미　선　아, 그래요? 하지만 요즘은 목표와 계획을 세워야겠다는 생각을 해요. 활동만 많이 하고 뭔가 정리가 잘 안 되는 느낌이에요.

상담사　상황에 맞추어 행동하는 유형이니까 계획을 구체적으로 세우기보다 목표를 먼저 분명히 세우고 우선순위를 정하는 연습부터 하는 게 어떨까요?

새 어휘

성향	요즘 아이들은 개인주의적인 성향이 강하다. 아이들의 성격에 따라 학습 성향도 다르대요.
도전하다	새로운 일에 도전할 때마다 긴장과 설렘을 느낀다. 이번 일에 실패해서 실망이 크겠지만 다시 한번 도전해 보는 게 어때?
철저하다	이번 일을 성공적으로 끝내기 위해서는 철저하게 준비해야 해요. 그 사람은 보통 때는 부드러운 성격이지만 일할 때는 아주 철저한 완벽주의자인 걸로 유명하다.
적응력	아이들의 신체는 기온 변화에 대한 적응력이 떨어져서 쉽게 감기에 걸릴 수 있어요. 새 학년이 되어 달라진 학교생활에 대한 적응력을 높이기 위해 특별 상담실을 만들었다.
개방적	웨이는 성격이 활달하고 개방적이어서 그와의 대화는 늘 즐겁다. 다른 문화에 대해 개방적인 태도를 가지는 것이 중요하다고 생각합니다.
받아들이다	다른 사람의 비판과 충고를 받아들일 필요가 있다. 외국 문화를 비판 없이 무조건 받아들이면 안 되지요.
목표	어떤 일을 하든지 목표를 가지고 일해야 한다. 인생의 목표는 단기적인 목표뿐만 아니라 장기적인 목표도 함께 세우는 것이 좋아요.
구체적	자신의 의견을 주장할 때 구체적인 예를 들어 얘기하는 것이 효과적이다. 팀장님께서 이번 프로젝트에 대한 구체적인 계획을 아직 말씀하시지 않았어요.
우선순위	삶의 우선순위를 두고 살아야 후회 없이 살 수 있다. 일이 너무 많아서 시간 관리를 해야 할 때는 무엇보다 일의 우선순위를 정해야 해요.

01. 빈칸에 알맞은 말을 쓰십시오.

보기 학생들이 사회에 나가 잘 적응하려면 학교에서 사회 적응력을 을/를 길러 주는 교육을 해야 해요.

❶ 자신의 생각과 달라도 열린 마음으로 듣는 ________ 인 태도가 필요하다.

❷ 영수가 지금까지 하던 일을 그만두고 새로운 일에 ____________ 는다고/ㄴ다고 하는데 잘 할 수 있을지 걱정이에요.

❸ 전공에 따라 학생들의 ________ 이/가 다르다.

❹ 방금 하신 말씀이 정확히 무슨 의미인지 모르겠는데 이해하기 쉽게 좀 더 ________ ____________ 인 예를 들어 말씀해 주시겠어요?

02. 빈칸에 알맞은 말을 쓰십시오.

가: 일을 효과적으로 하려면 어떻게 해야 해요?

나: 일의 중요도에 따라 **보기** 우선순위를 을/를 정해 보세요.

가: 우선순위는 어떻게 정해야 해요?

나: 우선순위를 정하기 전에 ❶ ____________ 을/를 정하세요. 그리고 그 목표를 기간에 따라 정하세요.

가: 기간에 따라 목표를 정할 때 주의해야 할 점은 뭐예요?

나: 오늘 하루의 목표는 ❷ ____________ 으로/로 자세하게 정하는 게 좋아요.

가: 목표를 이루지 못했을 때 마음이 무거워지잖아요. 그럴 때는 어떻게 해야 할까요?

나: 모든 일을 실수 없이 ❸ ____________ 게 해야 한다는 완벽주의적인 생각이 있으신가 봐요. 자신의 단점을 ❹ ______________ 는/은/ㄴ 게 쉬운 일은 아니지만 자신의 부족한 점을 인정하는 게 중요해요. 자신의 모습을 있는 그대로 보면서 미래는 현재보다 나을 거라고 긍정적으로 생각해 보세요.

주제 어휘

성격 유형					
	• 폐쇄적	• 현실적	• 이상적	• 낙관적	• 비관적
	• 계획적	• 충동적	• 열정적	• 냉소적	• 진취적

01. 빈칸에 알맞은 말을 쓰십시오.

보기 뭘 할지 미리 미리 구체적으로 정해 놓아요. (계획적)

❶ 다른 사람들과 잘 이야기하지 않고 자신의 생각도 잘 표현하지 않아요. ( )

❷ 하는 일에 애정을 가지고 집중해서 일을 해요. ( )

❸ 어려운 일이 생겨도 다 잘 될 거라고 믿어요. ( )

❹ 갑자기 하고 싶은 일이 생기면 충분히 생각하지 않고 바로 해요. ( )

02. 빈칸에 알맞은 말을 쓰십시오.

토론 동아리 '함께'가 신입 회원을 모집합니다.

당신은 어떤 사람인가요?

당신은 우리의 앞날이 밝을 거라고 보는 **보기** 낙관적 인 사람인가요? 아니면 우리의 미래가 어두울 거라고 보는 ❶ ________ 인 사람인가요?

당신은 우리 사회의 현실을 있는 그대로 보는 ❷ ________ 인 사람인가요? 아니면 늘 좀 더 완전한 ❸ ________ 인 모습을 꿈꾸시나요?

당신은 열정적인 사람인가요? 아니면 열정을 갖고 열심히 활동하는 사람들을 보면서 ❹ ________ 으로/로 비웃는 사람인가요?

당신은 적극적인 자세로 앞서 나가는 ❺ ________ 인 사람인가요? 아니면 지금의 모습에 만족하면서 현재 가지고 있는 것만을 지키려고 하는 사람인가요?

당신이 어떤 사람이든지 당신이 어떤 생각을 가지고 있든지 우리는 당신과 함께 의견을 나눌 준비가 되어 있습니다! 관심 있으신 분은 아래로 연락해 주십시오!

문법 1 -다가 보니

동사 어간에 붙어서 어떤 행위를 하는 과정에서 새로운 사실을 깨닫게 되었을 때 쓴다. '-다 보니'로도 쓸 수 있다.

❶ 날마다 늦게 자다가 보니 아침에 늦게 일어나게 돼요.

❷ 친구하고 재미있게 이야기하다가 보니 어느새 밤 10시가 넘었어요.

❸ 사람을 많이 만나다가 보니 성격이 명랑하고 활달한 성격으로 바뀌었다.

❹ 맡은 일을 열심히 하다가 보니 회사 동료들이 나를 인정해 주는 것 같다.

01. 알맞게 연결하고 보기 와 같이 쓰십시오.

보기 한국에 오래 살다	고향보다 한국이 더 편해졌어요.
❶ 오래 사귀다	듣기 실력이 좋아졌어요.
❷ 매일 한국 뉴스를 듣다	건강이 나빠진 것 같아요.
❸ 매운 음식을 자주 먹다	어깨와 허리가 많이 아파요.
❹ 퇴근한 후에 자주 술을 마시다	이제 매운 음식을 잘 먹게 됐어요.
❺ 오랜 시간 앉아서 컴퓨터를 하다	처음에는 몰랐던 그 사람의 단점도 알게 됐어요.

보기 한국에 오래 살다가 보니 고향보다 한국이 더 편해졌어요.

❶ ________________________________.

❷ ________________________________.

❸ ________________________________.

❹ ________________________________.

❺ ________________________________.

02. 다음은 피로가 쌓인 직장인의 일상입니다. 읽고 대화를 완성하십시오.

민철: 여보세요? 영수야, 일어났어?

영수: 어, 민철아……. 아, 그런데 지금 몇 시야?

민철: 7시 반이야. 아직도 안 일어난 거야? 어제 늦게 잤어?

영수: 응, **보기** 요즘 늘 늦게 퇴근하다가 보니 늦게 자게 돼 ~~어/아/여~~.

민철: 시간이 늦어서 오늘은 아침을 못 먹겠네.

영수: 할 수 없지, 뭐. 요즘 이렇게 ❶ ______________________

______________ 어/아/여.

민철: 그럼 요즘 아침을 자주 굶어?

영수: 응, 요즘 이렇게 ❷ ______________________

______________ 어/어/어.

민철: 언제 한번 꼭 병원에 가 봐. 요즘 일은 어때?

영수: 휴, 힘들어. 요즘 피로가 많이 쌓였거든. 그래서 ❸ ______________

______________________ 어/아/여.

민철: 과장님한테 혼난다고?

영수: 응, ❹ ______________________

______________ 어/아/여. 그렇게

스트레스가 쌓이면 동료하고 술 한잔하면서 풀 때가 많고. 그런데 그렇게

❺ ______________________

______________ 어/아/여.

민철: 퇴근 후에 술을 마시느라고 집에 늦게 들어올 때가 많단 말이야?

영수: 민철아! 나 빨리 출근 준비해야 돼. 무슨 일로 전화한 거야?

민철: 아, 참! 저기…….

문법 2 -기보다

동사 어간에 붙어서 앞 문장보다 뒤 문장을 선택함을 나타낸다.

❶ 혼자 있을 때 집에서 해 먹기보다 사 먹는다.

❷ 다리를 꼬고 앉기보다 허리를 쭉 펴고 앉는 게 좋아요.

❸ 나는 여러 사람과 어울리기보다 혼자 지내는 걸 더 좋아한다.

❹ 대답해 줄 때까지 기다리기보다 먼저 가서 물어보는 게 어때요?

01. 알맞게 연결하고 보기 와 같이 쓰십시오.

보기 한가할 때 TV를 보다	책을 읽어요.
❶ 밥을 굶다	좀 더 기르는 게 어떨까요?
❷ 머리를 자르다	스스로 할 수 있게 해야 해요.
❸ 목이 마르면 음료수를 마시다	운동을 하면서 다이어트를 하는 게 좋아요.
❹ 요즘 사람들은 전화로 연락하다	문자메시지로 연락하는 편이에요.
❺ 아이가 어려워할 때마다 도와주다	물을 마시는 게 어때요?

보기 한가할 때 TV를 보기보다 책을 읽어요.

❶ ______

❷ ______

❸ ______

❹ ______

❺ ______

02. 다음과 같은 상황에서 여러분은 어떤 선택을 합니까? 문장을 완성하십시오.

상황	선택
보기 수업 첫날 반 친구들을 처음 만났을 때	내가 먼저 말을 건다 [<] 누군가 나에게 말을 걸 때까지 기다린다
❶ 횡단보도의 녹색 신호등이 깜빡거릴 때	바로 뛴다 ☐ 다음 신호 때까지 기다린다
❷ 여러 사람과 만나는 모임에서	다른 사람의 말을 듣는다 ☐ 내 이야기를 많이 한다
❸ 첫 데이트 후에	먼저 연락을 한다 ☐ 연락이 올 때까지 기다린다
❹ 남자(여자) 친구에게 전화를 했는데 받지 않을 때	남자(여자) 친구에게서 연락이 올 때까지 기다린다 ☐ 전화를 받을 때까지 계속 전화를 건다
❺ 생각하지 않았던 돈이 생겼을 때	저축한다 ☐ 써 버린다

보기 수업 첫날 반 친구들을 처음 만났을 때 내가 먼저 말을 걸기보다 누군가 저에게 말을 걸 때까지 기다려요.

❶ ______________________________.

❷ ______________________________.

❸ ______________________________.

❹ ______________________________.

❺ ______________________________.

활동 다음과 같은 성격을 가진 사람에게 어떤 충고를 해 주는 게 좋겠습니까? 대화를 만들어 보십시오.

성격과 행동	결과	충고
성격 사교적이다. 행동 시간이 있을 때마다 친구를 만난다.	주말이 되면 친구들을 만나느라 쉴 시간이 별로 없다.	시간이 있을 때 무조건 친구를 만나지 말고 혼자만의 시간을 가져라.
성격 충동적이다. 행동 하고 싶은 일이 생길 때마다 바로 행동으로 옮긴다.	나중에 후회하게 될 때가 많다.	하고 싶은 일이 생길 때마다 무조건 행동으로 옮기지 말고 며칠 생각을 해 보고 행동으로 옮길지 결정해라.
성격 솔직하다. 행동 언제든지 솔직하게 내 생각을 말한다.	가끔 내 말에 상처를 입는 사람이 생긴다.	

보기

가: 저는 성격이 사교적이어서 친구가 많아요. 그래서 시간이 있을 때마다 친구를 만나다가 보니 주말이 되면 친구를 만나느라 너무 바빠서 쉴 시간이 별로 없어요.

나: 그럼 시간이 있을 때마다 무조건 친구를 만나기보다 혼자만의 시간을 가지는 게 어때요?

04 성격 검사 결과로 봐서는 학자나 은행원이 잘 맞을 것 같군요

학습 목표 직업과 관련된 성격 어휘를 익혀서 활용할 수 있다.
'-을 겸', '으로 봐서는' 표현을 익혀서 활용할 수 있다.

학 생 방학 동안 경력도 쌓을 겸 사회생활도 경험할 겸 인턴 사원으로 일했는데요. 회사 생활을 해 보니까 업무가 단조롭고 지루해서 제 성격에 좀 안 맞는 것 같아요.

상담사 보통 인턴 사원들에게 단순하고 반복적인 일을 시키는 경우가 많아서 학생에게는 안 맞을 수 있지요. 그렇지만 학생은 협력적인 성향이 강한 편이기 때문에 조직 생활이 잘 맞을 것 같은데요.

학 생 그래도 회사원 말고 다른 일을 좀 찾아보고 싶은데요. 저한테는 어떤 직업이 잘 맞을까요?

상담사 음, 성격 검사 결과로 봐서는 학생한테 학자나 은행원 같은 직업이 제일 잘 맞을 것 같군요. 논리적이고 꼼꼼한 데다가 안정적인 생활을 바라는 성향도 강하니까 일반 기업보다는 학교나 금융기관 같은 곳에서 일하는 것이 잘 맞을 것 같아요.

새 어휘

어휘	예문
경력	이 일을 한 경력이 얼마 되지 않아서 아직 일이 서툴러요. 이 회사에 취직하려면 무역회사에서 일한 경력이 있어야 한다.
인턴	제 동생이 이번에 대기업 인턴 사원으로 뽑혔어요. 1년 동안 인턴 사원으로 일한 후에 그 회사의 정규직 직원이 되었다.
단조롭다	이 노래는 높고 낮음이 없어서 매우 단조롭게 느껴진다. 평범하고 단조로운 생활에서 벗어나고 싶을 때가 있어요.
반복적	외국어를 잘하기 위해서는 반복적인 연습을 해야 한다. 반복적으로 같은 실수를 하는 사람에게 일을 맡길 수 없어요.
협력적	국제화 시대에서는 이웃 나라와 협력적인 관계를 갖는 것이 중요하다. 상대방의 상황을 이해하고 협력적으로 문제를 해결하는 태도가 필요해요.
조직	개인보다 조직을 중요하게 생각하는 회사들이 있다. 저는 회사를 오랫동안 다녀서 조직 생활에 익숙해요.
논리적	논설문은 논리적으로 쓴 글이다. 그 사람의 말은 논리적으로 앞과 뒤가 맞지 않아요.
안정적	안정적인 생활을 하기 위해서 결혼을 선택하는 사람도 있어요. 요즘에는 선생님이나 공무원처럼 오랫동안 일할 수 있는 안정적인 직업이 인기가 많다.
금융기관	금융기관에서 대출을 받아서 집을 샀어요. 금융기관에는 은행, 보험 회사, 증권 회사 등이 있다.

01. 빈칸에 알맞은 말을 쓰십시오.

보기 매일 똑같은 __반복적__ 인 생활에 지루함을 느낀다.

❶ 경찰은 범죄 ________ 을/를 없애기 위해 노력한다.

❷ 그 사람은 오랫동안 일할 수 있는 ________ 인 직장을 원한다.

❸ 다른 사람을 설득하려면 주장을 할 때 ________ 인 근거를 들어야 한다.

❹ 조직에서는 다른 사람과 함께 일을 할 수 있는 ________ 인 사람을 선호한다.

02. 빈칸에 알맞은 말을 쓰십시오.

제임스: 웨이야, 증권회사에서 1년 동안 **보기** __인턴으로__ ~~으로/로~~ 일한다고 들었는데 계약 기간이 아직 안 끝났어?

웨 이: 안 그래도 이번 달이 마지막 달이라서 앞으로 어떻게 해야 할지 모르겠어.

제임스: 지금까지 증권회사에서 일을 한 ❶ ________ 으로/로 은행 같은 ❷ ________ 에 취직할 수 있지 않을까? 어제 취업상담실 앞에 붙어 있는 공고를 보니까 연세은행에서 직원을 구하던데 한번 지원해 봐.

웨 이: 그래? 그럼, 공고를 한번 확인해 봐야겠다. 이제는 ❸ ________ 는/은/ㄴ 업무만 하는 인턴이 아니라 오랫동안 근무할 수 있는 ❹ ________ 인 직장을 구했으면 좋겠어.

제임스: 그럼, 꼭 해 봐. 넌 인턴 생활을 하면서 한국 회사의 ❺ ________ 문화도 경험해 봤으니까 취직만 되면 잘 지낼 수 있을 것 같아.

주제 어휘

작업과 관련된 성격	• 추진력	• 친화력	• 기획력	• 창의력	• 결단력
	• 판단력	• 성실성	• 사교성	• 적극성	• 독창성

01. 보기 와 같이 알맞은 말을 골라 쓰십시오.

보기 웨이는 처음 본 사람과 금방 친구가 될 정도로 사교성이 ~~이/가~~ 있다.

❶ 그 사람의 작품은 다른 작품과는 다른 ____________ 이/가 있다.

❷ 할 일을 미루지 않고 항상 열심히 일해서 회사에서 ____________ 을/를 인정받았다.

❸ 변화하는 상황을 빨리 이해하고 그 상황에 맞는 결정을 하기 위해서는 정확한 상황 ____________ 이/가 필요하다.

❹ 일을 할 때 ____________ 을/를 보이지 않으면 그 일에 관심이 없는 것처럼 보일 수 있다.

02. 빈칸에 알맞은 말을 쓰십시오.

공 고

내년 3월부터 해외에서 근무할 직원을 모집합니다. 해외에 있는 우리 회사에서 2년 동안 근무해야 하기 때문에 새로 시작하는 업무를 계획할 수 있는 **보기** 기획력 , 다른 사람이 생각하지 못했던 새로운 것을 만들 수 있는 ❶ ____________ , 계획한 일을 끝까지 할 수 있는 ❷ ____________ , 망설이지 않고 자신 있게 결정할 수 있는 ❸ ____________ , 현지인들과 잘 어울릴 수 있는 ❹ ____________ 이/가 있는 사람을 원합니다.

문법 1 -을 겸

동사에 붙어 뒤 문장의 행위의 목적이 두 가지 이상임을 나타낼 때 쓴다. '-을 겸 -을 겸'처럼 반복해서 쓸 수 있다.

❶ 할머니도 뵐 겸 바람도 쐴 겸 부산에 갔다.

❷ 돈도 벌 겸 경험도 쌓을 겸 아르바이트를 합니다.

❸ 부모님 선물도 살 겸 쇼핑도 할 겸 백화점에 가려고 해요.

❹ 새로 나온 책도 볼 겸 산책도 할 겸 집 근처 서점에 갔다가 왔다.

01. 보기 와 같이 문장을 완성하십시오.

하는 일	목적	
	①	②
보기 도서관에 감	시험공부를 하기 위해	책을 빌리기 위해
❶ 은행에 감	통장을 만들기 위해	전화 요금을 내기 위해
❷ 시내에 나감	친구를 만나기 위해	서점에 가기 위해
❸ 가까운 거리는 걸어 다님	살을 빼기 위해	운동하기 위해
❹ 날마다 한국 드라마를 봄	한국어 듣기를 연습하기 위해	한국 문화를 배우기 위해
❺ 하루 종일 집에 있었음	발표 준비를 하기 위해	밀린 숙제를 하기 위해

보기 시험공부도 할 겸 책도 빌릴 겸 도서관에 갈 거예요.

❶ ______________________ 은행에 가요.

❷ ______________________ 시내에 나갔어요.

❸ ______________________ 가까운 거리는 걸어 다녀요.

❹ ______________________ 날마다 한국 드라마를 봐요.

❺ ______________________ 하루 종일 집에 있었어요.

02. 보기 와 같이 대화를 완성하십시오.

보기 가: 무슨 동아리에 가입했어요?
나: 운동도 할 겸 한국 친구도 사귈 겸 태권도 동아리에 들었어요.

❶ 가: 지난 주말에 뭘 했어요?
나: ______________________________ 명동에 갔어요.

❷ 가: 오늘은 왜 이렇게 일찍 학교에 왔어요?
나: ______________________________.

❸ 가: 노래방에 자주 가시는 것 같아요.
나: ______________________________.

❹ 가: 짐이 많네요. 뭘 그렇게 많이 샀어요?
나: ______________________________.

❺ 가: ______________________________ 연휴에 같이 제주도에 갈래요?
나: 좋아요!

문법 2 으로 봐서는

앞에 오는 명사는 뒤 문장처럼 말할 수 있는 평가의 근거나 기준을 나타내며 그 근거나 기준으로 사람이나 사물을 판단할 때 쓴다.

❶ 겉으로 봐서는 어느 것이 가짜인지 모르겠어.

❷ 보수로 봐서는 이 회사가 더 좋을 것 같은데요.

❸ 지금까지의 상황으로 봐서는 우리 팀이 이길 것 같다.

❹ 옷차림으로 봐서는 학생이 아니라 선생님인 것 같아요.

01. 보기 와 같이 문장을 완성하십시오.

보기 가격으로 봐서는 이 물건이 더 괜찮은데요.

❶ ______________________ 한국 사람인 것 같아요.

❷ ______________________ 이 옷이 더 좋을 것 같아요.

❸ ______________________ 리에 씨가 시험을 잘 본 것 같아요.

❹ ______________________ 최근에 나온 휴대폰인 것 같은데요.

❺ ______________________ 이 일을 충분히 할 수 있을 텐데요.

02. 보기 와 같이 대화를 완성하십시오.

질문	대답	
	근거	예상
보기 퇴원	검사 결과	다음 주쯤
❶ 대학 입학	지금 성적	어려움
❷ 생일 선물	색깔	하얀색 가방
❸ 국적	말투	일본 사람
❹ 직업	옷차림	학생
❺ 어울리는 머리 스타일	얼굴형	짧은 머리가 어울림

보기 가: 의사 선생님, 저는 언제쯤 퇴원할 수 있을까요?
나: 검사 결과로 봐서는 다음 주쯤에 퇴원할 수 있을 것 같습니다 .

❶ 가: 선생님, 제 성적으로 한국 대학교에 들어갈 수 있을까요?
나: ______________________________.

❷ 가: 미선 씨 생일 선물로 어느 색 가방이 좋을까요?
나: ______________________________.

❸ 가: 저 사람은 어느 나라 사람인 것 같아요?
나: ______________________________.

❹ 가: 저 사람은 직업이 뭘까요?
나: ______________________________.

❺ 가: 제 얼굴에는 어떤 머리 스타일이 잘 어울릴까요?
나: ______________________________.

활동 다음 표를 보고 보기 와 같이 대화를 만드십시오.

	편의점 아르바이트	식당 아르바이트
하는 일	물건 정리, 계산	설거지
보수	시간당 5,000원	시간당 7,000원
근무 시간	일주일에 5번(주말에 쉼), 하루에 5시간	날마다, 하루에 3시간
걸리는 시간	10분	20분
교통편	버스	걸어서

보기 가: 이번 방학에 학비도 벌 겸 사회 경험도 쌓을 겸 아르바이트를 하려고 하는데 이 두 곳 중에서 어디가 더 괜찮을까?
나: 글쎄, 보수로 봐서는 식당 아르바이트가 더 괜찮은 것 같은데 하는 일로 봐서는 편의점 아르바이트가 더 나을 것 같아.

제 2 과

전통

01 예전에 비하면 장을 사다 먹는 사람들이 많아졌어요

02 전통 예술이 원래의 모습을 잃지 않을까 싶은데요

03 옛날 사람들은 후손의 미래가 조상의 무덤 자리에 의해 결정된다고 믿었어요

04 마치 보름달을 보는 것처럼 푸근하고 넉넉한 느낌이었어요

01 예전에 비하면 장을 사다 먹는 사람들이 많아졌어요

학습 목표 음식 맛 관련 어휘를 익혀서 활용할 수 있다.
'-어 두다', '에 비하면' 표현을 익혀서 활용할 수 있다.

리에 얼마 전에 전주 한옥 마을에 다녀왔는데 전통 가옥 뒷마당에 죽 늘어서 있던 장독대가 무척 인상적이더군요. 간장, 된장, 고추장 같은 발효 식품들이 항아리에서 숙성되고 있는 모습이 신기했어요.

미선 한국에서는 콩이 아주 흔해서 옛날부터 콩을 오랜 시간 발효시켜 간장이나 된장 등을 담가 먹었어요. 이렇게 담가 둔 장은 모든 한국 음식의 맛을 낼 때 기초가 되기 때문에 장맛이 음식 맛을 좌우한다는 말도 있지요.

리에 뉴스에서 봤는데 요즘에 발효 식품에 대한 관심이 높아서 세계적으로 유명한 요리사들도 한국의 발효 식품인 장을 배우기 위해서 한국에 온대요.

미선 네, 그런데 예전에 비하면 직접 담가 먹기보다는 사다 먹는 사람들이 많아졌어요. 그러다 보니 그 집 고유의 음식 맛이 다 사라져서 안타까워요.

새 어휘

어휘	예문
가옥	시골 마을에는 아직도 전통 가옥이 많이 남아 있다. 태국에는 강 위에 수상 가옥을 짓고 사는 사람들이 있대요.
장독대	장독대에 장독들이 죽 늘어서 있다. 제가 살던 시골집 장독대 옆엔 해마다 예쁜 꽃들이 피었어요.
발효	발효 식품을 많이 먹으면 건강에 좋대요. 우리가 즐겨 먹는 김치, 요구르트 등은 모두 발효 식품이다.
항아리	어머니께서 항아리에 꿀을 담으셨다. 장독대에 작은 고추장 항아리가 놓여 있네요.
숙성되다	술은 시간이 지날수록 숙성된다고 해요. 김치가 숙성되려면 시간이 좀 필요하다.
좌우하다	몸의 건강 상태는 마음의 건강을 좌우한다. 선수들의 정신력이 경기의 승패를 좌우할 수 있어요.
고유	한복에는 한국 고유의 아름다움이 있다. 우리나라 고유의 운동인 태권도를 배웁시다.
안타깝다	사고로 부모님을 잃은 아이를 보니 무척 안타깝다. 아내를 먼저 보내고 슬퍼하는 아저씨를 볼 때마다 정말 안타까워요.

01. 빈칸에 알맞은 말을 쓰십시오.

보기 차는 <u>발효를</u> ~~을~~/를 시키는 정도에 따라 다양한 종류로 나눌 수 있다.

❶ 이번 일은 제 일생을 __________ 을/ㄹ 수 있는 중요한 기회예요.

❷ 오래 __________ 는/은/ㄴ 김치로 김치찌개를 만들면 얼마나 맛있는지 몰라요.

❸ 실수로 이번 경기에서 이기지 못한 것이 너무 __________ 는다/ㄴ다/다.

❹ 추석은 한국 __________ 의 명절이다.

02. 빈칸에 알맞은 말을 쓰십시오.

안녕하세요? 여러분, 혹시 뒤웅박 마을이라는 곳을 아시나요? 이곳은 3,000개가 넘는 장독과 **보기** <u>항아리가</u> ~~이/가~~ 놓여 있는 ❶ __________ 으로/로 유명한 곳인데요. 이곳에서는 공장에서 만드는 게 아니라 직접 손으로 전통 된장을 담근답니다. 햇빛과 바람만으로 ❷ __________ 을/를 시켜서 3년 동안 두면 된장이 잘 ❸ __________ 어서/아서/여서 깊은 맛이 날 뿐만 아니라 건강에도 좋은 된장이 된다고 해요. 이곳은 볼거리도 많고 전통 ❹ __________ 에서 숙박도 할 수 있어서 참 좋습니다. 여러분도 한번 가셔서 된장도 사고 여러 가지 구경도 많이 해 보세요!

주제 어휘

음식 맛					
	• 달콤하다	• 매콤하다	• 새콤하다	• 짭짤하다	• 얼큰하다
	• 느끼하다	• 고소하다	• 구수하다	• 떫다	• 비리다

01. 빈칸에 알맞은 말을 쓰십시오.

보기 땅콩, 깨 (고소하다)

❶ 떡볶이, 오징어 볶음 ( )

❷ 된장찌개, 누룽지 ( )

❸ 익지 않은 감, 녹차 ( )

❹ 익지 않은 생선, 날콩 ( )

02. 빈칸에 알맞은 말을 쓰십시오.

제임스: 미선아, 넌 스트레스 받을 때 어떤 음식이 먹고 싶어? 난 시원한 맥주 한 잔에 보기 짭짤한 ~~는/은/ㄴ~~ 팝콘이 먹고 싶던데…….

미　선: 난 케이크나 초콜릿 같은 ❶ ____________ 는/은/ㄴ 게 먹고 싶어.

영　수: 그래? 난 소주 한 잔에 ❷ ____________ 는/은/ㄴ 매운탕이 먹고 싶은데…….

마리아: 난 산딸기나 키위 같은 ❸ ____________ 는/은/ㄴ 과일이 먹고 싶어.

웨　이: 정말? 난 기름을 많이 넣고 튀긴 ❹ ____________ 는/은/ㄴ 요리가 먹고 싶은데…….

제임스: 사람마다 입맛이 참 다르구나!

문법 1 -어 두다

동사에 붙어 어떤 동작이나 과정의 결과를 그 상태로 있게 한다는 뜻이다. '-어 놓다'에 비해 그 결과를 더 오래 지키는 의미가 있다.

❶ 이 문장을 꼭 외워 둬야 한다.

❷ 라면 값이 오를 것 같아서 많이 사 뒀어요.

❸ 그 내용을 잊어버리지 않게 메모지에 적어 뒀어요.

❹ 한국 사람들은 겨울 동안 먹을 김치를 많이 담가 둔다.

01. 보기 와 같이 문장을 완성하십시오.

보기 오늘 저녁은 못 먹을 테니까 미리 먹어 둬라 ~~어라/아라/여라~~.

❶ 전기세가 많이 나가니까 불을 ________________지 마세요.

❷ 빨리 출발할 수 있게 집 앞에 차를 ________________으세요/세요.

❸ 이것은 중요한 내용이니까 꼭 ________________어야/아야/여야 합니다.

❹ 내일은 중요한 경기가 있는 날이니까 오늘은 푹 ________________어야겠다/아야겠다/여야겠다.

❺ 우리 어머니는 11월이면 온 가족이 먹을 김장 김치를 ________________는다/ㄴ다/다.

02. 다음 요리법을 완성하십시오.

잡채 만들기

재료: 당면, 표고버섯, 쇠고기, 양파, 당근, 시금치, 참기름, 통깨
고기 양념: 간장, 다진 마늘, 설탕, 참기름, 깨소금, 후추
시금치 양념: 참기름, 소금, 깨소금, 다진 마늘
당면 양념: 설탕, 간장, 물, 다진 마늘

1. 우선 위의 재료를 모두 **보기** 준비해 두세요. 채소는 깨끗하게 ❶ ____________________. 쇠고기는 핏물이 빠지게 물에 ❷ ____________________.

2. 당면은 물에 ❸ ____________________. 1시간 정도 불리면 당면이 부드러워져요.

3. 표고버섯과 양파, 당근은 얇고 길게 ❹ ____________________.

4. 핏물을 뺀 쇠고기는 고기 양념에 10분 정도 재워 두세요.

5. 시금치는 소금을 넣은 끓는 물에 데친 후 찬물에 식혀서 물기를 짜고 시금치 양념에 무쳐 두세요.

6. 팬에 기름을 두르고 양파, 당근, 쇠고기, 버섯 순으로 각각 ❺ ____________________.

7. 당면과 당면 양념, 시금치를 넣어 볶고 6과 7을 모두 섞은 후 참기름과 통깨를 넣어 마무리하세요.

문법 2 에 비하면

명사에 붙어서 어느 하나를 기준으로 다른 하나를 판단할 때 쓴다.

❶ 우리 아이는 나이에 비하면 키가 큰 편이다.

❷ 예전에 비하면 한국어 실력이 정말 좋아졌어요.

❸ 요즘 인기가 많은 A브랜드는 값에 비하면 질이 좋은 편이에요.

❹ 우리나라 아이들은 다른 나라 아이들에 비하면 많이 놀지 못하는 것 같다.

01. 보기 와 같이 문장을 완성하십시오.

보기 저는 체격에 비하면 손과 발이 작은 편이에요.

❶ 시장에서 산 가방이 ______________________ 값이 싼 편인 것 같아요.

❷ 어린이집 교사는 ______________________ 보수가 적어서 하려는 사람들이 없대요.

❸ 이번에 새로 나온 제품은 ______________________ 기능이 참 다양한 것 같아요.

❹ 이번 시험에서는 내가 한 ______________________ 좋은 결과가 나왔어요.

❺ 우리 할아버지는 ______________________ 건강하신 편이에요.

02. 다음 자료를 읽고 보기 와 같이 쓰십시오.

시대	식생활의 특징
보기 1950년대	지금은 먹을 것이 많지만 그 당시는 전쟁의 영향으로 먹을 것이 많이 부족했음.
❶ 1960년대	1950년대에는 밀가루 음식을 많이 먹지 않았지만 라면, 빵 등이 새롭게 개발되어 많이 먹게 됨.
❷ 1970년대	예전에는 쌀이 많이 부족했지만 농업 기술이 발전되어 쌀 생산이 늘어남.
❸ 1980년대	예전에는 막걸리가 가장 많이 팔리는 술이었지만 고급술로 생각되던 맥주가 가장 많이 팔리는 술이 됨.
❹ 1990년대	젊은이와 맞벌이 가정을 중심으로 패스트푸드 소비가 늘어남.
❺ 2000년대	소득이 높아지면서 채식, 유기농 건강식에 대한 관심이 높아짐.

보기 지금에 비하면 1950년대에는 전쟁의 영향으로 먹을 것이 많이 부족했어요.

❶ ______________________________.

❷ ______________________________.

❸ ______________________________.

❹ ______________________________.

❺ ______________________________.

활동 비교되는 상황에서 보기 와 같이 대비하는 말을 해 주십시오.

비교	대비하는 말
1주일 전에는 채소 값이 쌌는데 채소 값이 많이 올랐다.	시장에서 많은 양을 싼 값에 사서 저장해 둬라.
3급은 단어가 어렵지 않았는데 4급은 단어가 어렵다.	미리 예습해 둬라.
한 달 전에는 달러 환율이 낮았는데 달러가 많이 올랐다.	유학 가기 위해서는 달러를 환전해 둬라.

보기

가: 1주일 전에 비하면 채소 값이 많이 올랐어요.

나: 앞으로 더 오른다고 하니까 시장에서 많은 양을 싼 값에 사서 저장해 두도록 하세요.

02 전통 예술이 원래의 모습을 잃지 않을까 싶은데요

학습 목표 전통 공연 예술 관련 어휘를 익혀서 활용할 수 있다.
'-게 마련이다', '-을까 싶다' 표현을 익혀서 활용할 수 있다.

기 자 오늘은 우리 전통문화를 계승하고 발전시키기 위해 힘쓰고 계시는 YBS '국악사랑'의 이정연 PD님을 모시고 국악에 대해 말씀 나눠 보도록 하겠습니다. PD님, 국악이 어떻게 대중문화에서 멀어진 거지요?

이PD 사실 1980년대 이전에는 국악이 대중문화 중의 하나였습니다. 그래서 국악인이 예능 프로그램에 나오는 것은 흔한 일이었지요. 그런데 80년대 이후부터는 국악이 고급 무대 예술로 변하게 되었어요.

기 자 아무래도 예술이 고급화되면 대중과 거리감이 생기게 마련이지요.

이PD 그래서 저희 프로그램에서는 국악을 좀 더 대중화하려고 노력하고 있습니다. 국악과 서양 전통음악의 만남을 기획하고 판소리계의 스타 송가희 씨와 같은 젊은 국악인들을 발굴하고 있지요.

기 자 하지만 대중화에만 힘쓰게 된다면 전통 예술이 원래의 모습을 잃지 않을까 싶은데 이에 대한 국악인들의 생각은 어떻습니까?

새 어휘

계승하다	노벨상은 노벨의 유언에 따라 그의 뜻을 계승하여 만든 상이다. 전통을 계승한다는 것은 옛것을 현대 생활에 맞게 해석해서 새로운 것으로 만드는 것이라고 생각해요.
힘쓰다	아직 옮겨야 할 짐이 많으니까 지금 너무 힘쓰지 마. 지금까지 회사의 발전을 위해 힘써 준 모든 직원들이 너무 고맙다.
아무래도	이렇게 계속 일을 하면 아무래도 좋은 결과가 나오지 않을 것 같다. 지금 맡고 있는 일을 즐겁게 해 보려고 노력해도 잘 안 되는 걸 보면 아무래도 이 일은 저한테 맞지 않는 것 같아요.
고급화되다	지역 전통술이 고급화되면서 명절 선물로 구매하려는 사람들이 많아지고 있대요. 자신의 즐거움과 행복을 위해 돈을 쓰는 것을 아까워하지 않는 독신들이 늘면서 이들의 취미도 고급화되고 있다.
거리감	오랫동안 한 사무실에서 일해도 거리감이 느껴지는 사람이 있어요. 나는 처음 만난 사람들과 거리감을 없애기 위해 먼저 인사하고 말을 거는 편이다.
대중화하다	로봇을 대중화하려면 먼저 가격 문제를 해결해야 한다. 한복을 대중화하기 위해서 생활 한복 패션쇼를 자주 여는 게 어때요?
기획하다	졸업하는 선배들을 위해 후배들이 함께 어울려 즐길 수 있는 파티를 기획했다. 이번에 학교에서 기획하고 있는 사진 전시회는 학생들이 직접 찍은 사진들 중에 훌륭한 것들을 뽑아서 전시할 계획입니다.
-계	이번 뮤지컬은 공연계에서 가장 크게 성공한 작품으로 기억될 것이다. 이번 수업에는 교육계에서 유명한 교수님이 오셔서 특별 강의를 해 주실 예정입니다.
발굴하다	저도 유물을 발굴해 보고 싶어요. 발전 가능성이 큰 선수를 발굴하는 것은 쉬운 일이 아니다.

01. 빈칸에 알맞은 말을 쓰십시오.

보기 겨울철 건조한 날씨에는 늘 화재 예방에 _힘써야_ ~~어야/아야/여야~~ 한다.

❶ 열이 너무 많이 나서 오늘은 __________ 학교에 가지 않는 것이 좋겠어요.

❷ 여자 친구와 크게 싸운 이후로 여자 친구를 볼 때마다 __________ 이/가 느껴진다.

❸ 요즘은 소비자들의 입맛이 __________ 고 다양해져서 이런 소비자들의 입맛에 맞는 새로운 메뉴를 만들어야 합니다.

❹ 전기자동차를 __________ 으려면/려면 먼저 가격을 낮추고 배터리 관련 기술을 더 발전시켜야 해요.

02. 빈칸에 알맞은 말을 쓰십시오.

젊은 국악인을 모십니다!

이번에 저희 극장에서는 **보기** 국악 _계_ 의 새 얼굴을 ❶ __________ 고 있습니다. 우리나라의 전통을 잇는 문화 ❷ __________ 에 관심이 있는 젊은 국악인, 대중들도 ❸ __________ 없이 편하게 국악을 느끼게 할 자신이 있는 젊은 국악인, 당신의 연락을 기다리고 있습니다.

이번 겨울에 저희 극장에서 ❹ __________ 고 있는 새 공연의 주인공이 될 기회를 놓치지 말고 꼭 잡으십시오!

주제 어휘

전통 공연 예술	• 보존하다 • 판소리	• 보전하다 • 탈춤	• 발전하다 • 풍물놀이(농악)	• 국악 • 사물놀이

01. 빈칸에 알맞은 말을 쓰십시오.

보기 우리 조상의 지혜와 전통을 잘 __보전하__ 고 계승하는 것이 중요하다.

❶ ____________ 은/는 농촌에서 집단 노동이나 축제 때 연주되던 음악이다.

❷ ____________ 은/는 꽹과리, 징, 장구, 북 등 네 가지 농악기로 연주하는 음악이다.

❸ 유물은 원래 모습 그대로 잘 ____________ 어서/아서/여서 남기는 게 중요하다.

❹ 사회가 ____________ 기 위해서는 경제뿐만 아니라 정치도 함께 ____________ ____________ 어야/아야/여야 한다.

02. 빈칸에 알맞은 말을 쓰십시오.

문화체험 신청서

급: 중급2 반: 3 이름: 왕웨이

한국의 전통 예술인 **보기** __국악을__ 을/를 체험할 수 있는 특별 수업에 참여할 수 있습니다. 관심이 있는 전통 예술에 표시하십시오.

	❶ ( )	북이라는 악기에 맞춰 노래하고 이야기하고 몸으로 표현하는 전통 예술입니다. 수업에서는 주로 노래를 배웁니다.
	❷ ( )	얼굴에 탈을 쓰고 춤을 춥니다.
V	❸ ( )	네 가지 악기 중 하나를 선택해 배우고 함께 연주합니다.
	❹ ( )	사물놀이를 배운 경험이 있는 학생만 신청할 수 있습니다. 본교 동아리 학생들과 함께 연습하고 대학 축제 때 연주할 기회가 있습니다.

문법 1 -게 마련이다

동사나 형용사 어간에 붙어 결과적으로 그러한 일이 생기는 것이 당연할 때 쓴다. '-기 마련이다'로 바꿔 쓸 수 있다.

❶ 가지 못한 길에는 아쉬움이 남게 마련이다.

❷ 아이들은 부모의 말과 행동을 따라하게 마련이에요.

❸ 기대가 크면 실망도 크게 마련이에요.

❹ 얻는 게 있으면 잃는 게 있게 마련이다.

01. 알맞게 연결하고 보기 와 같이 쓰십시오.

보기 착하게 살다	———	복을 받다
❶ 몸이 아프다 •		• 성적이 떨어지다
❷ 사랑을 하다 •		• 여러 가지 문제가 생기다
❸ 공부를 열심히 하지 않다 •		• 마음도 약해지다
❹ 이기적인 행동을 많이 하다 •		• 모든 것이 아름다워 보이다
❺ 이익만 생각하고 일을 하다 •		• 인간관계가 나빠지다

보기 착하게 살면 복을 받게 마련이에요.

❶ ____________________.

❷ ____________________.

❸ ____________________.

❹ ____________________.

❺ ____________________.

02. 보기 와 같이 대화를 완성하십시오.

보기 가: 일본어를 배운 지 일주일 됐는데 너무 어려워서 그만둘까 생각 중이에요
나: 무슨 일이든 처음 하면 어렵게 마련이에요 . 공부를 시작한 지 얼마 안 됐으니까 최소한 한 달은 해 보고 결정하세요.

❶ 가: 어제 두 시간 정도 운동을 했는데 갑자기 운동을 많이 해서 그런지 아침에 일어나니까 몸 여기 저기 아프지 않은 곳이 없었어요.

나: ______________________________.

처음에는 조금만 하고이후에 점점 시간을 늘려 보세요.

❷ 가: 비빔밥이 제일 맛있다고 하면서 점심에 늘 비빔밥만 먹던 제임스 씨가 이제는 비빔밥을 먹지 않아요.

나: ______________________________.

오래 먹지 않으면 다시 비빔밥이 먹고 싶을 때가 있을 거예요.

❸ 가: 영화 보기 전에 식사부터 하는 게 좋겠다. 어디에서 먹을까? 너는 이 근처에 맛있는 식당이 어디에 있는지 알아?

나: 나도 잘 모르지만 ______________________________

으니까/니까 근처에 손님이 제일 많은 곳으로 들어가자.

❹ 가: 중국 유학을 갔다 온 후, 시간이 갈수록 중국어 실력이 떨어지는 것 같아요.

나: ______________________________.

중국 친구들하고 계속 연락하면서 중국어를 쓰도록 하세요.

❺ 가: 맡은 일을 열심히 해 왔지만 회사에서는 별로 인정해 주지 않아요. 그래서 요즘은 일할 맛이 나지 않아요.

나: 지금까지 열심히 노력한 게 아깝잖아요. 포기하지 말고 ______________________________

______________________________. 기회가 이번 한 번만 있는 건 아니잖아요.

문법 2 -을까 싶다

동사, 형용사, 명사에 붙어 그런 의문이 든다는 추측을 나타낸다.

❶ 김 부장님도 이번 회의에 참석하지 않으실까 싶어요.

❷ 1박 2일 여행인데 옷이 이렇게 많이 필요할까 싶어요.

❸ 슬픔을 나눌 때 가장 필요한 것은 따뜻한 말 한마디가 아닐까 싶다.

❹ 그건 인기가 많은 상품이라서 이미 다 팔리지 않았을까 싶다.

01. 보기 와 같이 문장을 쓰십시오.

> 보기 '이 노래는 최근에 한국에서 유행한 노래니까 반 친구들이 모두 알지 않을까?' 하는 생각이 들었다.
> ➡ 이 노래는 최근에 한국에서 유행한 노래니까 반 친구들이 모두 알지 않을까 싶다.

❶ '민철이가 발표 연습을 충분히 하지 않았는데 잘 할 수 있을까?' 하는 생각이 들었다.

➡ ______________________________.

❷ '이렇게 무조건 단어를 외우는 게 한국어 실력 향상에 도움이 될까?' 하는 생각이 들었다.

➡ ______________________________.

❸ '한국의 대표적인 음식 하면 제일 먼저 생각나는 것이 김치가 아닐까?' 하는 생각이 들었다.

➡ ______________________________.

❹ '문화를 체험하면서 한국말을 배울 수 있는 프로그램을 더 늘려야 하지 않을까?' 하는 생각이 들었다.

➡ ______________________________.

❺ '국악 관련 공연이 많아져야 사람들이 전통 예술에 대해 더 관심을 가지지 않을까?' 하는 생각이 들었다.

➡ ______________________________.

02. 다음은 공연 기획사 사장과 직원의 대화입니다. 읽고 대화를 완성하십시오.

직원: 이번 공연은 전통과 현대의 만남이라는 주제로 기획하면 **보기** 어떨까 싶습니다 ~~습니다/ㅂ니다~~.

사장: 구체적으로 어떤 내용을 생각하고 있습니까?

직원: 현대 음악을 국악기로 연주하고 그 연주에 맞춰 비보이가 춤을 추면 신나는 공연이 ❶ ____________________ 습니다/ㅂ니다.

사장: 그거 좋은 생각 같군요. 그럼 공연장은 어디가 좋겠습니까? 국립 극장 같은 곳이면 좋겠는데…….

직원: 국립 극장을 빌리려면 돈이 많이 ❷ ____________________ 은데요/ㄴ데요. 우선 소극장 중심으로 시작해 보면 좋을 것 같습니다.

사장: 그럼 홍보는 어떻게 할 생각인가요?

직원: 우선 근처 중고등학교에 홍보하는 게 ❸ ____________________ 습니다/ㅂ니다.

사장: 그 이후에는요?

직원: 그 이후에는 외국 관광객들에게 홍보하려고 합니다. 그러면 전통 문화에 관심이 많은 외국인들이 많이 ❹ ____________________ 거든요.

사장: 좋습니다. 자, 그럼 이제 무엇부터 해야 하지요?

직원: 국악 연주팀과 비보이 팀 중에 우리 공연 목적에 맞는 팀이 있는지부터 ❺ ____________________ 습니다/ㅂ니다.

활동 다음은 연애와 관련된 여러 가지 문제입니다. 이런 문제를 가진 사람에게 어떻게 충고를 해 주는 게 좋겠습니까? 대화를 만들어 보십시오.

문제	충고
보기 한국에 온 후에 처음에는 남자 친구가 연락을 자주 했는데 시간이 갈수록 연락을 안 하는 것 같다.	• 눈에서 멀어지면 마음에서 멀어진다. • 계속 사귀려면 방학 때라도 꼭 함께하는 시간을 가져야 할 것 같다. •
남자 친구하고 헤어진 후 마음이 너무 아파서 힘들다.	• 세월이 가면 아픔도 잊혀진다. • 시간이 약이라는 말처럼 시간이 가면 점점 괜찮아질 것이다. •
대학에서 여자 친구를 사귄 후 늘 여자 친구와 붙어 다녔다. 그런데 여자 친구가 이제 데이트할 때만 만나고 각자 따로 자기 생활을 하자고 한다.	• 사랑하는 사람도 늘 같이 있으면 지루해진다. • 오히려 가끔 여자 친구를 만나야 설레는 마음이 생길 것이다. •

보기

가: 한국에 온 후에 처음에는 남자 친구가 연락을 자주 했는데 시간이 갈수록 연락을 안 하는 것 같아요.

나: 눈에서 멀어지면 마음에서 멀어지게 마련이에요. 계속 사귀려면 방학 때라도 꼭 함께하는 시간을 가져야 하지 않을까 싶은데요. 그런 기회를 잘 이용하면 두 사람의 관계가 더 좋아질 거예요.

03 옛날 사람들은 후손의 미래가 조상의 무덤 자리에 의해 결정된다고 믿었어요

학습 목표 한국의 가옥 구조 관련 어휘를 익혀서 활용할 수 있다.
'으로', '에 의해' 표현을 익혀서 활용할 수 있다.

김 교수 자, 다 같이 저기를 한번 볼까요? 마을의 뒤에는 산이 있고 앞에는 강이 흐르고 있지요? 여기가 바로 전형적인 배산임수 마을입니다. 이와 같이 한국의 집터는 전통적으로 자연환경을 고려하여 정했지요.

제임스 선생님, 집을 지을 때 배산임수를 중요하게 생각한 특별한 이유가 있습니까?

김 교수 집 뒤에 있는 산이 차가운 북서풍을 막아 주고 집 앞에 있는 물은 농사를 하거나 생활을 할 때 이용이 됐어요. 그렇기 때문에 옛날부터 배산임수 지형은 풍수지리에서 명당으로 여겼습니다.

웨 이 명당이요? 선생님, 명당에 대해서 좀 더 설명해 주시겠습니까?

김 교수 명당이란 좋은 일이 많이 생기는 집터나 무덤 자리를 말합니다. 옛날 사람들은 후손의 미래가 조상의 무덤 자리에 의해 결정된다고 믿었어요. 실제로 명당은 햇빛이 잘 들고 바람이 잘 통하는 등 과학적으로 볼 때에도 좋은 집터지요.

새 어휘

전형적	이 소설은 1930년대 서울 사람들의 생활을 전형적으로 보여 줍니다. 여배우 김미선의 이미지는 가족을 위해 살아온 전형적인 한국의 어머니상을 떠올리게 한다.
배산임수	많은 사람들이 배산임수의 지형을 선호합니다. 전통적으로 한국 사람들은 배산임수의 남향에 집을 지었다.
집터	새로 짓는 집은 한강이 보이는 언덕에 집터를 잡았다. 내가 어렸을 때 이 자리에 큰 기와집이 있었는데 지금은 그 집터만 남아 있어요.
고려하다	저는 여행 계획을 세울 때 시간과 비용을 제일 먼저 고려합니다. 자신에게 맞는 직업을 고르기 위해서는 자신의 적성을 고려해야 한다.
지형	지형이 험한 곳에는 사람이 잘 살지 않아요. 사람들의 생활 모습은 그 나라의 지형과 기후에 따라 차이를 보인다.
풍수지리	옛 사람들은 풍수지리를 고려해서 집터를 결정했다. 우리 선생님은 풍수지리에 밝아서 새로 건물이나 집을 지으려는 사람들이 많이 찾아요.
여기다	나는 하숙집 아주머니를 친어머니로 여긴다. 대부분의 사람들은 자기 일이 아니면 중요하게 여기지 않습니다.
무덤	조선 시대 왕의 무덤은 굉장히 크고 훌륭하다. 결혼을 인생의 무덤이라고 말하는 사람도 있어요.
통하다	영수와 나는 마음이 잘 통한다. 이 방은 공기가 잘 통하지 않아서 답답해요.

01. 빈칸에 알맞은 말을 쓰십시오.

보기 이 마을은 논과 밭이 많은 __전형적__ 인 농촌의 풍경을 보여 준다.

❶ 우리나라는 동쪽이 높고 서쪽이 낮은 ____________ 이다/다.

❷ 그 가수는 팬들의 따뜻한 마음을 소중하게 ____________ 는다/ㄴ다/다.

❸ 제임스와 나는 서로 얘기가 잘 ____________ 어서/아서/여서 금방 친해졌다.

❹ 이야기를 할 때에는 듣는 사람의 나이와 관심 등을 ____________ 어야/아야/여야 한다.

02. 빈칸에 알맞은 말을 쓰십시오.

전통적으로 한국 사람들은 집을 지을 **보기** __집터를__ ~~을/를~~ 정할 때 근처의 자연 환경을 중요하게 생각했습니다. 이것은 좋거나 나쁜 운이 그 사람이 살고 있는 곳의 ❶ ______________ 과/와 관계가 있다고 본 것으로 ❷ ______________ 의 영향을 받은 것입니다. 특히, 뒤에 산이 있고 앞에는 강이나 시내 등의 물이 흘러가 ❸ ______________ 의 지형에 집을 짓는 것이 좋다고 ❹ ______________ 었습니다/았습니다/였습니다. 또한, 풍수지리는 유교 사상과 결합하여 돌아가신 조상의 ❺ ______________ 자리를 정할 때에도 고려되었습니다.

주제 어휘

한국의 가옥 구조	• 기와집	• 초가집	• 지붕	• 처마	• 천장
	• 바닥	• 마루	• 마당	• 안방	• 건넌방

01. 빈칸에 알맞은 말을 쓰십시오.

보기 사람이 발로 밟고 서는 부분 (바닥)

❶ 집에서 가장 큰 방, 집주인의 방 (   )

❷ 방과 방 사이, 집의 가운데에 있는 바람이 잘 통하는 곳 (   )

❸ 안방의 건너편에 있는 방, 집주인의 아들이나 딸이 사는 방 (   )

❹ 집 앞에 있는 넓고 평평한 곳으로 집안의 잔치나 행사를 하는 곳 (   )

02. 빈칸에 알맞은 말을 쓰십시오.

집의 가장 윗부분을 **보기** 지붕이라고 ~~이라고/라고~~ 하는데 조선시대에는 지붕을 보고 그 집에 사는 사람의 신분을 알 수 있었습니다. 신분이 높은 양반은 ❶ ________에 살았고 양반보다 신분이 낮은 보통 사람들은 ❷ ________을/를 짓고 살았습니다.

집 밖에서 보이는 지붕의 끝부분은 ❸ ________이라고/라고 불렀습니다. 이것은 집보다 밖으로 나와 있기 때문에 강한 햇빛을 막아 주고 비가 올 때에도 빗물이 바로 집으로 들어오지 않게 합니다. 그리고 집 안에서 봤을 때 지붕의 아래 부분은 ❹ ________이라고/라고 하는데 방이나 마루 등의 윗부분이 됩니다.

문법 1 으로

'보다, 여기다, 생각하다, 치다, 간주하다' 등의 서술어와 함께 사용하여 판단을 나타낸다.

❶ 리에는 웨이를 남자로 안 보는 것 같아.

❷ 이 상을 받은 것을 큰 영광으로 생각합니다.

❸ 그는 친구의 일을 자신의 일로 여기고 돕는다.

❹ 제주도는 국내에서 최고의 관광지로 손꼽힌다.

01. 다음에서 맞는 문장에 O표 하십시오.

보기 이 식당은 최고의 맛집으로 간주해요. (   )
이 식당은 최고의 맛집으로 손꼽혀요. (○)

❶ 소고기는 국내산을 최고로 칩니다. (   )
소고기는 국내산을 최고로 손꼽힙니다. (   )

❷ 몇 사람의 의견을 다수의 의견으로 쳤다. (   )
몇 사람의 의견을 다수의 의견으로 간주했다. (   )

❸ 사고가 났지만 다치지 않은 것을 다행으로 여긴다. (   )
사고가 났지만 다치지 않은 것을 다행으로 간주한다. (   )

❹ 나를 배신한 그 사람을 더 이상 친구로 치지 않는다. (   )
나를 배신한 그 사람을 더 이상 친구로 생각하지 않는다. (   )

❺ 그 사람은 회사에서 일어난 모든 일을 자신의 일로 친다. (   )
그 사람은 회사에서 일어난 모든 일을 자신의 일로 생각한다. (   )

02. 보기 와 같이 대화를 완성하십시오.

보기 가: 보고서를 써야 돼서 이 책을 읽고 있는데 너무 어렵고 지루하기만 해.
나: 그 책은 운명에 맞서는 인간의 심리를 잘 보여 주고 있어서 시대에 관계없이 항상 많이 읽히는 책인데, 그 책만큼 명작으로 손꼽히는 ~~는/은/ㄴ~~ 책도 없어.

❶ 가: 정말 그 선배한테 고백했어?
나: 응. 그런데 나한테 자기 동생하고 나이가 같아서 귀엽다고 하면서 친오빠처럼 생각하라고 하더라. 그 선배는 나를 그냥 ______________ 는/은/ㄴ 것 같아.

❷ 가: 누가 범인이라고 생각하세요?
나: 사고 장소에서 박 씨의 옷과 물건이 발견됐습니다. 따라서 박 씨를 ______________ 고 있습니다.

❸ 가: 여러분 고향에서는 어떤 집을 좋은 집이라고 생각합니까?
나: 우리 고향에서는 ______________.

❹ 가: 영수가 실수를 한 것 같은데 이번 한 번만 용서해 주는 게 어때?
나: 뭐? 실수라고? 영수가 지난번에도 똑같이 행동해서 내가 용서해 줬었는데. 나는 영수의 행동을 ______________ 지 않아.

❺ 가: 지금까지 제가 설명한 거 이해가 되세요? 질문이 있으면 하세요.
나: …….
가: 질문 없어요? 없으면 ______________.

문법 2 에 의해

명사에 붙어 뒤의 상황이 이루어지게 하는 방법, 수단, 상황, 기준 등을 나타낸다. '에 의해(의하여)'로 사용된다.

❶ 말라리아는 모기에 의해 전염된다.

❷ 정해진 순서에 의해 회의가 진행되었다.

❸ 대통령은 국민들의 투표에 의해 선출된다.

❹ 조선 시대의 유물이 공사장에서 일하는 노동자에 의해 발견됐다.

01. 보기 와 같이 문장을 완성하십시오.

보기 필요에 의해 새로운 물건이 만들어진다.

❶ 먼저 순서를 정하고, 정해진 ____________ 의견을 발표합시다.

❷ 감기는 ____________ 전염된다.

❸ 작품은 작가의 ____________ 만들어진다.

❹ 사람의 운명은 자신의 ____________ 달라진다.

❺ 음식의 맛은 ____________ 달라진다.

02. 알맞은 말을 골라 보기 와 같이 대화를 완성하십시오.

- 투표
- 환경
- 다수결
- 풍수지리
- 회사 규칙
- 한 사람의 노력

보기 가: 이 문제는 어떤 방법으로 결정했습니까?
나: 다수결에 의해 결정됐습니다.

❶ 가: 전통적으로 한국의 집터나 무덤 자리는 어떻게 정했습니까?
나: ____________________________.

❷ 가: 이번 일은 누가 책임을 지기로 했습니까?
나: ____________________________.

❸ 가: 학생회장을 어떻게 뽑았습니까?

나: ______________________________.

❹ 가: 웨이와 리에가 생각보다 오래 사귀는데.

나: 리에가 하자는 대로 웨이가 다 들어주니까 그렇지. 그런데 ______________________________.

❺ 가: 사람의 성격은 무엇에 의해 결정된다고 생각하세요?

나: ______________________________.

활동 **다음의 질문에 대해 여러분은 어떻게 생각합니까? 보기 와 같이 대화를 만드십시오.**

질문	내 생각
보기 사람의 성격은 무엇의 영향을 가장 많이 받을까요?	• 타고난 성격 ( ) • 그 사람이 자란 환경 (V)
한 사람의 성공은 무엇의 영향을 가장 많이 받을까요?	• 노력 ( ) • 운 ( ) • 집안 환경 ( )
언어의 변화에 가장 큰 영향을 미치는 것은 무엇일까요?	• 나라에서 정한 규칙 ( ) • 언어를 사용하는 사람들 ( ) • 방송 매체 ( )

보기 가: 사람의 성격은 무엇에 의해 결정된다고 생각하세요?.

나: 저는 타고난 성격보다 그 사람이 자란 환경에 의해 결정된다고 생각합니다. 쌍둥이로 태어났지만 다른 환경에서 자라서 성격이 많이 다른 사람들의 이야기를 들은 적이 있습니다. 따라서 사람의 성격을 결정하는 것에 가장 중요한 영향을 미치는 것은 그 사람이 자란 환경으로 생각됩니다.

04 마치 보름달을 보는 것처럼 푸근하고 넉넉한 느낌이었어요

학습 목표 문화유산 및 전통 계승 관련 어휘를 익혀서 활용할 수 있다.
'-는다기에', '마치 -는 것처럼' 표현을 익혀서 활용할 수 있다.

출처: 국립중앙박물관 소장

미선 저는 지난 주말에 유명한 작가의 도자기 전시회가 있다기에 경기도 이천에 다녀왔어요. 거기서 8대에 걸쳐 도자기를 만들어 오신 장인의 작품들을 감상하고 왔어요.

영수 8대라면 자자손손 대를 이어 전통을 지켜 오신 거잖아요. 참 대단하신 분들이네요. 어떤 작품이 인상적이었어요?

미선 달항아리가 가장 인상적이었는데 마치 보름달을 보는 것처럼 푸근하고 넉넉한 느낌이었어요. 크기도 아주 커서 작품 하나를 만들 때마다 시간과 노력도 많이 들었다고 해요.

영수 요즘처럼 변화가 빠른 시대에 전통을 포기하지 않고 가업을 이어 오시다니 존경할 만한 분들인 것 같아요.

미선 맞아요. 그리고 이 달항아리는 가장 한국적인 아름다움을 가장 잘 표현하고 있다는 평도 받고 있대요.

새 어휘

걸치다	5시간에 걸친 긴 수술이 끝났다. 이번 전시회는 이번 달부터 다음 달에 걸쳐 계속될 예정입니다.
장인	최고의 물건을 만들기 위해 필요한 것은 장인 정신이다. 솜씨 좋은 장인이 만든 작품이기 때문에 값이 싸지 않습니다.
자자손손	좋은 전통을 자자손손 이어 가야 한다. 자자손손 물려줄 우리 땅, 우리 손으로 지킵시다.
대	그 집은 3대가 모여 사는 대가족이다. 예전에는 아들이 없으면 대가 끊긴다고 생각했어요.
잇다	이 은혜는 대를 이어서라도 꼭 갚겠습니다. 표를 사기 위해 사람들이 줄을 이어 서 있다.
푸근하다	겨울인데도 푸근한 날씨가 이어지고 있다. 저는 우리 어머니처럼 푸근한 사람을 만나고 싶어요.
넉넉하다	그 부부는 가진 것은 없었지만 마음만은 넉넉했다. 손님이 더 오실지도 모르니까 음식을 넉넉하게 준비하는 것이 좋겠어요.
가업	큰아들이 이 집안의 가업을 이어받기로 했습니다. 아버지의 생각과는 다르게 그는 가업을 잇는 일에 관심이 없었다.
평을 받다	이 영화는 특히 음악이 아름답다는 평을 받고 있다. 제 동료는 인간관계가 좋고 능력 있는 사람이라는 평을 받고 있어요.

01. 빈칸에 알맞은 말을 쓰십시오.

보기 그는 당황해서 말을 잇 지 못했다.

❶ 이번 공연은 토요일과 일요일 이틀에 ________어서/아서/여서 있을 예정이다.

❷ 우리 조상들은 아들 딸 많이 낳고 그 복이 ________ 계속되는 것을 큰 행복이라고 생각했다.

❸ 하숙집 아주머니는 마치 어머니처럼 ________게 우리들을 돌봐 주신다.

❹ 그는 ________는/은/ㄴ 집안에서 태어나 부족함 없이 자랐다.

02. 빈칸에 알맞은 말을 쓰십시오.

60년 전통의 국수 공장. 겉보기에는 화려하지 않지만 이곳에서 아버지, 아들, 손자 이렇게 **보기** 3 대가 ~~이/가~~ 60년 가까이 집안의 ❶ ________을/를 지켜오고 있다. 대한민국 최고의 국수를 만들겠다는 ❷ ________ 정신으로 만들었기 때문일까? 이 집의 국수는 손님들로부터 가장 맛있는 국수라는 ❸ ________고 있다. 앞으로도 100년 넘게 변하지 않는 그 맛을 ❹ ________어/아/여 가기를 바란다.

주제 어휘

문화유산 및 전통 계승	• 국보 • 자연유산	• 보물 • 맥을 잇다	• 유형 문화재 • 유지하다	• 무형 문화재 • 복원하다	• 인간 문화재

01. 관계있는 것을 찾아 연결하십시오.

보기 보물 ———— 귀중한 물건, 문화재. 동대문.

❶ 국보 • • 나라에서 보호하는 귀중한 문화재. 남대문.

❷ 유형 문화재 • • 역사적, 예술적으로 가치가 있고, 형체가 없는 중요한 문화재. 탈춤.

❸ 무형 문화재 • • 역사적, 예술적인 가치가 크고 형태가 있는 중요한 문화재. 도자기.

❹ 자연유산 • • 보호할 가치가 있는 자연 환경. 제주도 거문오름.

02. 빈칸에 알맞은 말을 쓰십시오.

서울 북촌에 사는 윤병훈 씨는 전통적인 방법을 지키면서 전통 가구를 만들고 있는 보기 인간 문화재이다 ~~이다/다~~. 전통적인 방법은 불편하기 때문에 더 편리한 방법을 사용해야 한다는 사람들도 있지만 윤 씨의 생각은 다르다. 좀 불편해도 전통을 ❶ ____________ 는/은/ㄴ 것이 더 중요하다고 생각하기 때문이다. 요즘에는 이런 기술을 배우려고 하는 사람들이 별로 없어서 그 ❷ ____________ 을/ㄹ 수 있을지 걱정이 되기도 하지만 윤 씨는 오늘도 변함없이 전통을 이어 가고 있다. 최근 윤 씨는 ❸ ____________ 1호 남대문을 새로 ❹ ____________ 는/은/ㄴ 작업에도 참여했다.

문법 1 -는다기에

'-다고 하기에'의 준말로, 앞 문장과 뒤 문장을 다른 사람의 말을 인용하면서 이유로 연결할 때 쓴다.

❶ 집들이에 갈 때는 비누를 선물한다기에 비누를 사가지고 갔어요.
❷ 생강차가 감기에 좋다기에 생강차를 마셨어요.
❸ 짧은 머리가 유행이라기에 머리를 잘랐어요.
❹ 보고서를 오늘까지 끝내라기에 밤을 새워서 일했어요.

01. 보기 와 같이 바꾸십시오.

보기 친구가 아프다고 해서 찾아가 봤어요.
➡ 친구가 아프다기에 찾아가 봤어요 .

❶ 어린이날이라고 해서 조카에게 줄 선물을 샀어요.
➡ ________________________________.

❷ 그 학원이 잘 가르친다고 해서 그 학원에 등록했어요.
➡ ________________________________.

❸ 밖에 나가서 놀겠다고 해서 잠깐만 놀고 오라고 했어요.
➡ ________________________________.

❹ 친구가 이사했다고 해서 선물을 사 가지고 갔어요.
➡ ________________________________.

❺ 내일 비가 올 거라고 해서 우산을 준비해 가지고 나왔어요.
➡ ________________________________.

02. 다음은 웨이씨가 알고 있는 정보입니다. 읽고 대화를 완성하십시오.

보기 친구들이 한국에 온다.

❶ 친구들이 서울 길을 모른다.
❷ 숙제를 다음 주까지 내도 된다.
❸ 피곤할 때 인삼차를 마시면 좋다.
❹ 열이 많은 사람한테 인삼이 안 좋다.
❺ 오늘 친구가 같이 공부하자고 했다.

선생님: 웨이 씨, 지난 금요일에 왜 학교에 안 왔어요?

웨　이: **보기** 친구들이 한국에 온다기에 친구들을 만나러 공항에 다녀왔어요.

선생님: 친구들은 저녁에 만나도 되잖아요.

웨　이: 친구들이 ❶ ________________ 어쩔 수 없지만 마중을 나가야 했거든요.

선생님: 그리고 숙제는 왜 안 냈어요?

웨　이: 친구들한테 물어봤더니 ❷ ________________ 나중에 내려고 했어요. 죄송합니다.

어머니: 몸은 좀 어떠니? 피곤할 때 ❸ ________________ 한 잔 끓여 왔는데, 좀 마셔 볼래?

웨　이: 네, 그럴게요. 그런데 어머니도 한 잔 드세요.

어머니: 아, 나처럼 열이 많은 사람한테는 오히려 ❹ ________________ 네 것만 끓였어.

웨　이: 그래요? 저도 몰랐네요. 아, 그런데 어머니, 오늘 ❺ ________________ 친구 집에 가서 공부하려고 하는데 그래도 되지요?

문법 2 마치 -는 것처럼

어떤 것을 다른 것에 비유하여 말할 때 쓰며 '거의 비슷하게'의 뜻을 나타낸다. '마치' 뒤에는 '처럼'이나 '같이', '같다' 등이 함께 쓰인다.

❶ 발음이 자연스러워서 마치 한국 사람이 말하는 것처럼 느껴져요.

❷ 이 신발은 마치 안 신은 것처럼 가벼워요.

❸ 이태원에 가면 마치 외국에 온 것처럼 느껴져요.

❹ 합격했다는 말을 듣고 마치 하늘을 날 것처럼 기뻤어요.

01. 보기 와 같이 바꾸십시오.

보기 첫 데이트 때 심장이 터질 것 같이 가슴이 뛰었어요.
➡ 첫 데이트 때 마치 심장이 터질 것처럼 가슴이 뛰었어요.

❶ 외국이지만 한국에 오래 살아서 고향에 사는 것 같이 편안하게 느껴져요.

➡ ______________________.

❷ 오늘 모두들 약속이라도 한 것 같이 일찍 왔어요.

➡ ______________________.

❸ 처음 만났는데도 예전부터 알고 지내 온 것 같이 편하게 느껴졌어요.

➡ ______________________.

❹ 하숙집 아주머니가 우리를 가족 같이 따뜻하게 대해 주세요.

➡ ______________________.

❺ 영상통화를 하면 그 사람이 옆에 있는 것 같이 가깝게 느껴져요.

➡ ______________________.

02. 의미가 어울리는 것을 골라 **보기** 와 같이 대화를 완성하십시오.

- 한 폭의 그림을 보는 것 같다
- 바늘로 찌르는 것 같다
- 꿈을 꾸는 것 같다
- 아무 일도 없었던 것 같다
- 어린아이가 된 것 같다
- 구름 위에 누워 있는 것 같다

보기 가: 속이 어떻게 아프십니까?
나: 마치 바늘로 찌르는 것처럼 아파요.

❶ 가: 가을의 설악산 풍경이 아름답지요?

나: 네, ______________________________ 아름다웠어요.

❷ 가: 결혼하니까 어때요?

나: 신혼 생활이 ______________________________ 행복해요.

❸ 가: 이 침대에 누워 보니까 어때요?

나: ______________________________ 편안해요.

❹ 가: 수영장에 다녀오셨어요?

나: 네, 오래간만에 마치 ______________________________ 재미있게 놀다가 왔어요.

❺ 가: 어제 영수 씨하고 크게 싸웠다고 하지 않았어요? 그런데도 미선 씨를 평소와 똑같이 대하고 있네요.

나: 오늘 아침에 만났을 때 ______________________________ 평소와 똑같이 대해서 저도 놀랐어요.

활동 다음 표를 보고 보기 와 같이 대화를 완성하십시오.

들은 정보	다녀온 후의 느낌
보기 남대문을 새로 복원했다.	천장에 그려진 용이 살아있는 것 같이 느껴졌다.
이번 달 내내 밤에도 경복궁을 연다.	경복궁의 야경은 한 폭의 그림을 보는 것 같이 아름다웠다.
남이섬에 유명한 영화 촬영지가 있다.	영화 속의 주인공이 된 것 같이 사진도 찍고 재미있는 시간을 보내다가 왔다.

보기 가: 지난 주말에 뭘 했어요?
나: 남대문을 새로 복원했다기에 다녀왔어요. 그런데 남대문의 천장에 그려진 용이 마치 살아있는 것처럼 느껴졌어요.

제3과 변화

01 나이가 많다고 해서 다 결혼해야 하는 건 아니지요

02 두 분이 심사숙고해서 결정하신 만큼 잘 해 나가실 거라고 믿어

03 물질적으로 풍요로워짐에 따라 정신적인 가치를 중요하게 여기는 사람들이 늘고 있습니다

04 기술이 중요했던 예전 사회와 달리 지금은 지식과 정보의 중요성이 커졌습니다

01 나이가 많다고 해서 다 결혼해야 하는 건 아니지요

학습 목표 결혼 관련 어휘를 익혀서 활용할 수 있다.
'-는다고 해서', '-는 수가 있다' 표현을 익혀서 활용할 수 있다.

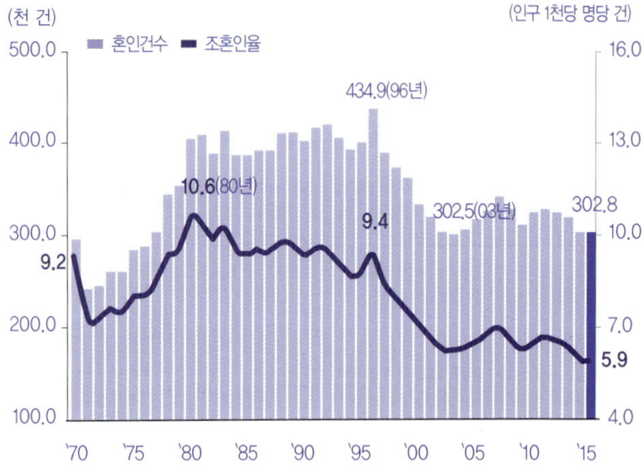

미선　저희 언니가 나이가 많은데 결혼을 안 해서 부모님 걱정이 이만저만이 아니에요.

리에　나이가 많다고 해서 다 결혼해야 하는 건 아니지요. 요즘은 결혼이 필수가 아닌 선택인 시대가 됐잖아요. 저도 경제력만 있다면 나중에 결혼하지 않고 혼자 살고 싶은데요.

미선　하지만 젊은이들이 결혼을 하지 않으면 출산율이 떨어져서 점점 고령화 현상이 가속화될 거래요. 그렇게 되면 노동인구가 감소해서 젊은이들의 부담이 커지게 되니까 결국 국가 경제에 악영향을 끼치는 수도 있대요.

리에　전 결혼 안 해도 된다고 생각하지만 결혼을 미루거나 안 하는 것이 개인의 선택 문제만은 아닌 것 같아요. 요즘에 취업도 어렵고 집값도 너무 오르니까 젊은이들이 연애, 결혼, 출산을 포기했다는 의미로 스스로 3포세대라고 부른다잖아요.

새 어휘

어휘	예문
걱정이 이만저만이 아니다	등록금이 자꾸 올라서 걱정이 이만저만이 아니에요. 여름 내내 비가 오지 않아서 농민들의 걱정이 이만저만이 아니다.
필수	자동차를 살 때 보험 가입은 필수이다. 인터넷 쇼핑할 때 가격 비교는 필수예요.
경제력	이혼율의 증가는 여성의 경제력과 관계가 있다. 사람들은 배우자를 선택할 때 경제력을 중요하게 생각한다.
현상	여름밤에는 열대야 현상 때문에 잠을 잘 자지 못하는 사람들이 많아요. 요즘에 부익부 빈익빈 현상이 심해져서 부자들은 점점 부자가 되고 가난한 사람들은 점점 가난해지고 있다.
가속화되다	지구 온난화가 가속화되는 원인은 무엇일까요? 최근 자동차 회사 간의 경쟁이 가속화되고 있다.
악영향	흡연 습관이 건강에 악영향을 미칠 수 있어요. 정치적 불안정은 경제에 끼치는 악영향이 크다.
세대	요즘에는 동생과도 세대 차이를 느껴요. 정치인들도 빨리 세대가 바뀌어야 할 것 같다.

01. 빈칸에 알맞은 말을 쓰십시오.

보기 우리 지역의 교통이 편리해지면 지역 발전이 <u>가속화될</u> ~~을/ㄹ~~ 거라고 봅니다.

❶ 월급은 똑같은데 물가는 계속 오르니까 ____________________ 는다/ㄴ다/다.

❷ 지나친 다이어트는 건강에 __________ 을/를 미칠 수 있어요.

❸ 나이가 들수록 피부 노화 __________ 이/가 심해지니까 피부 관리를 꼭 해야 합니다.

❹ 저는 결혼의 ________ 조건은 사랑이라고 생각해요.

02. 빈칸에 알맞은 말을 쓰십시오.

요즘에는 집에 대한 생각이 많이 바뀌고 있다. 예전에는 결혼한 후에 집은 **보기** <u>필수라고</u> ~~이라고/라고~~ 생각해서 꼭 집을 사야 한다고 생각했다. 그러나 요즘 젊은 ❶ __________ 들은 돈을 아끼고 모아 집을 사기보다는 세를 들어 살면서 인생을 즐기고 싶어한다. 또한 ❷ __________ 이/가 별로 없는 젊은 사람들에게는 높은 전세 값도 부담이 된다. 그래서 부동산 시장에서 전세가 월세로 바뀌는 ❸ __________ 이/가 나타나고 있고 이런 상황이 ❹ __________ 고 있다. 그리고 가족 수가 적어지면서 큰 아파트보다는 작은 아파트를 선호한다고 한다.

주제 어휘

결혼	• 독신	• 미혼	• 기혼	• 초혼
	• 이혼	• 재혼	• 결혼 적령기	• 시집가다
	• 장가가다	• 가정을 이루다		

01. 빈칸에 알맞은 말을 쓰십시오.

보기 두 사람이 결혼해서 가족을 만들어요. (가정을 이루다)

❶ 아직 결혼을 하지 않았어요. (　　　　　　)

❷ 이미 결혼했어요. (　　　　　　)

❸ 결혼한 사람들이 법적으로 헤어져요. (　　　　　　)

❹ 여자가 결혼한다는 뜻이에요. (　　　　　　)

02. 빈칸에 알맞은 말을 쓰십시오.

영　수: 미선아, 넌 몇 살쯤이 **보기** 결혼 적령기라고 ~~이라고/라고~~ 생각해?

미　선: 글쎄, 결혼하기에 적당한 나이가 있을까? 좋은 사람이 먼저 나타나야 하는 거 아니야?

영　수: 그래도 적당한 나이는 있는 거 같아. 쉰 살인 우리 삼촌이 젊었을 때부터 평생 ❶ ______________으로/로 살겠다고 하셨거든. 그런데 마음이 바뀌셔서 이제 ❷ ______________으려고/려고 보니까 마음에 드는 사람이 없대.

미　선: 주위에 보면 이혼하셨다가 다시 ❸ ______________을/를 하려는 여자 분들도 많던데…….

영　수: 그래도 우리 삼촌은 ❹ ______________이니까/니까 미혼인 여자 분을 만나고 싶어하셔.

미　선: 그 사람을 좋아하게 되면 조건 같은 건 안 보게 되지 않을까?

문법 1 -는다고 해서

동사나 형용사, 명사에 붙어 다른 사람의 이유나 근거에 대한 이야기를 듣고 그에 대한 반박을 하거나 반대의 의견을 나타낼 때 쓴다.

❶ 무조건 운동을 많이 한다고 해서 살이 빠지지는 않는다.

❷ 돈이 있다고 해서 다른 사람을 무시하면 안 된다.

❸ 여자라고 해서 다 힘이 약한 건 아니에요.

❹ 옛날에 잘못을 했다고 해서 지금도 나쁜 사람이겠어요?

01. 보기 와 같이 문장을 쓰십시오.

영수의 생각	반론
"단어만 많이 외우면 외국어를 잘 할 수 있어요."	보기 단어만 많이 외운다고 해서 외국어를 잘 할 수 있는 건 아니에요.
"아이큐가 높으면 학교 공부를 잘 할 수 있을 거예요."	
"남자들은 누구나 예쁜 여자를 좋아해요."	
"건강식품을 많이 먹으면 건강해질 거예요."	
"나는 실력이 있으니까 좋은 회사에 취직할 수 있어요."	
"한국 사람은 누구나 한국어 문법을 잘 알아요."	

02. 다음을 읽고 이야기를 완성하십시오.

사 회 자: 여러분들은 행복해지기 위해서는 어떤 조건이 제일 중요하다고 생각하십니까?

부　　자: 저는 돈이 많아야 행복해질 수 있다고 생각합니다. 돈이 있어야 자기가 하고 싶은 걸 할 수 있으니까요.

노　　인: **보기** 돈이 많다고 해서 다 행복한 건 아니에요. 돈이 많아도 건강을 잃으면 다 소용이 없지요. 행복을 위해서는 몸의 건강이 제일 중요한 것 같아요.

학　　자: ❶ ________________ 모두 행복해지지는 않아요. 세상에 대해서 많이 아는 것, 많이 배우는 것이 중요하다고 봅니다.

C E O: ❷ ________________ 다 행복할까요? 많이 배우고 알기만 하면 뭘 합니까? 실제 일에서 성공을 해야지요.

인 기 남: ❸ ________________ 정말 행복하다고 할 수 있을까요? 친구가 많아야 외롭지 않고 진짜 행복해질 수 있어요.

가정주부: ❹ ________________ 정말 행복한 사람일까요? 행복한 가정을 이뤄야 진정한 행복의 의미를 알 수 있어요.

종 교 인: ❺ ________________ 행복해지는 건 아니랍니다. 자신의 마음속에서 정말로 원하는 것을 찾아야 행복해질 수 있어요.

사 회 자: 행복해지기란 정말 쉬운 일이 아니군요!!

문법 2 -는 수가 있다

동사에 붙어 가끔 특별한 경우에 생길 수 있는 가능성을 나타낼 때 쓴다.

❶ 믿는 도끼에 발등 찍히는 수가 있다.
❷ 늦게 가면 공연장에 못 들어가는 수가 있어요.
❸ 당황하면 아는 것도 대답 못 하는 수가 있어요.
❹ 안개가 심하면 비행기가 뜨지 못하는 수가 있다.

01. 보기 와 같이 바꾸십시오.

보기 찬 것을 많이 먹으면 배탈이 날 위험이 있다.
➡ 찬 것을 많이 먹으면 배탈이 나는 수가 있어요 .

❶ 더운 날씨에 밖에 오래 서 있으면 쓰러질 위험이 있다.
➡ ______________________.

❷ 그렇게 앞을 잘 안 보고 뛰면 넘어질 위험이 있다.
➡ ______________________.

❸ 운전할 때 휴대전화를 사용하면 사고가 날 위험이 있다.
➡ ______________________.

❹ 음식을 냉장고에 넣지 않으면 상할 위험이 있다.
➡ ______________________.

❺ 그렇게 지갑을 주머니에 넣고 다니면 잃어버릴 위험이 있다.
➡ ______________________.

02. 다음 대화를 완성하십시오.

엄마: 영수야, 밤새 에어컨을 켜 놓았니? 그렇게 에어컨을 켜 놓고 자면 보기 감기에 걸리는 수가 있어 .

영수: 밤새 보고서를 써야 돼서 어쩔 수가 없었어요.

엄마: 그럼 자지 않고 계속 컴퓨터를 한 거야? 그렇게 컴퓨터 화면을 오래 보면 ❶ ______________________.

영수: 엄마, 지금 너무 급해서 그래요. 오늘 오후 5시까지 교수님께 보고서를 제출해야 돼요. 늦게 내면 ❷ ______________________.

엄마: 그러게 좀 미리 미리 하지 그랬어? 그렇게 급히 서두르면 ❸ ______________________. 여기 아침 식사 차려 놓았으니까 먹고 해라.

영수: 밥 먹을 시간 없는데…….

엄마: 그렇게 아침을 자주 안 먹으면 ❹ ______________________ 으니까/니까 어서 먹어.

(영수가 밥을 급하게 먹는다.)

엄마: 좀 천천히 먹어. 그렇게 급하게 먹으면 ❺ ______________________.

영수: 알았어요, 엄마!!

활동 다음과 같은 상황에서 보기 와 같이 경고하는 말을 해 주십시오.

상황	경고
보기 귀찮아서 인터넷 사이트의 비밀번호를 바꾸지 않는다.	해킹을 당할 위험이 있다.
빨리 물에 들어가고 싶어서 수영하기 전에 준비운동을 하지 않는다.	심장마비에 걸릴 위험이 있다.
일이 바쁠 때는 친한 친구의 메일에 답장을 안 할 때도 있다.	친구 사이가 멀어질 위험이 있다.

보기 가: 저는 귀찮아서 인터넷 사이트의 비밀번호를 바꾸지 않고 계속 똑같은 번호를 써요.

나: 귀찮다고 해서 비밀번호를 바꾸지 않으면 안 돼요. 그렇게 계속 똑같은 번호를 쓰면 해킹을 당하는 수가 있어요.

02 두 분이 심사숙고해서 결정하신 만큼 잘 해 나가실 거라고 믿어

학습 목표 가족 형태 관련 어휘를 익혀서 활용할 수 있다.
'-더니[1]', '-는 만큼' 표현을 익혀서 활용할 수 있다.

다양한 가족

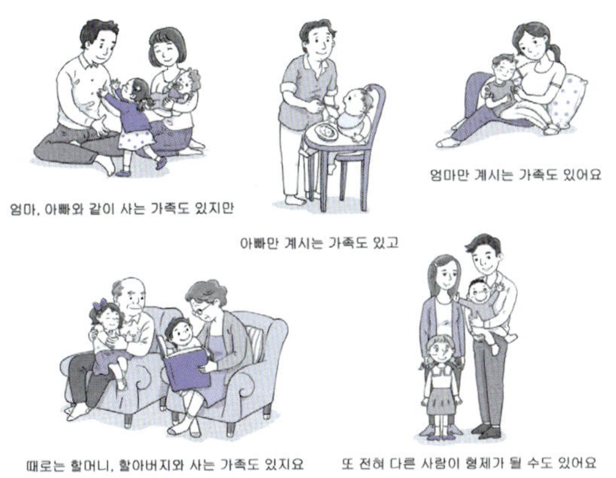

리에 지난 주말에 이모 결혼식에 간다고 하더니 잘 다녀왔어?

미선 응, 잘 다녀왔어. 그런데 실은 이모가 재혼을 하시는 거라서 가족끼리만 조촐하게 치렀어. 정말 잘 된 일이지만 두 분 모두 아이가 하나씩 있어서 처음에는 어른들이 걱정도 좀 하셨어.

리에 그래도 아이들은 새아버지, 새어머니는 물론이고 없던 형제까지 생기는데 오히려 외롭지도 않고 좋지 않을까?

미선 그럴지도 모르겠다. 아무튼 두 분이 심사숙고해서 결정하신 만큼 잘 해 나가실 거라고 믿어. 요즘은 가족의 형태도 다양해졌으니까 주변에서 편견을 버리고 따뜻한 시선으로 바라봐 줘야 할 것 같아.

새 어휘

조촐하다	전시회장 안쪽에 조촐한 다과를 준비해 놓았습니다. 조촐하게 환갑잔치를 해 드렸는데도 아버지께서 감동을 받으신 것 같다.
치르다	월드컵을 치르면서 우리 국민이 하나가 되었다. 아침에 아이들을 학교에 보낼 때마다 마치 전쟁을 치르는 것 같아요.
아무튼	반대도 있기는 했지만 아무튼 그렇게 하기로 결정을 했습니다. 몸 상태가 별로 좋지는 않지만 아무튼 이번 대회에 출전할 것이다.
심사숙고하다	결혼을 결정하기 전에 심사숙고하세요. 심사숙고한 끝에 그를 우리 모임의 대표로 결정하였다.
형태	도자기를 만들 때 먼저 흙으로 형태를 만들어 주세요. 현대에는 사이버 교육 등 다양한 형태의 교육이 존재한다.
주변	그 학생은 성격이 좋아서 주변에 친구가 많아요. 손님들에게 좋은 인상을 주기 위해 식당 주변을 항상 깨끗하게 청소한다.
편견	과거에 비해 여성에 대한 편견이 많이 사라졌습니다. 이제야 겨우 편견을 버리고 있는 그대로의 그 사람을 볼 수 있게 되었다.
시선	두 사람의 시선이 마주쳤다. 여러 사람의 시선이 느껴졌지만 무시하고 계속 앞으로 걸어갔습니다.

01. 빈칸에 알맞은 말을 쓰십시오.

보기 힘들겠지만 ___아무튼___ 열심히 해 봅시다.

❶ 고향으로 돌아가는 친구를 위해 ________________지만 의미 있는 송별회를 해 주고 싶다.

❷ 집들이를 하느라 한꺼번에 많은 손님을 ________________고 나니 갑자기 피곤해진다.

❸ 가족, 친구 등 ________________ 사람들의 도움으로 어려움도 극복할 수 있었다.

❹ 개성 있는 외모 때문에 사람들의 ________________이/가 항상 그에게 집중된다.

02. 빈칸에 알맞은 말을 쓰십시오.

현대에는 다양한 **보기** ___형태___의 가정이 존재한다. 최근에 눈에 띄게 증가한 것이 재혼 가정이다. 그렇다면 재혼 가정의 행복을 위해 필요한 것은 무엇인지 생각해 보자. 특히 자녀가 있는 경우 좀 더 깊이 ❶ ________________어서/아서/여서 재혼을 결정해야 한다. 그리고 다시 이혼하는 아픔을 겪지 않기 위해서는 이웃이나 학교 친구 등 ❷ ________________의 상황까지도 섬세하게 살펴 재혼 가정에 대한 ❸ ________________이나/나 따가운 ❹ ________________에 자녀들이 힘들어하지 않을 수 있게 해야 한다.

주제 어휘

가족 형태	• 핵가족	• 대가족	• 한부모 가족	• 다문화 가족
	• 공동체 가족	• 조손 가족	• 1인 가구	• 비동거 가족

01. 관계있는 것을 찾아 연결하십시오.

보기 핵가족 ——— 부모님과 언니 그리고 저, 네 식구만 같이 살아요.

❶ 대가족 • • 어머니는 한국 분이시고 아버지는 중국 분이세요.

❷ 한부모 가족 • • 어머니하고 저, 두 사람만 같이 살아요.

❸ 다문화 가족 • • 돌아가신 부모님을 대신해 할아버지, 할머니께서 저를 키워 주고 계세요.

❹ 조손 가족 • • 우리 가족은 할아버지, 할머니, 부모님과 형, 남동생, 그리고 저 모두 7명이에요. 우리는 모두 같이 살고 있어요.

02. 빈칸에 알맞은 말을 쓰십시오.

선생님: 우리가 알고 있는 가장 기본적인 가족으로는 부모님과 자녀가 함께 살고 있는 **보기** 핵가족이 ~~이/가~~ 있습니다.

학생 1: 선생님, 그런데 유학 간 제 친구는 어머니하고 외국 생활을 하고 있고 아버지만 한국에 계시는데 이런 경우에는 뭐라고 해야 하나요?

선생님: 유학을 위해 아버지와 따로 살고 있으니까 ❶ ________________ 이라고/라고 할 수 있어요.

학생 2: 다른 가족과 같이 살지 않고 혼자 사는 사람들도 많은 것 같아요. 그런 경우에는 뭐라고 하나요?

선생님: 그런 경우는 ❷ ________________ 이라고/라고 해요. 또 부모님이 안 계셔서 할머니 할아버지가 대신 손자 손녀를 키워 주시는 경우도 있는데 이런 가족은 ❸ ________________ 이라고/라고 해요.

학생 1: 우리가 모르는 다양한 가족 형태가 있네요.

선생님: 그리고 가족 내에서 해결되지 않는 문제를 생각이 비슷한 여러 사람이 모여 극복해 가는 경우도 있는데 이런 경우는 ❹ ________________ 이라고/라고 해요.

문법 1 -더니[1]

동사와 형용사에 붙어서 과거에 보거나 들은 사실 이후의 결과에 대해 질문하거나 그러한 사실이 이유와 원인이 되어 어떠한 결과를 낳았을 때 쓴다. 과거에 들은 사실인 경우 간접화법과 함께 쓴다.

❶ TOPIK 시험 본다더니 잘 봤어요?

❷ 집 보러 가더니 좋은 집을 찾았어요?

❸ 제 동료는 날마다 과로하더니 병원에 입원하고 말았어요.

❹ 그 학생은 그렇게 열심히 공부를 하더니 좋은 대학교에 합격했대요.

01. 알맞게 연결하고 보기 와 같이 쓰십시오.

보기 결과는 나왔어요?	검사 받으러 병원에 간다고 했다.
❶ 눈이 나빠졌어요.	내 친구가 열심히 공부했다.
❷ 장학금을 받았어요.	언어 교환 친구를 만나러 간다고 했다.
❸ 잘 만났어요?	미선이는 어릴 때부터 예쁜 옷에 관심이 많았다.
❹ 디자이너가 되었어요.	내 친구는 평소에 돈을 열심히 모았다.
❺ 집을 샀어요.	우리 아이가 날마다 가까이에서 TV를 봤다.

보기 검사 받으러 병원에 간다더니 결과는 나왔어요?

❶ ____________________

❷ ____________________

❸ ____________________

❹ ____________________

❺ ____________________

02. 오랜만에 고등학교 동창들끼리 만나기로 했습니다. 다음을 읽고 대화를 완성하십시오.

20년 만에 고등학교 때 친구들을 만나기로 했다. 희정이는 어릴 때부터 영어에 관심이 많아서 영어 선생님이 되고 싶다고 했는데 정말 영어 선생님이 됐을까? 또 자영이는 역사에 관심이 많았는데 지금 무슨 일을 하고 있을까? 재은이는 잠이 많아서 자주 택시를 타고 학교에 왔었는데 오늘도 택시를 타고 올까? 혜영이는 늘 결혼을 하지 않겠다고 자주 말했는데 정말 결혼을 안 했을까? 또 재희는 피아노를 잘 쳐서 음악대학에 들어갔는데 요즘도 음악을 하고 있을까? 그리고 주연이는 세계 여행을 하고 싶다고 했는데 정말 세계 여행을 했을까? 다들 어떻게 지내고 있을지 너무 궁금하다.

희정: 얘들아 반갑다! 하나도 안 변했네.

자영: 희정이구나! 너는 어릴 때부터 **보기** 영어 선생님이 되고 싶다더니 영어 선생님이 됐어?

희정: 아니야. 지금 그냥 전업주부야. 자영이 너는 옛날부터 ❶ ________________ 지금 관계있는 일을 하고 있어?

자영: 나도 그러고 싶었지만 지금은 무역회사에서 일하고 있어. 재은아, 너는 잠이 많아서 고등학교 때 ❷ ________________ 오늘도 택시 타고 온 건 아니겠지?

재은: 무슨 소리야, 요즘 내가 얼마나 지하철을 많이 타는데. 혜영이 너는 늘 ❸ ________________ 정말 결혼을 안 했니?

혜영: 그건 그때 이야기이고, 지금은 결혼해서 딸이 2명이나 있어.

자영: 그래? 놀랍다! 그런데 다른 친구들 소식은 알고 있니?

혜영: 너희들 피아노 잘 치던 재희 알지? 재희는 ❹ ________________ 요즘 아주 유명한 작곡가가 되었대.

희정: 오랜만에 만나니까 친구들 소식도 듣고 정말 반갑다. 그리고 주연이 너는 ❺ ________________ 정말 세계 여행을 했니?

문법 2 -는 만큼

동사, 형용사, 명사에 붙어 뒤 내용이 앞의 내용과 비슷한 정도나 수량임을 나타내거나 앞 내용이 뒤 내용의 원인이나 근거가 됨을 나타낸다.

❶ 돈을 많이 버는 만큼 저축도 많이 해야 한다.

❷ 교통이 편리한 만큼 집값도 비싸다.

❸ 장남인 만큼 책임감도 크다.

❹ 한 살 더 먹은 만큼 어른스럽게 행동해라.

01. 알맞게 연결하고 보기 와 같이 쓰십시오.

보기 첫 만남이다	긴장이 됩니다.
❶ 중요한 회의이다	꼭 참석해야 합니다.
❷ 이 물건은 깨지기 쉽다	월급이 많아요.
❸ 열심히 노력했다	포장을 잘 해야 합니다.
❹ 오랜만에 여행을 간다	좋은 결과가 있을 거예요.
❺ 일이 힘들다	기대가 됩니다.

보기 첫 만남인 만큼 긴장이 됩니다.

❶ ______________________.

❷ ______________________.

❸ ______________________.

❹ ______________________.

❺ ______________________.

02. 보기 와 같이 대화를 완성하십시오.

보기 가: 신혼여행은 어떤 곳으로 가고 싶어요?
나: 인생에 한 번뿐인 신혼여행인 만큼 좋은 곳으로 가고 싶어요.

❶ 가: 물건은 마음에 드는데 값이 너무 비싸군요.
나: ______________________ 품질이 좋아서 후회하지 않으실 겁니다.

❷ 가: 오늘 옷차림에 신경을 많이 쓰시는군요.
나: ______________________ 좋은 인상을 주고 싶어요.

❸ 가: 이번에 개발한 신제품이 잘 팔릴까요?
나: ______________________ 잘 팔릴 겁니다.

❹ 가: 다음 주에 발표를 해야 하는데 너무 떨려요.
나: ______________________ 잘 할 수 있을 거예요.

❺ 가: 힘든 일인데, 그 분이 잘 해결하실 수 있을까요?
나: 부장님은 10년 넘게 우리 회사에서 일하셨잖아요.
______________________ 잘 해결하실 거예요.

활동 다음 표를 보고 대화를 완성하십시오.

도움이 필요한 사람들	내가 할 수 있는 일
보기 우리 부모님은 건강을 돌보지 않고 일만 하셨다. 그런데 요즘 건강이 나빠지셨다.	나에게 아낌없이 뭐든지 해 주셨다. 그러니까 나도 부모님을 잘 돌봐 드려야겠다.
내 친구는 은행에서 돈을 많이 빌려서 무리하게 투자를 했다. 그런데 최근에 사업에 실패하고 말았다.	이 친구는 나와 평생을 함께 한 소중한 친구이다. 그래서 나는 이 친구를 더 많이 도와줘야겠다.
내 친구는 늘 한국으로 유학을 오고 싶어 했다. 그런데 지난달에 한국으로 유학을 왔다.	이 친구보다는 내가 한국에서 더 오래 살았으니까 내가 친구를 도와줘야겠다.

보기 가: 부모님은 안녕하시지요?

나: 건강을 돌보지 않고 일만 하시더니 결국 건강이 나빠지셨어요. 저에게 아낌없이 뭐든지 해 주신 만큼 저도 잘 돌봐 드려야겠어요.

03 물질적으로 풍요로워짐에 따라 정신적인 가치를 중요하게 여기는 사람들이 늘고 있습니다

학습 목표 소비문화 관련 어휘를 익혀서 활용할 수 있다.
'-건 -건', '-음에 따라' 표현을 익혀서 활용할 수 있다.

교 수 이번 시간에는 현대인의 소비문화에 대해 살펴보도록 하겠습니다. 먼저, 소비를 할 때 무엇을 가장 중요하게 생각하는지 돌아가면서 한 사람씩 이야기해 볼까요?

학생1 저는 무언가를 살 때 그 물건이 얼마나 실용적인가를 먼저 고려하는 편입니다. 아무리 디자인이 독특하고 좋아 보여도 별로 쓸 일이 없으면 물건의 가치가 떨어지는 거잖아요. 제값을 하는 물건을 골라야지요.

학생2 저는 좀 다른데요. 정말 갖고 싶은 게 있으면 싸건 비싸건 상관하지 않습니다. 가격이 아무리 비싸도 제가 느끼는 즐거움이나 만족감을 생각하면 전혀 비싸다는 생각이 안 들거든요.

교 수 잘 들었습니다. 한 사람은 물건 자체가 가지고 있는 물질적인 가치를, 다른 한 사람은 정신적인 가치를 중요하게 보는군요. 현대인의 대표적인 두 소비 유형이지요. 그런데 과학 기술이 빠르게 발전하여 물질적으로 풍요로워짐에 따라 정신적인 가치를 중요하게 여기는 사람들이 점점 늘고 있습니다.

새 어휘

실용적	생활에 직접적인 도움이 되는 실용적인 지식을 원하는 학생들이 많다. 이 노트북 컴퓨터는 필요한 기능이 다 있고 값도 비싸지 않아서 실용적이에요.
독특하다	우리 회사 1층에 있는 카페는 분위기가 독특해서 많은 사람들에게 인기가 있어요. 우리 고향의 전통 음식은 맛이 아주 독특해서 좋아하는 사람도 있지만 싫어하는 사람도 있다.
가치	고려청자는 예술적으로 가치가 높은 문화재입니다. 건물을 지을 때 실용적인 가치뿐만 아니라 미적인 가치도 중요하게 고려한다.
제값	급하게 집을 팔아야 해서 제값을 받지 못했어요. 우리 팀의 4번 선수는 비싼 몸값을 주고 데려왔는데 아직 우리 팀에서 제값을 못 하고 있다.
상관하다	남의 일에 상관하지 말고 네 일이나 잘 해라. 다른 사람이 무슨 말을 해도 그 사람은 전혀 상관하지 않는다.
자체	큰 교통사고를 당했지만 죽지 않고 살아 있는 것 자체에 감사드린다. 집 자체는 오래됐지만 집안을 깨끗하게 수리해서 새집처럼 보였어요.
물질적	부모님 덕분에 지금까지 물질적으로 풍요로운 생활을 해 왔어요. 이번에 일어난 사고 때문에 물질적인 피해뿐만 아니라 정신적인 피해도 컸다.
대표적	추석과 설날은 한국의 대표적인 명절이다. 친구가 선물한 이 앨범에는 요즘 인기 있는 가수들의 대표적인 노래들이 들어 있습니다.
풍요롭다	생활은 힘들어도 마음은 풍요롭게 살려고 노력한다. 우리는 옛날보다 풍요로운 환경에서 살고 있습니다.

01. 빈칸에 알맞은 말을 쓰십시오.

보기 이 음식은 지금까지 먹어 보지 못한 <u>독특한</u> ~~는/은/ㄴ~~ 맛이 난다.

❶ 생활은 ______________지만 정신적으로는 여유가 없다.

❷ 값이 비싼 물건이 항상 ______________을/를 하는 것은 아니에요.

❸ 비빔밥은 외국인들도 잘 아는 ______________인 한국 음식이에요.

❹ 학교 공부 ____________이/가 어렵고 힘드니까 다른 일에 신경을 쓰지 못한다.

02. 빈칸에 알맞은 말을 쓰십시오.

한편에는 돈을 최대한 아끼고 필요에 의해 소비를 하는 **보기** <u>실용적</u> 인 소비자들이 있고, 다른 한편에는 즐거움이나 만족 등 소비를 하면서 느끼는 정신적인 ❶ ______________을/를 중요하게 생각하는 소비자들이 있다. 즐거움을 느끼기 위해 소비를 하는 사람들은 쉽게 경험하기 힘든 ❷ ______________는/은/ㄴ 문화체험이나 여가 활동에 큰돈을 쓰는 것을 ❸ ______________지 않는 경우가 많다. 최근 부유층이 크게 늘어나고 ❹ ______________으로/로 풍요로워지면서 값비싼 레저 활동을 즐기는 사람들이 많아졌다.

주제 어휘

소비문화	• 소비자	• 생산자	• 판매하다	• 구매하다	• 수입
	• 지출	• 저가	• 고가	• 절약하다	• 낭비하다

01. 빈칸에 알맞은 말을 쓰십시오.

보기 돈을 __낭비하__ 지 말고 아껴 써라.

❶ 매달 ______________ 의 반을 은행에 저금한다.

❷ 여름 방학에 해외여행을 다녀와서 ______________ 이/가 크다.

❸ 직거래 장터에서는 중간 상인을 거치지 않고 ______________ 과/와 소비자를 직접 연결한다.

❹ 가전제품을 이용하면 집안일을 할 때 드는 시간과 노력을 ______________ 을/ㄹ 수 있다.

02. 빈칸에 알맞은 말을 쓰십시오.

최근 외모에 신경을 쓰는 남자들이 늘어나면서 소비 시장에서 미혼 남자들이 새로운 보기 __소비자로__ ~~으로/로~~ 떠오르고 있다. 특히 화장품을 ❶ ______________ 는/은/ㄴ 남자들이 많아지면서 각 화장품 회사에서는 다양한 종류의 남성용 화장품을 ❷ ______________ 고 있다. 남성용 화장품은 슈퍼마켓이나 약국에서 파는 실용적인 ❸ ______________ 의 제품부터 고급스러운 유명 브랜드의 ❹ ______________ 수입품까지 다양한 제품들이 나오고 있다.

문법 1 -건 -건

'-거나 -거나'의 준말로, 동사, 형용사, 명사에 붙어 앞뒤 비교 가능한 내용이나 상대적인 내용을 나열하고 그것에 상관없이 결과가 같음을 나타낼 때 쓴다.

❶ 그 사람이 오건 안 오건 계획대로 회의를 시작합시다.
❷ 맡은 일이니까 좋건 싫건 끝까지 해야지요.
❸ 군대에서는 맛이 있건 없건 남기지 말고 다 먹어야 돼요.
❹ 어른이건 아이건 표가 있어야 들어갈 수 있습니다.

01. 보기 와 같이 쓰십시오.

보기 건강이 좋거나 나쁘거나 관계없이 운동을 해야 합니다.
➡ 건강이 좋건 나쁘건 운동을 해야 합니다 .

❶ 값이 싸거나 비싸거나 관계없이 꼭 살 거예요.
➡ ______________________________.

❷ 선배거나 후배거나 관계없이 만나면 인사를 하세요.
➡ ______________________________.

❸ 내일 비가 오거나 안 오거나 관계없이 여행을 갑시다.
➡ ______________________________.

❹ 재미가 있거나 없거나 관계없이 날마다 숙제를 해야지요.
➡ ______________________________.

❺ 시험 기간이거나 아니거나 관계없이 열심히 공부를 해야 돼요.
➡ ______________________________.

02. 다음 글을 읽고 대화를 완성하십시오.

도서관 이용 규칙

보기 연세대학교 학생은 재학생과 휴학생 모두 도서관을 이용할 수 있습니다.

1. 음료나 음식 등의 먹는 것은 가지고 들어올 수 없습니다.
2. 연필이나 볼펜으로 도서관 책에 아무 것도 쓰지 마십시오.
3. 다른 사람이 없어도 도서관에서 시끄럽게 하면 안 됩니다.
4. 빈자리가 많아도 혼자서 여러 자리를 사용하면 안 됩니다.
5. 평일이거나 주말이거나 항상 12시까지 이용할 수 있습니다.

보기 **학생:** 휴학생도 도서관에 들어갈 수 있어요?
직원: 재학생이건 휴학생이건 연세대학교 학생이면 누구나 도서관을 이용할 수 있어요.

❶ 학생: 도서관에 커피를 가지고 들어가도 돼요?
직원: ______________________________.

❷ 학생: 책에 연필로 뭘 좀 썼는데 지우고 반납할게요.
직원: 네. 다음에는 ______________________________.

❸ 직원: 음악 소리가 좀 큰데 줄여 주세요.
학생: 사람이 없어서 조금 크게 들었는데 죄송합니다.
직원: ______________________________.

❹ 학생: 여기 빈자리가 많은데 옆자리에 가방 좀 놓아도 될까요?
직원: ______________________________.

❺ 학생: 주말에는 몇 시까지 도서관을 이용할 수 있나요?
직원: ______________________________.

문법 2 -음에 따라

앞 문장의 상황이나 기준에 의해서 뒤 문장의 결과가 나타나게 되었을 때 쓴다.

❶ 경제가 어려워짐에 따라 취업하기도 더욱 힘들어졌어요.
❷ 과학 기술이 발달함에 따라 사람들의 생활이 더욱 편리해지고 있다.
❸ 나이를 먹어 감에 따라 다른 사람을 이해하는 마음이 더 넓어집니다.
❹ 인터넷을 사용하는 사람들이 많아짐에 따라 잘못된 정보로 피해를 입는 사람들도 늘고 있다.

01. 알맞게 연결하고 보기 와 같이 쓰십시오.

보기 의학이 발달하다	———	더 오래 살게 되다
❶ 스마트폰이 대중화되다 •		• 상처가 점점 없어지다
❷ 환경오염이 심해지다 •		• 날씨가 점점 이상해지다
❸ 근무 시간이 길어지다 •		• 인터넷을 사용하기가 편해지다
❹ 시간이 흘러가다 •		• 가족과 대화하는 시간이 줄어들다
❺ 자동차를 가진 사람이 늘어나다 •		• 출퇴근 시간에 교통이 더 복잡해지다

보기 의학이 발달함에 따라 더 오래 살게 됐어요 .

❶ ______________________________.

❷ ______________________________.

❸ ______________________________.

❹ ______________________________.

❺ ______________________________.

02. 다음 자료를 읽고 대화를 완성하십시오.

경제가 어려워지다
⬇
결혼하는 사람들이 줄어들다
⬇
출산율이 낮아지다
⬇
고령화 사회가 되다
⬇
산업 인구가 감소되다
⬇
국민의 경제적 부담이 더 커지다
⬇
경제가 더욱 악화되다

보기 가: 경제가 어려워지면서 어떤 문제가 생겼습니까?
나: 경제가 어려워짐에 따라 결혼하는 사람들이 줄어들었습니다.

❶ 가: 결혼하는 사람들이 줄어들면서 어떤 문제가 생겼습니까?
나: ______________________________.

❷ 가: 출산율이 낮아지면서 사회가 어떻게 변화하고 있습니까?
나: ______________________________.

❸ 가: 사회가 고령화되면서 생긴 문제는 무엇입니까?
나: ______________________________.

❹ 가: 산업 인구의 감소는 국민의 생활에 어떤 영향을 끼칩니까?
나: ______________________________.

❺ 가: 국민의 경제적 부담이 커지면 경제에 어떤 결과를 가져올까요?
나: ______________________________.

활동 다음의 내용과 같이 대화를 완성하십시오.

사회 현상 ➡	변화
보기 어른, 아이 할 것 없이 인터넷을 많이 한다.	인터넷 쇼핑 사이트가 많아졌다.
낮, 밤 할 것 없이 문을 여는 가게들이 많다.	늦게까지 시내를 다니는 버스가 생겼다
남자, 여자 할 것 없이 커피를 많이 마신다.	커피숍이 많이 생겼다
학생, 직장인 할 것 없이 다 바쁘다.	음식을 배달하는 식당이 늘어났다.

보기 가: 요즘에는 어른이건 아이건 다 인터넷을 많이 합니다. 이것 때문에 생긴 가장 큰 변화는 무엇일까요?

나: 인터넷을 하는 사람들이 늘어남에 따라 인터넷 쇼핑 사이트도 많아졌습니다.

04 기술이 중요했던 예전 사회와 달리 지금은 지식과 정보의 중요성이 커졌습니다

학습 목표 산업 관련 어휘를 익혀서 활용할 수 있다.
'과 달리', '-어 내다' 표현을 익혀서 활용할 수 있다.

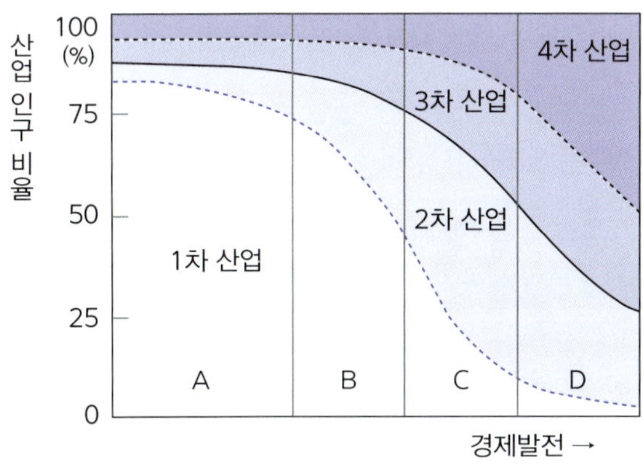

영 수 인터넷 뉴스에 우리 교수님이 쓰신 '산업 구조의 변화'에 대한 글이 있어서 읽고 있는데 재미있네요.

제임스 그래요? 산업 구조가 어떻게 변화하고 있대요?

영 수 계속 성장하던 2차 산업의 비중이 90년대 이후로 감소하면서 이제는 3차 산업에 종사하는 인구가 취업 인구의 60% 이상을 차지하게 됐대요. 그래서 기술이 중요했던 예전 사회와 달리 지금은 지식과 정보의 중요성이 커졌다고 하네요.

제임스 지금까지 한국 경제는 제조업 수출 중심으로 성장해 왔다고 들었어요. 그럼 이제 한국 경제도 이런 변화에 맞춰 바뀌어야겠는데요?

영 수 네, 교수님도 그래야 한국 경제가 경쟁력을 갖출 수 있다고 지적하셨어요. 그러려면 제품을 생산할 때 제조에만 그치는 것이 아니라 제품의 이미지나 문화적 가치도 함께 만들어 내야 한다네요.

새 어휘

-차 산업	인구가 많은 도시는 3차 산업이 발달한다. 1차 산업은 자연환경을 이용해서 필요한 것을 얻는 산업이에요.
비중	한국은 다른 생활비에 비해 교육비 비중이 큰 것 같다. 우리 회사는 직원을 뽑을 때 학교 성적보다 면접 비중이 더 높아요.
종사하다	저는 게임 관련 산업에 종사하고 싶어요. 비슷한 일에 종사하는 사람을 자주 만나서 정보를 교환하는 것이 좋다.
차지하다	우리 반은 중국 학생이 70%를 차지하고 있어요. 노인 인구가 차지하는 비율이 빠른 속도로 증가하고 있다.
제조업	제조업 경쟁력을 높이기 위해서는 어떻게 해야 합니까? 우리나라는 1960년대부터 제조업이 발달하기 시작했다.
수출	작년에 비해서 수출이 50% 증가했대요. 우리 공장에서 만든 제품이 전 세계로 수출되고 있다.
지적하다	제 보고서의 어느 부분에 문제가 있는지 정확히 지적해 주세요. 사장님은 신입사원들이 책임감이 부족한 게 문제라고 지적하셨다.
그치다	이번 계획은 말뿐인 계획에 그치고 말았다. 큰 소리로 울던 아이가 사탕을 받고 바로 울음을 그쳤어요.

01. 빈칸에 알맞은 말을 쓰십시오.

보기 자동차 산업은 2 차 산업으로 으로/로 분류된다.

❶ 달러 환율이 떨어지면 해외 ______ 상품의 가격이 오르게 된다.

❷ 이번 연극 공연에서 제가 맡은 역할은 ______ 이/가 크지는 않습니다만 아주 중요한 역할입니다.

❸ 오전에 내리던 비가 어느새 ______ 었다/았다/였다.

❹ 우리나라 전체 인구 중에 농업에 종사하는 인구가 ______ 는 비율은 점점 줄어들고 있다.

02. 빈칸에 알맞은 말을 쓰십시오.

한국은 1960년대에 1차 산업의 보기 비중이 ~~이/가~~ 80% 이상을 ❶ ______ 었지만/았지만/였지만 그 이후로 점점 줄어들어 2000년대 이후에는 10% 이하로 떨어졌다. ❷ ______ 과/와 같은 2차 산업의 인구는 1990년대까지 증가하다가 다시 줄어들고 있지만 3차 산업에 ❸ ______ 는/은/ㄴ 인구는 계속 증가하고 있다. 경제 전문가들은 이런 변화에 따라 3차 산업의 일자리를 더 많이 만들어야 한다고 ❹ ______ 었다/았다/였다.

주제 어휘

산업	• 농업 • 중공업 • 통신업	• 수산업(어업) • 서비스업 • 유통업	• 축산업 • 상업	• 경공업 • 금융업

01. 다음과 같은 일을 하는 사람은 어느 산업에 종사하는 것입니까?

보기 바다에서 생선을 잡아요. (수산업)

❶ 소와 돼지를 키워요. (   )

❷ 공장에서 옷과 신발을 생산해요. (   )

❸ 자동차, 배, 비행기 등을 만들어요. (   )

❹ 농작물을 사서 슈퍼나 가게에 팔아요. (   )

02. 빈칸에 알맞은 말을 쓰십시오.

가: 선생님, 요즘 4차 산업, 5차 산업 또 6차 산업이라는 말도 있다고 들었는데요. 좀 설명해 주시겠어요?

나: 네, 맞아요. 3차 산업의 비중이 커지면서 3차 산업을 다시 또 나누기 시작했는데요. **보기** 상업 자금을 모으고 필요한 곳에 빌려 주어서 이익을 얻는 ❶ ____________, 보험 관련 산업은 3차 산업, 그리고 지식 중심 산업은 4차 산업으로 분류했습니다. 우편이나 전화, 인터넷과 관련된 ❷ ____________, 교육과 의료 관련 산업이 4차 산업이 되겠습니다. 그리고 패션과 오락 관련 산업은 5차 산업으로 분류했고요. ❸ ____________, 수산업, 축산업과 같은 1차 산업, 그리고 제조업과 같은 2차 산업, ❹ ____________과/와 같은 3차 산업이 합쳐진 것이 6차 산업입니다. 그러니까 예를 들어서 아이들이 체험학습으로 농촌에 가서 직접 딸기를 따고 그걸로 잼을 만들어서 가지고 가는 형태의 산업을 말합니다.

문법 1 과 달리

명사에 붙어서 상황이나 조건이 서로 같지 않음을 나타낸다.

❶ 예상과 달리 회의가 일찍 끝났네요.

❷ 비가 온다는 일기 예보와 달리 오늘은 날씨가 좋았다.

❸ 과장님께서 지난번과 달리 부정적으로 말씀하시네요.

❹ 그 사람을 직접 만나 보니까 소문과 달리 까다롭지 않았다.

01. 보기 와 같이 문장을 완성하십시오.

보기 그 사람은 차가운 겉모습과 달리 마음은 아주 따뜻해요.

❶ 미선이는 통통했던 ______________ 지금은 날씬해졌다.

❷ 학교에 늘 일찍 오던 영수가 ______________ 오늘은 늦게 왔어요.

❸ 재미있을 거라는 우리의 ______________ 영화가 너무 재미없었다.

❹ 누구나 자신의 ______________ 하고 싶지 않아도 해야 하는 일이 있다.

❺ 한국말 공부를 시작했을 때 열심히 공부하겠다는 처음의 ______________ 지금은 단어 하나도 외우지 않고 하루를 보낼 때도 있다.

02. 여러분 나라는 한국과 어떤 점이 다릅니까? 다른 것에 표시하고 보기 와 같이 쓰십시오.

한국의 집	V	욕실과 화장실이 한 공간에 있다.
		신발을 벗고 들어간다.
한국의 식당		팁을 주지 않는다.
		무료로 반찬을 준다.
한국의 대학		여름방학과 겨울방학이 있다.
		3월과 9월에 학기가 시작된다.
한국의 예절		윗사람에게 인사할 때 고개를 숙인다.
		어른에게 높임말을 쓴다.
기타		

보기 욕실과 화장실이 한 공간에 있는 한국의 집과 달리 일본의 집은 욕실과 화장실이 따로 있어요 .

❶ ______________________________.

❷ ______________________________.

❸ ______________________________.

❹ ______________________________.

❺ ______________________________.

문법 2 -어 내다

동사에 붙어서 그 행동이 스스로의 힘으로 마침내 이루어짐을 나타낸다. 주로 그 행동이 힘든 과정임을 보일 때 쓴다.

❶ 벽에 그려진 낙서를 닦아 내기 어려워요.

❷ 벽지를 모두 벗겨 내고 새 벽지를 발랐다.

❸ 부모님께 결혼 허락을 받아 내고 말겠어요.

❹ 이 문제를 해결할 방법을 생각해 내야 한다.

01. 보기 와 같이 쓰십시오.

보기 119 대원이 바다에 빠진 사람을 **구했어요.**
➡ 119 대원이 바다에 빠진 사람을 구해 냈어요 .

❶ 그 분은 암을 이기고 건강을 회복하셨어요.
➡ ______________________________.

❷ 의사 선생님이 응급실에 온 환자를 살렸어요.
➡ ______________________________.

❸ 그 예술대학은 훌륭한 예술가들을 많이 길렀어요.
➡ ______________________________.

❹ 남대문은 화재로 없어진 것을 옛 모습 그대로 복원한 거래요.
➡ ______________________________.

❺ 어머니는 이렇게 많은 음식을 30분 만에 어떻게 다 상에 차렸을까요?
➡ ______________________________.

02. 영화를 소개하는 글을 읽고 대화를 완성하십시오.

	'꿈'	'사랑'
내용	• 가난과 맞서 싸워 꿈을 이루는 내용이다.	• 갑자기 사고로 기억도 잃고 몸도 다치지만 모든 어려움을 극복하는 내용이다.
인상적인 장면	• 사장님과 약속한 대로 제품을 만들지 못해서 일을 그만두게 되었을 때 우는 장면이 안타까웠다. • 제품의 문제를 발견하고 그것을 해결했을 때 나도 주인공처럼 눈물이 났다.	• 다시 걷기 위해 치료를 받는 과정에서 아픔을 참는 장면이 마음 아팠다. • 옛 사랑과 약속한 장소를 기억해서 그 사람을 만났을 때 감동적이었다.

가: 여자 친구하고 영화를 보려고 하는데 어떤 영화가 좋을까? 요즘 재미있게 본 영화 있니?

나: 응, '꿈'이라는 영화하고 '사랑'이라는 영화가 괜찮았어.

가: 어떤 내용인데?

나: '꿈'이라는 영화는 가난과 맞서 싸워 **보기** 꿈을 이뤄 내는 ~~는/은/ㄴ~~ 내용이야. 그리고 '사랑'이라는 영화는 주인공이 갑자기 사고로 기억도 잃고 몸도 다치지만 ❶ ____________ 는/은/ㄴ 내용이고.

가: 인상적이었던 장면 좀 얘기해 줄래?

나: '꿈'이라는 영화에서는 주인공이 ❷ ____________ 어서/아서/여서 일을 그만두었을 때 정말 안타까웠지만 제품의 문제를 발견하고 ❸ ____________ 을/ㄹ 때 나도 주인공처럼 눈물이 났어.

가: 여자 친구가 그런 내용을 좋아할지 모르겠는데? '사랑'이라는 영화는 어땠어?

나: 주인공이 다시 걷기 위해 치료를 받는 과정에서 ❹ ____________ 이/가 마음 아팠지만 ❺ ____________ 어서/아서/여서 그 사람을 만났을 때 정말 감동적이었어.

가: '사랑'이라는 영화가 여자들이 좋아할 만한 영화 같으니까 그걸 봐야겠다.

활동 다음은 한국의 산업 구조의 변화를 나타내는 표입니다. 보기와 같이 쓰십시오.

보기 산업화 이전 사회와 1960년 산업화가 시작된 이후 2차, 3차 산업이 증가했다. 이때부터 대량으로 물건을 생산했다.
1960년대와 1970년대 중공업이 발달했다. 선진국으로 가는 기초를 만들었다.
1980년대와 현재 제조업 인구는 줄고 실업률이 높아지면서 경제가 나빠졌다. 그래서 이 문제를 해결할 방법을 찾았다.
여러분 나라

보기 한국은 산업화 이전 사회와 달리 1960년 산업화가 시작된 이후에는 2차, 3차 산업이 증가했다. 그래서 이때부터 대량으로 물건을 생산해 낼 수 있게 되었다.

제 4 과

교육

01 장난꾸러기였던 아이가 점점 모범생으로 변하는 모습이 인상적이더라

02 인성 발달에 좋은 영향을 줄 리 없습니다

03 이번 학기에 공부를 너무 안 해서 낙제할 뻔했어요

04 설마 학점을 못 받게 되는 건 아니겠지?

01 장난꾸러기였던 아이가 점점 모범생으로 변하는 모습이 인상적이더라

학습 목표 교육 방식 관련 어휘를 익혀서 활용할 수 있다.
'-더라', '-다가 보면' 표현을 익혀서 활용할 수 있다.

미선 어제 교육학 수업 시간에 다큐멘터리를 하나 봤는데 재미있더라. 학교에서 아이들이 장난치는 건 교사의 관심을 끌기 위해서래. 그럴 때 교사가 그 행동을 무시하면 아이는 더 이상 장난치지 않는대.

리에 무시? 그럼 잘못을 저지르는데도 무시하라는 거야?

미선 응. 대신 아이가 바람직한 행동을 할 때마다 관심을 주고 칭찬해 주다가 보면 아이의 부정적인 행동은 점차 줄고 긍정적인 행동은 점차 증가한대. 제일 장난꾸러기였던 아이가 점점 모범생으로 변하는 게 인상적이더라.

리에 와, 신기하다. 그럼 창의력을 키우고 싶으면 새로운 아이디어를 생각해 내거나 새로운 걸 만들어 낼 때 칭찬해 주면 되겠네?

미선 맞아, 그것도 가능하대. 재미있지 않니? 나 지금 그 다음 편을 보려고 하는데 너도 같이 볼래? 교수님이 내일 수업 때까지 보고 오라는 숙제를 주셨거든. 다음 편은 칭찬의 역효과에 대한 내용이래.

새 어휘

장난치다	동생이 부엌에서 장난치다가 그릇을 깼다. 우리 집 강아지는 제가 집에 가면 같이 놀자고 장난쳐요.
끌다	요즘 어떤 노래가 인기를 끌고 있어요? 고장이 난 자전거를 끌고 집까지 걸어갔다.
저지르다	두 번 다시 이런 실수를 저지르면 안 된다. 그런 죄를 저지르고도 어떻게 얼굴을 들고 다닐 수 있지요?
바람직하다	바람직한 행동을 한 아이를 많이 칭찬해 주세요. 진로나 결혼과 같은 문제는 부모님과 함께 의논하는 것이 바람직하다.
장난꾸러기	장난꾸러기 아들 때문에 편할 날이 없다. 장난꾸러기 아이들이 여기 저기 볼펜으로 그림을 그려 놓았어요.
모범생	학교의 모범생이 사회의 모범생은 아니라는 말이 있어요. 영수는 1년 내내 지각 한 번 하지 않고 성실하게 공부하는 모범생이다.
편	이번 방학 때 영화를 열 편 정도 봤어요. 소설가 김민수 씨는 처음 쓴 소설 한 편으로 아주 유명해졌다.
역효과	잘 할 수 있을 거라는 말이 때로는 부담이 되어 역효과가 생기는 수가 있다. 윗사람이 모범을 보이지 않고 아랫사람에게 명령만 내리면 역효과가 날 수 있어요.

01. 빈칸에 알맞은 말을 쓰십시오.

보기 더운 날씨에 두꺼운 겨울 코트를 입고 있는 그의 옷차림은 사람들의 눈길을 끌었다 ~~었다/았다/였다~~.

❶ 시간이 있을 때마다 써 놓은 시가 수십 __________ 은/는 되는 것 같다.

❷ 하기 싫어하는 아이에게 공부를 억지로 시키면 __________ 이/가 날 수 있다.

❸ 다음에도 똑같은 잘못을 __________ 으면/면 그냥 조용히 넘어가지 않을 거야.

❹ 자녀의 모든 일에 간섭하기보다 그냥 관심을 갖고 지켜보는 것이 __________ 는다고/ㄴ다고/다고 봐요.

02. 빈칸에 알맞은 말을 쓰십시오.

영구는 자기 반에서 장난이 가장 심한 **보기** 장난꾸러기였다 ~~이었다/였다~~. 며칠 동안 영구의 학교생활을 살펴보니 영구의 목표는 공부가 아니라 장난을 쳐서 선생님과 친구의 관심을 ❶ __________ 으려고/려고 하는 것임을 알 수 있었다. 그렇다고 해서 영구가 늘 나쁜 행동만 하는 것은 아니었다. 아주 가끔이었지만 손을 들어 수업에 참여하려고 할 때도 있었다. 하지만 선생님은 영구가 ❷ __________ 을/ㄹ 때만 관심을 보였다. 나는 선생님께 영구가 장난칠 때는 어떤 반응도 말고, ❸ __________ 는/은/ㄴ 행동을 할 때만 관심을 보이고 수업에 참여할 기회를 제일 먼저 주라고 했다. 한 달 후에 내가 다시 방문했을 때 영구는 수업에 제일 열심히 참여하는 ❹ __________ 으로/로 변해 있었다.

주제 어휘

교육 방식	• 칭찬하다	• 격려하다	• 평가하다
	• 타이르다	• 무시하다	• 나무라다
	• 야단치다	• 체벌을 가하다	• 매를 들다

01. 빈칸에 알맞은 말을 쓰십시오.

보기 신호를 무시하 고 운전하다가 사고를 냈다.

❶ 아이가 모르고 한 일이니까 그렇게 큰 소리로 ______________지 마세요.

❷ 아이를 때리지 말고 좋은 말로 ______________으세요/세요.

❸ 어려운 일을 맡아서 힘들게 일하고 있는 직원들을 ______________을/ㄹ 좋은 방법이 있을까요?

❹ 교사가 잘못한 학생에게 심한 ______________어서/아서/여서 학생이 병원에 입원했다는 뉴스를 봤어요.

02. 빈칸에 알맞은 말을 쓰십시오.

사회자: 선생님, 아이가 잘못된 행동을 했을 때 어떻게 **보기** 나무라는 ~~는/은/ㄴ~~ 것이 좋은가요?

상담자: 예전에는 ❶ ______________어서/아서/여서 체벌을 가하는 것이 아이를 올바르게 가르치는 것이라고 생각했지만 이런 방법은 역효과를 낳을 뿐입니다. 게다가 체벌이 자신에게 보여 주는 관심이라고 생각하고 관심을 끌기 위해 문제 행동을 계속하는 아이들도 있거든요. 이럴 때는 ❷ ______________는/은/ㄴ 것만으로도 효과가 있습니다. 대신에 긍정적인 행동을 할 때 관심을 보여 주면 문제 행동이 줄어들지요.

사회자: 네, 특별하게 나무라지 않아도 된다는 말씀이군요. 그럼 이번에는 어떻게 아이를 ❸ ______________어야/아야/여야 하는지 가르쳐 주시겠습니까?

상담자: 보통 아이가 '잘했다'라는 말을 들으면 좋아할 거라고 생각하지만 이런 말은 오히려 아이에게 부담만 줍니다. 왜냐하면 '잘한다', '못한다'는 말은 능력을 ❹ ______________는/은/ㄴ 말이니까요. 이 때 아이는 다음에도 잘 해야 한다는 부담을 느끼게 되거든요. 이런 말 대신에 지금까지의 노력과 과정에 대해서 칭찬해 주시는 게 좋습니다.

문법 1 -더라

동사, 형용사, 명사에 붙어서 반말로 자신이 경험한 사실을 상대방에게 전할 때 쓴다.

❶ 어제 도서관에서 영수가 열심히 공부하더라.

❷ 아까 미선이가 만든 김밥이 참 맛있더라.

❸ 영수 여자 친구는 정말 미인이더라.

❹ 오늘 아침에 보니까 정원에 꽃이 예쁘게 피었더라.

01. 보기 와 같이 쓰십시오.

> 보기 어제 대형 할인점에 갔는데 생각보다 물건 가격이 싸지 않다고 느꼈다.
> ➡ " 어제 대형 할인점에 갔는데 생각보다 물건 가격이 싸지 않더라 ."

❶ 교수님이 영수를 심하게 나무라시는 것을 봤다.

➡ "______________________________."

❷ 오늘 강의 내용은 이해하기가 어렵다고 느꼈다.

➡ "______________________________."

❸ 시험이 끝난 후에 친구들 표정이 모두 어두운 것을 봤다.

➡ "______________________________."

❹ 시험 기간에는 도서관 열람실에서 빈자리를 찾기 어렵다고 들었다.

➡ "______________________________."

❺ 과 모임을 할 때 친구들이 모두 약속 시간을 어기고 늦게 와서 과대표가 화를 냈다고 들었다.

➡ "______________________________

______________________________."

02. 다음은 정희가 사촌 집에 가서 며칠 동안 지내면서 알게 된 사실입니다. 정희와 동생의 대화를 완성하십시오.

사촌 언니 집이 편하고 좋다. 집 앞에 지하철역이 있을 뿐만 아니라 서울 곳곳으로 가는 버스도 많다. 집 뒤쪽에 경치 좋은 공원이 있어서 운동하기가 좋다. 그리고 근처에 쇼핑몰도 많아서 물건 사기도 좋다. 하지만 집이 큰 길 옆에 있어서 차 지나가는 소리 때문에 시끄럽다.

동생: 언니 집 어땠어?
정희: 집이 **보기** 편하고 좋더라.
동생: 그래? 뭐가 제일 좋았어?
정희: 집 앞에 ❶ ______________________. 그뿐만 아니라
❷ ______________________.
동생: 그렇구나. 주변 환경은 어때?
정희: 집 뒤쪽에 경치 좋은 공원이 있어. 그래서 ❸ ______________.
동생: 물건 사기도 편해?
정희: 응, 근처에 ❹ ______________________. 그래서 필요한 게 있으면 바로 살 수 있어서 좋았어. 하지만 집이 큰 길 옆에 있어서 그런지
❺ ______________________.
동생: 그래? 그건 좀 불편했겠다.

문법 2 -다가 보면

동사에 붙어서 어떠한 행위를 계속하면 새로운 사실이 나타나거나 어떠한 상태가 될 때 쓴다. '-다 보면'으로 쓸 수 있다.

❶ 살다가 보면 예상하지 못한 일이 생길 때도 있다.

❷ 처음에는 어렵겠지만 계속 하다가 보면 익숙해질 거예요.

❸ 바쁘게 생활하다가 보면 중요한 일을 깜빡 잊어버리는 수가 있다.

❹ 예술 작품을 계속 감상하다가 보면 아름다움을 보는 눈이 생길 거예요.

01. 알맞게 연결하고 보기와 같이 쓰십시오.

보기 외국어 공부를 하다 •	• 한 번쯤 포기하고 싶을 때가 있어요.
❶ 남녀가 사귀다 •	• 체력이 좋아질 거예요.
❷ 직장생활을 하다 •	• 오해가 생기는 수가 있어요.
❸ 운동을 계속 하다 •	• 힘들 때도 있어요.
❹ 대화를 계속 안 하다 •	• 재미를 느낄 거예요.
❺ 처음에는 지루하겠지만 계속 읽다 •	• 말다툼을 할 때도 있어요.

보기 외국어 공부를 하다가 보면 한 번쯤 포기하고 싶을 때가 있어요.

❶ ______________________________.

❷ ______________________________.

❸ ______________________________.

❹ ______________________________.

❺ ______________________________.

02. 같은 과 후배 유학생이 방친구가 되었습니다. 대화를 완성하십시오.

후배: 형, 우리 기숙사에서 강의하는 건물까지 너무 멀지 않아요? 매일 20분쯤 걸어야 하니까 좀 불편해요.

선배: 나도 처음에는 그랬는데 이제는 익숙해졌어. **보기** <u>너도 날마다 걷다가 보면 익숙해질 거야</u>. 운동도 되고 좋아.

후배: 그렇게 되겠죠? 선배는 김치 잘 드세요? 저는 잘 못 먹어요.

선배: 나도 처음에는 잘 못 먹었는데 이제는 김치가 없으면 오히려 이상해. 너도 계속 ❶ ______________________.

후배: 그리고 저는 이번에 〈교육학〉 수업을 듣는데요. 교수님 말씀이 너무 빨라서 알아듣기가 힘들어요.

선배: 처음이니까 당연하지. 그래도 ❷ ______________________. 그리고 한국 친구들한테도 물어봐. 그러면서 친구도 사귈 수 있을 거야.

후배: 제 성격이 좀 소극적이라서 친구를 잘 사귀지 못해요.

선배: 그래도 먼저 말을 걸고 ❸ ______________________.

후배: 그렇겠죠? 선배는 전공 책들 어떻게 읽으셨어요? 모르는 단어가 너무 많아서 이해하기 힘들어요.

선배: 처음에 시간이 많이 걸려도 사전을 찾으면서 계속 읽어야 돼. 그렇게 계속 ❹ ______________________.

후배: 교수님께서 다음 주까지 보고서를 내라고 하셔서 쓰고 있는데 언제 끝날지 모르겠어요. 시간이 너무 많이 걸려요.

선배: 처음인데 당연하지. 힘들어도 몇 번 더 그렇게 ❺ ______________________.

활동 새롭게 시작한 일에 대한 느낌과 어려움입니다. 이에 대한 조언을 해 주십시오.

	새롭게 알게 된 사실	조언
아르바이트	너무 바빠서 정신이 하나도 없다. 그래서 실수를 많이 하게 된다.	처음에는 그럴 거다. 하지만 계속 하면 실수 없이 잘하게 될 것이다.
새 동료	말이 없고 무뚝뚝하다. 그래서 같이 일할 때 좀 불편하다.	나도 그 사람하고 처음 일할 때는 그렇게 느꼈다. 하지만 계속 같이 일하면 말도 많이 하고 상냥한 사람이라는 걸 알게 될 것이다.
요가	동작을 따라 하기 너무 힘들다. 그래서 그만둘까 생각 중이다.	

보기 가: 아르바이트를 하기 시작했는데 너무 바빠서 정신이 하나도 없더라. 그래서 실수를 많이 하게 돼.

나: 처음에는 그럴 거야. 그런데 계속 하다가 보면 실수 없이 잘하게 될 거야.

02 인성 발달에 좋은 영향을 줄 리 없습니다

학습 목표 사교육 관련 어휘를 익혀서 활용할 수 있다.
'-을 리 없다', '-자면' 표현을 익혀서 활용할 수 있다.

기 자　오늘 대학 입학 설명회가 열렸는데요. 여기에 유치원과 초등학교 학부모들까지도 대거 참석했다고 합니다. 이런 현상을 어떻게 이해해야 할까요?

입시 전문가　이제는 대학 입학시험에서 단순히 시험 성적으로만 학생을 평가하는 게 아니라 학생들의 다양한 능력을 중요하게 생각하는 방향으로 변화하고 있습니다. 그렇기 때문에 어렸을 때부터 미리미리 대비해야 한다는 학부모들의 지나친 욕심이 작용한 거지요.

기 자　우리나라의 높은 교육열은 이미 잘 알고 계시겠습니다만 어렸을 때부터 지나친 입시 위주의 교육은 아이들의 인성 발달에 좋은 영향을 줄 리 없고 학부모의 부담을 늘리는 등 여러 가지 악영향을 끼치고 있습니다.

입시 전문가　현재의 이러한 과열된 상황을 변화시키자면 정부의 일관된 입시 정책과 학부모의 소신 있는 자녀 교육이 필요하겠습니다. 또 명문대에 입학해야만 성공할 수 있다는 잘못된 사고방식도 변화되어야 하겠고요.

새 어휘

대거	이번 전시회에는 유명 화가들의 작품들이 대거 전시될 예정이다. 올해 프로 야구 경기에는 뛰어난 신인 선수들이 대거 등장했습니다.
대비하다	아플 때를 대비해 비상약을 챙겨 가야 한다. 취직시험에 대비하기 위해서 도서관에 다니며 공부하고 있어요.
작용하다	물체에 힘이 작용하면 그 속도가 빨라진다. 다양한 인턴 경험이 취업에 유리하게 작용할 거예요.
인성	경쟁 위주의 교육은 학생들의 인성에 악영향을 줄 수 있다. 우리 회사는 인성을 중요하게 생각하기 때문에 면접시험의 비중이 높습니다.
과열되다	전기난로가 과열되어서 불이 났다고 해요. 경쟁이 과열되어 학생들이 받는 스트레스가 심해지고 있다.
일관되다	그는 언제 어디서나 늘 일관되게 행동을 한다. 기준이 확실해야 여러 사람이 일관되게 일을 할 수 있습니다.
정책	정부에서 주택 부족 문제를 해결하기 위한 정책을 세웠다. 나라의 정책 결정 과정에서부터 국민이 참여해야 한다고 생각합니다.
소신	가수 초이는 대학에 가지 않겠다고 소신 있게 말했다. 소신을 가지고 일할 수 있는 분위기를 만드는 것이 가장 중요합니다.
명문대	내 친구는 명문대 입학만 고집해요. 이번 입시에서 그 고등학교의 명문대 진학률이 매우 높았다.

01. 빈칸에 알맞은 말을 쓰십시오.

보기 이번 기념행사에는 다양한 연령대의 사람들이 대거 참여하였다.

❶ 교육의 발전에는 학생들의 노력은 물론이고 교사의 노력이 중요하게 ＿＿＿＿＿＿ 는다/ㄴ다/다.

❷ 아이를 키울 때는 확실한 기준과 ＿＿＿＿＿＿ 는/은/ㄴ 태도를 가지고 대하는 것이 중요하다.

❸ 갑자기 바뀐 교육 ＿＿＿＿＿＿ 때문에 불안해하는 학부모들이 많다.

❹ 만일의 상황에 ＿＿＿＿＿＿ 을/ㄹ 수 있게 준비를 해 두어야 한다.

02. 빈칸에 알맞은 말을 쓰십시오.

많은 학생들이 **보기** 명문대 에 입학하기 위해서 공부하는 경우가 많은데 그 이유는 무엇일까? 좋은 대학을 졸업한 사람은 사회적으로 성공할 것이라는 기대 때문인 것 같다. 이러한 생각 때문에 대학 입시에 ❶ ＿＿＿＿＿＿ 기 위한 학생들의 경쟁이 지나치게 ❷ ＿＿＿＿＿＿ 고 있고 이러한 과도한 경쟁은 학생들의 ❸ ＿＿＿＿＿＿ 에 심각한 영향을 줄 수도 있다. 이러한 경쟁의 피해자가 되지 않기 위해서는 나만의 ❹ ＿＿＿＿＿＿ 이/가 필요할 것이다.

주제 어휘

사교육	• 사교육	• 학원	• 과외
	• 영재 교육	• 조기 교육	• 입시 위주 교육
	• 주입식 교육	• 예체능 교육	• 선행 학습

01. 빈칸에 알맞은 말을 쓰십시오.

보기 지나친 __사교육__ 비용 때문에 가정 경제에 어려움이 많다.

❶ ________은/는 공부 잘하는 아이로 키워 내기 위한 교육이 아니라 특별한 재능이 있는 아이들을 잘 키워 내기 위한 교육이다.

❷ 음악이나 외국어는 ________을/를 하는 것이 효과적이라고 하지만 모든 교육을 일찍 시작할 필요는 없다.

❸ 지식을 집중적으로 가르치는 ________은/는 학생의 흥미, 능력, 이해 등은 고려하지 않아 문제가 많다.

❹ 내 친구는 수학 성적이 떨어져서 집에서 ________까지 했는데도 성적이 오르지 않았다.

02. 빈칸에 알맞은 말을 쓰십시오.

가: 아이를 **보기** __학원__ 에 보낼지 말지 고민이에요.

나: 저도 그래요. 우리 아이는 아직 모르는 게 많은데 다른 집 아이들은 미리 ❶ ________을/를 하고 와서 배울 내용을 다 알고 오는 아이들도 많대요.

가: 그래요? 그럼 선생님을 집으로 불러서 ❷ ________이라도/라도 시켜야 하는 걸까요?

나: 아이들은 그 나이에 배워야 할 것들이 있는 건데……. 상상력을 키워주고 취미 생활도 할 수 있게 악기나 운동 같은 ❸ ________에 신경 쓰는 것이 더 낫지 않을까 싶어요. 벌써부터 대학 입학을 위한 ❹ ________ 때문에 스트레스를 받게 하고 싶지 않거든요.

문법 1 -을 리 없다

동사, 형용사, 명사에 붙어 '그럴 까닭이 없다' 혹은 일반적으로 생각했을 때 불가능하다고 생각함을 나타낸다.

❶ 제 친구가 그 사실을 모를 리가 없어요.

❷ 그렇게 중요한 일을 제가 잊을 리가 없지요.

❸ 지금 이런 시간에 집에 있을 리가 없다.

❹ 우리 아이가 그런 거짓말을 했을 리가 없어요.

01. 보기 와 같이 바꾸십시오.

보기 오늘이 시험 날이니까 당연히 올 거예요.
➡ 오늘이 시험 날이니까 오지 않을 리가 없어요.

❶ 열심히 공부했으니까 당연히 떨어지지 않았을 거예요.

➡ ______________________________.

❷ 성실한 사람이니까 당연히 그런 나쁜 일을 하지 않았을 거예요.

➡ ______________________________.

❸ 우리 부모님은 엄격하셔서 허락하지 않으실 거예요.

➡ ______________________________.

❹ 성격이 좋으니까 당연히 친구들 사이에서 인기가 있을 거예요.

➡ ______________________________.

❺ 부모님이 두 분 다 키가 크시니까 아이들도 작지 않을 거예요.

➡ ______________________________.

02. 다음 대화를 완성하십시오.

유진: 종원아, 너 오늘이 무슨 날인지 알아? 잊어버린 것 같은데…….

종원: 오늘? 토요일 아니야?

유진: 그럴 줄 알았어. 보기 네가 기억을 할 리가 없지. 오늘 우리 만난 지 1000일 되는 날이잖아.

종원: 내가 그런 중요한 날을 ❶ ____________________? 너 놀라게 해 주려고 그런 거야.

유진: 거짓말! 그럼 선물은 샀어? ❷ ____________________.

종원: 날 너무 못 믿는 거 아니야? 너하고 3년 넘게 사귀었는데 내가 선물을 ❸ ____________________. 너는 뭘 준비했는데?

유진: 나는 당연히 미리 준비해 뒀지.

종원: 내가 뭘 가지고 싶어했는지 알아?

유진: 내가 ❹ ____________________? 너 전부터 배낭을 사고 싶어했잖아.

종원: 틀렸어. 한 번도 얘기한 적이 없는데 네가 ❺ ____________________ ____________________.

문법 2 -자면

동사에 붙어 어떤 의도나 목적을 가정하여 그 조건에 따라 어떤 행위를 하려고 할 때 뒤 문장에 그러한 조건을 기술할 때 쓴다.

❶ 한국에서 살자면 한국말을 배워야 해요.

❷ 큰일을 하자면 작은 일에는 신경 쓰지 않는 게 좋다.

❸ 물가를 안정시키자면 공공요금을 올리지 말아야 합니다.

❹ 교육을 잘 하자면 현재와 같은 입시 위주의 교육이 사라져야 한다.

01. 목표를 이루기 위한 방법을 찾아 연결하고 한 문장으로 만드십시오.

목 표	방 법
보기 돈을 모으는 것	아껴 써야 해요.
❶ 한국 회사에 취직하는 것	동료들과 좋은 관계를 가져야 해요.
❷ 회사 생활을 잘 하는 것	한국어를 잘 해야 해요.
❸ 해외에서 공부하는 것	열심히 공부해야 해요.
❹ 좋은 대학교에 입학하는 것	돈이 많이 들 거예요.
❺ 한국말을 잘 하는 것	한국 친구를 많이 사귀는 게 좋아요.

보기 돈을 모으자면 아껴 써야 해요.

❶ ______________________________.

❷ ______________________________.

❸ ______________________________.

❹ ______________________________.

❺ ______________________________.

02. 다음을 읽고 이야기를 완성하십시오.

보기 대학 입학시험에 합격하자면 당연히 열심히 공부해야 한다. 그런데 몸이 약하면 열심히 하고 싶어도 열심히 할 수 없기 때문에 건강해져야 한다. ❶ ____________ 조금씩이라도 시간을 내서 운동을 해야 하고 그렇게 해야 스트레스도 덜 받는다. 또 열심히 공부하는 것도 중요하지만 집중력을 높이는 것도 중요한데 ❷ ____________ 주변을 잘 정리하고 조용한 곳에서 공부하는 것이 좋다. 그리고 원하는 대학교에 ❸ ____________ 필요한 정보를 얻는 것도 중요한데 필요한 정보를 ❹ ____________ 학교 홈페이지에 자주 들어가 보거나 선배들에게 물어보는 것이 좋다. 요즘 대학 입시에서는 면접도 중요해서 좋은 인상을 주는 것이 중요한데 면접시험에서 ❺ ____________ 미소를 잃지 말아야 한다.

활동 웨이는 문제가 있을 때마다 모범생 리리에게 상담을 합니다. 다음 글을 읽고 보기 와 같이 대화를 만드십시오.

웨이의 문제
보기 오늘 늦잠을 잤다. 아침에 일어나서 시계를 보니까 10시다. 시험 기간인데 지금 가도 도서관에 자리를 잡을 수 있을지 걱정이다.
선생님한테 추천서를 받아야 하는데 그동안 결석을 너무 많이 해서 추천서를 써 주실지 걱정이다.
컴퓨터 공학과에 들어가고 싶은데 컴퓨터에 대해서 아는 것이 없다. 합격할 수 있을지 걱정이다.

보기 **웨이:** 리리야, 지금 도서관에 가도 자리가 있을까?
리리: 지금 시험 기간인데 자리가 있을 리가 없지. 이런 때 도서관에 자리를 잡자면 아침 일찍부터 서둘러야 해.

03 이번 학기에 공부를 너무 안 해서 낙제할 뻔했어요

학습 목표 교육 제도 관련 어휘를 익혀서 활용할 수 있다.
'-을 뻔하다', '만으로는' 표현을 익혀서 활용할 수 있다.

후배 저 이번 학기에 공부를 너무 안 해서 낙제할 뻔했어요. 공부도 재미없고 대학에서 내가 하고 싶은 일에 대해 깊이 있게 가르쳐 주지도 않고 내가 왜 대학에 들어왔는지 회의가 들어요.

미선 그래도 대학을 나와야지 그렇지 않으면 전문적인 분야에서 일하기가 어려울 것 같아. 그리고 고졸 학력만으로는 사회에서 인정받기가 힘들 거야.

후배 그래도 자기가 하고 싶은 분야의 현장에 들어가서 직접 실습을 해 보는 게 훨씬 빨리, 그리고 많이 배울 수 있을 것 같아요.

미선 하지만 대학에서는 취업 교육만 하는 게 아니야. 대학은 학문을 연구하고 올바른 가치관을 형성할 수 있는 좋은 기회도 제공해.

후배 그러니까 학문에 정말 관심이 있는 학생들만 대학에 진학했으면 좋겠어요. 그럼 불필요한 경쟁을 줄일 수 있으니까 사회적으로도 더 효율적일 거라는 생각이 들어요.

새 어휘

낙제하다	필기 시험에는 합격했지만 실기 시험에는 낙제하고 말았어요. 내 친구는 한 해 낙제를 해서 남들보다 한 해 늦게 졸업을 했다.
회의	내가 왜 이렇게 먼 곳까지 공부하러 왔는지 유학 생활에 회의가 들어요. 열심히 일해도 결과가 만족스럽지 않을 때는 내 일에 회의를 느끼게 된다.
고졸	우리 사장님의 최종 학력은 고졸이다. 이번에 우리 회사에 고졸 신입사원이 들어왔어요.
현장	우리 회사는 현장 경험이 풍부한 사람을 선호합니다. 사장님은 가끔 공사 현장으로 오셔서 직원들에게 밥을 사 주신다.
실습	교사가 되려는 사람은 교생 실습을 나가야 합니다. 우리 학교는 실습 위주의 교육을 시키는 것으로 유명하다.
가치관	가치관이 비슷한 사람과 결혼하는 것이 좋지 않을까요? 부모는 자녀들이 올바른 가치관을 세울 수 있게 도와주어야 한다.
효율적	어떻게 하면 효율적으로 시간 관리를 할 수 있을까요? 회사원들이 늦게까지 야근을 하는 것은 효율적인 것 같지 않다.

01. 빈칸에 알맞은 말을 쓰십시오.

보기 그 과목에서 __낙제하__ 지 않으려면 60점 이상을 받아야 한다.

❶ 우리 학교에서는 이론뿐 아니라 현장 ____________도 매우 중요하게 생각합니다.

❷ 시대가 바뀌면서 ____________도 점점 바뀌는 것 같아요.

❸ 아무한테도 이해 받지 못한 나는 모든 인간관계에 ____________을/를 느꼈다.

❹ 어떻게 하면 짧은 시간에 ____________으로/로 외국어를 공부할 수 있을까요?

02. 빈칸에 알맞은 말을 쓰십시오.

내가 우리 대학교에 처음 들어왔을 때에는 이 학교 다니는 것에 많은 **보기** __회의가__ ~~이/가~~ 들었었다. 우리 학교는 그렇게 유명하지 않은 2년제 대학이었기 때문이다. 그래서 첫 학기에는 수업도 많이 빠지고 시험도 잘 못 봐서 결국 ❶ ____________었다/았다/였다. 한국 사회에서 ❷ ____________학력으로는 아무 것도 할 수 없으니까 대학은 꼭 나와야 한다는 부모님의 강요 때문에 어쩔 수 없이 다녔었다.

그런데 동문 모임에서 직장에서 인정받으면서 열심히 일하고 있는 한 선배를 만난 후 우리 학교가 ❸ ____________에서 직접 가르치는 교육으로 유명하다는 걸 알게 됐다. 그 선배도 ❹ ____________을/를 자주 나가 직장에서 실제로 필요한 것을 많이 배웠고 다양한 경험을 쌓은 후 학교의 소개로 지금의 직장에 취직하게 됐는데 만족스럽다고 했다. 나도 지금은 학교 공부를 열심히 하면서 그 선배처럼 되기를 바라고 있다.

주제 어휘

교육 제도			
	• 공교육	• 의무교육	• 국 · 공립학교
	• 사립학교	• 대안학교	• 학제
	• 학사	• 석사	• 박사

01. 빈칸에 알맞은 말을 쓰십시오.

보기 국가나 시, 도에서 운영하는 학교에서 하는 교육 (공교육)

❶ 대학교를 졸업하고 받는 학위 ( )

❷ 대학교를 졸업하고 바로 대학원에 들어가서 공부하고 받는 학위 ( )

❸ 석사 학위를 받은 후 더 공부하여 받는 학위 ( )

❹ 공교육의 문제를 해결하기 위해서 학생 중심의 자유로운 프로그램을 운영할 수 있게 만들어진, 학교 교육과는 다른 학교 ( )

02. 빈칸에 알맞은 말을 쓰십시오.

한국은 초등학교부터 대학교까지 16년 동안 공부하는 6-3-3-4 **보기** 학제이다 ~~이다/다~~. 학교는 나라나 시, 도에서 운영하는 ❶ ________, 개인이 운영하는 ❷ ________으로/로 나뉘는데 초등학교, 중학교까지는 ❸ ________으로/로 누구나 다녀야 한다. 공교육에서 이루어지는 학교 교육에 만족하지 못하는 부모들은 아이들을 자유롭게 공부할 수 있는 ❹ ________에 보내기도 한다.

문법 1 -을 뻔하다

동사에 붙어 사실은 일어나지 않았지만 조금만 잘못했으면 어떤 일이 일어날 수도 있었음을 나타낼 때 쓴다. 앞에 '거의, 잘못하면, 까딱하면, 하마터면' 등의 부사가 잘 나타난다.

❶ 조금만 늦었으면 기차를 놓칠 뻔했다.

❷ 서둘러서 뛰어 나오다가 넘어질 뻔했어요.

❸ 오늘 늦잠을 자서 잘못하면 지각할 뻔했어요.

❹ 어제 일하느라고 아무 것도 못 먹어서 배고파 죽을 뻔했다. (과장)

01. 보기 와 같이 바꾸십시오.

보기 60점을 받아서 겨우 합격했어요.
➡ 60점을 못 받았으면 시험에서 떨어질 뻔했어요.

❶ 비가 와서 큰 불이 나지 않았어요.

➡ 비가 오지 않았으면 ______________________.

❷ 경찰이 도와줘서 지갑을 찾았어요.

➡ 경찰이 도와주지 않았으면 ______________________.

❸ 긴 옷을 가지고 가서 감기에 걸리지 않았어요.

➡ 긴 옷을 가지고 가지 않았으면 ______________________.

❹ 바다에서 구명조끼 때문에 겨우 살았어요.

➡ 바다에서 구명조끼가 없었으면 ______________________.

❺ 친구가 확인 전화를 해 줘서 약속을 잊어버리지 않았어요.

➡ 친구가 확인 전화를 해 주지 않았으면 ______________________.

02. 다음 대화를 완성하십시오.

미선: 영수 씨, 안색이 안 좋네요. 무슨 일이 있었어요?

영수: 오늘 학교에 늦게 와서 **보기** 시험을 못 볼 뻔했어요 . 다행히 조금밖에 안 늦어서 시험을 볼 수 있었어요.

미선: 늦게 일어났어요?

영수: 네, 어제 공부하다가 늦게 잤거든요. 알람 소리를 못 들어서 ❶ ____________________________________. 다행히 엄마가 깨워 주셔서 일어났어요.

미선: 그랬군요. 아침은 먹었어요?

영수: 네, 그런데 급하게 먹다가 ❷ ____________________________________. 다행히 엄마가 주신 소화제를 먹고 안 체했어요.

미선: 오늘까지 내야 하는 보고서는 가지고 왔어요?

영수: 어휴, 그것도 ❸ ____________________________________. 다행히 동생이 챙겨줘서 가지고 나왔어요.

미선: 다행이네요. 버스는 제 시간에 탔어요?

영수: 네, 그런데 앞차가 갑자기 멈춰서 ❹ ____________________________________. 기사님이 브레이크를 빨리 밟지 않았으면 큰 사고가 났을 거예요.

미선: 큰일 날 뻔했군요. 그래도 다치지 않아서 다행이에요.

영수: 말도 마세요. 버스에서 급하게 내리다가 넘어져서❶ ____________________________________. 다행히 뒷사람이 잡아 줘서 안 다쳤어요.

미선: 아침부터 힘든 일이 많았군요!

문법 2 만으로는

명사 혹은 명사구에 붙어 '겨우 그 정도로는', '다른 것 없이 그것만 가지고는'의 뜻으로 뒤에는 '부족하다', '가능하지 않다' 등의 표현이 온다.

❶ 사람은 빵만으로는 살 수 없습니다.

❷ 약을 먹는 것만으로는 병이 낫지 않을 거예요.

❸ 환경 문제는 한 사람의 노력만으로는 해결되지 않을 것이다.

❹ 사진을 보는 것만으로는 정확하게 알 수 없어서 직접 그곳에 가 봤다.

01. 보기 와 같이 바꾸십시오.

보기 돈만 있으면 행복해질 수 있다.
➡ 돈만으로는 행복해질 수 없다.

❶ 자신감만 있으면 성공할 수 있다.
➡ ______________________.

❷ 사랑만 있으면 결혼 생활을 잘 할 수 있다.
➡ ______________________.

❸ 학교 수업만 잘 들으면 한국어 실력을 늘릴 수 있다.
➡ ______________________.

❹ 운동만 하면 살을 뺄 수 있다.
➡ ______________________.

❺ 많이 만나면 그 사람을 알 수 있다.
➡ ______________________.

02. 다음 대화를 완성하십시오.

취업준비생: 안녕하세요? 그 회사 연구소에 들어가려고 준비 중인데요, 몇 가지 문의 드리고 싶은 게 있어서 전화 드렸습니다.

인사부 직원: 네, 말씀하세요.

취업준비생: 대학만 졸업하면 다 그 연구소에 들어갈 수 있나요?

인사부 직원: 보기 대졸 학력만으로는 저희 연구소에 들어오시기 힘들 겁니다. 저희 연구소는 대부분 석사 이상의 직원들을 뽑고 있습니다.

취업준비생: 저는 국내 석사 과정에서 공부중인데요, 외국 유학 경험이 없어도 괜찮을까요?

인사부 직원: ❶ ________________ 저희 연구소에 들어오기가 어려우실 것 같습니다. 직원들이 대부분 유학 경험이 있습니다.

취업준비생: 그래도 저는 영어는 잘하는데요. 다른 외국어는 잘 못하지만요.

인사부 직원: ❷ ________________ 부족할 것 같습니다. 대부분 다른 직원들은 2개 국어, 3개 국어를 하니까요.

취업준비생: 저는 그 분야의 자격증이 있는데 그걸로 부족할까요?

인사부 직원: 네, ❸ ________________ 부족합니다. 실제 현장에서 얼마나 많은 경험을 쌓았는지를 중요하게 봅니다.

취업준비생: 저는 대학교 때 인턴을 많이 했는데요, 그거로는 안 될까요?

인사부 직원: 네, ❹ ________________ 부족할 것 같습니다. 저희 연구소는 신입 직원들도 다른 회사에서 2년 이상 다니신 분들이 많아요.

취업준비생: 아, 조건이 무척 까다롭네요. 저는 논문을 몇 편 써서 발표한 적이 있는데 연구소 취직에 도움이 되지 않을까요?

인사부 직원: 글쎄요, ❺ ________________ 부족할 것 같습니다. 전문적인 업무 능력이 필요합니다.

취업준비생: 어휴, 그 연구소에 들어가기가 정말 어렵군요.

활동 여러분의 꿈과 노력에 대해서 보기 와 같이 말해 보십시오.

꿈	꼭 필요한 기본조건	다른 노력	다른 노력이 없었을 때의 결과
보기 가수	노래 실력	춤, 악기 배우기	오디션에 떨어지다
커피숍 사장	맛있는 커피 만들기	빵, 과자, 케이크 만드는 것 배우기	커피숍이 잘 안 되다
피겨 스케이팅 선수	스케이팅 실력	발레 배우기, 음악 듣기	상을 못 받다

보기 저는 어렸을 때부터 가수가 꿈이었습니다. 그래서 노래를 열심히 불러서 노래 실력을 키웠어요. 그런데 요즘에는 노래 실력만으로는 가수가 될 수 없다는 이야기를 듣고 학원에 다니며 춤도 배우고 여러 가지 악기도 배웠습니다. 실제로 오디션에 가 보니까 노래뿐만 아니라 다른 것도 해 보라고 했어요. 춤이나 악기를 배우지 않았다면 오디션에 떨어질 뻔했어요. 배워 두기를 얼마나 잘 했는지 모릅니다.

04 설마 학점을 못 받게 되는 건 아니겠지?

학습 목표 온라인 교육 관련 어휘를 익혀서 활용할 수 있다.
'설마 -는 건 아니겠지요?', '-었더라면' 표현을 익혀서 활용할 수있다.

웨 이 좀 있으면 기말 보고서도 제출해야 되는데 지금까지 들은 수업 내용을 하나도 모르겠어. 한 번도 결석한 적이 없는데 설마 학점을 못 받게 되는 건 아니겠지?

제임스 벌써부터 무슨 그런 말을 해? 정 따라가기 힘들면 온라인 공개 수업에서 비슷한 수업을 좀 찾아서 들어 봐. 방학 때 나도 들어 봤는데 일반인들도 들을 수 있는 대학 교양과목이나 기초 전공과목들이 많아.

웨 이 그래? 그럼 아무나 인터넷에서 대학 강의를 들을 수 있다는 말이야?

제임스 응. 온라인 공개 수업은 말 그대로 여러 대학들이 온라인에서 일반인에게 무료로 공개하는 수업이야. 수업은 인터넷에 올린 동영상으로 진행이 되는데 그 수업의 인터넷 게시판에서 모르는 것도 물어보고 다른 학습자들과 정보도 공유할 수 있어.

웨 이 그런 게 있었어? 나도 빨리 찾아봐야겠어. 진작 알았더라면 좀 더 일찍 도움을 받았을 텐데.

새 어휘

어휘	예문
제출하다	비자를 받기 위해서 필요한 서류를 대사관에 제출했어요. 연세대학교에 지원하려면 다음 주까지 입학 원서를 제출해야 한다.
정	정 싫으면 하지 않아도 된다. 제 말을 정 믿지 못하겠으면 리에 씨한테 가서 직접 확인해 보세요.
공개	많은 사람들이 살인범의 얼굴 공개를 요구했습니다. 우리 회사는 매년 봄에 공개 모집을 통해 신입 사원을 뽑는다.
기초	기초 단어를 알면 하고 싶은 말을 어느 정도 할 수 있어요. 한국 역사에 대한 기초 지식이 없으면 이 수업을 듣기 어렵다.
일반인	이번에 발굴한 유물을 다음 달부터 일반인에게 공개합니다. 의사들이 사용하는 의학 용어는 일반인들이 들어도 이해할 수 없다.
진행	그 일은 현재 진행 중에 있어요. 일정대로 회의는 두 시간 동안 진행되었다.
진작	진작 알려 줬으면 하지 않아도 됐을 텐데. 왜 진작 그 생각을 못했는지 후회가 된다.

01. 빈칸에 알맞은 말을 쓰십시오.

보기 그 일은 계획대로 진행이 ~~이/가~~ 되고 있다.

❶ 내가 ______________ 왔으면 그 사람을 만났을 텐데.

❷ 많은 사람들이 공공 기관의 정보 ______________ 을/를 요구했다.

❸ 하라고 권하고 싶지는 않지만 네가 ______________ 하고 싶다면 해야지.

❹ 수학은 ______________ 이/가 부족하면 학년이 높아질수록 수업을 따라가기가 어렵다.

02. 빈칸에 알맞은 말을 쓰십시오.

컴퓨터 프로그래밍의 이해

이 수업은 전공자는 물론 컴퓨터 프로그래밍 경험이 없는 **보기** 일반인 도 쉽게 들을 수 있는 ❶ ______________ 과목입니다. 무료로 등록만 하면 언제 어디서나 누구든지 들을 수 있는 ❷ ______________ 수업입니다. 이 수업은 과제를 ❸ ______________ 지 않습니다. 수업 ❹ ______________ 에 대한 질문은 아래의 게시판을 이용해 주시기 바랍니다.

주제 어휘

온라인 교육	• 전자 학습(이러닝)	• 모바일 학습	• 자기 주도적 학습
	• 온라인 교육	• 학점 인정	• 평생 교육
	• 사이버 대학	• 웹 기반	• 학점은행제

01. 빈칸에 알맞은 말을 쓰십시오.

보기 다른 대학이나 기관에서 들은 수업의 학점을 인정하는 것. (학점 인정)

❶ 태어나서 죽을 때까지 받는 모든 종류의 교육. ( )

❷ 컴퓨터와 인터넷을 이용하여 온라인 공간에서 진행되는 대학 과정의 수업. ( )

❸ 학습의 모든 과정을 학습자가 스스로 결정하는 학습. ( )

❹ 학교에서 뿐만 아니라 학교 밖에서 이루어지는 다양한 종류의 수업을 학점으로 인정하고 학위를 주는 제도. ( )

02. 빈칸에 알맞은 말을 쓰십시오.

보기 온라인 교육은 ~~은/는~~ 컴퓨터의 네트워크를 활용하는 ❶ ________ 교육이다. 대표적인 온라인 교육으로는 전자 학습과 모바일 학습 등이 있다. ❷ ________ 은/는 컴퓨터를 사용하여 정해진 장소에서 이루어진다. 이와는 달리 ❸ ________ 은/는 스마트폰, 태블릿 피시(tablet PC), MP3 플레이어 등을 이용하여 이동 중에도 학습할 수 있다. 온라인 교육은 학습의 공간을 교실에서 사이버 공간으로 넓혀 학생이 스스로 ❹ ________ 을/를 할 수 있게 돕는다.

문법 1 설마 -는 건 아니겠지요?

동사, 형용사, 명사에 붙어 그러한 일이 일어날까 봐 걱정하면서 그 일이 일어나지 않을 것이라고 확신할 때 쓴다.

❶ 전에 한번 놀러 온 적이 있는데 설마 집을 못 찾는 건 아니겠지요?

❷ 설마 미선 씨가 기분이 나쁜 건 아니겠지요?

❸ 그 식당 근처에 다 왔는데 설마 휴일인 건 아니겠지요?

❹ 휴대폰을 조금 전에도 사용했었는데 설마 고장이 난 건 아니겠지요?

01. 보기 와 같이 바꾸십시오.

보기 콘서트가 취소될까 봐 걱정된다.
➡ 설마 콘서트가 취소되는 건 아니겠지요?

❶ 음식이 부족할까 봐 걱정된다.

➡ ______

❷ 시험에 떨어질까 봐 걱정된다.

➡ ______

❸ 집에 아무도 없을까 봐 걱정된다.

➡ ______

❹ 그 사람이 약속을 잊어버렸을까 봐 걱정된다.

➡ ______

❺ 약국 문을 벌써 닫았을까 봐 걱정된다.

➡ ______

02. 보기 와 같이 대화를 완성하십시오.

보기 가: 리에 씨, 무슨 걱정 있어요?
나: 제 친구가 밥도 안 먹고 하루 종일 잠만 자는데 설마 어디가 아픈 건 아니겠지요?

❶ 가: 조금 있으면 영화가 시작되는데 영수가 왜 이렇게 안 오지?
나: 그러게 말이야. ________________

❷ 가: 비행기 출발 시간이 거의 다 됐어.
나: 그런데 날씨가 너무 안 좋은데. ________________

❸ 가: 여기에다가 책을 놓고 나갔던 것 같은데…….
나: 그래? ________________

❹ 가: 밤 12시가 다 되었는데 웨이가 왜 안 오지?
나: 그러게. 전화도 안 받는데. ________________

❺ 가: 며칠 전부터 미선 씨가 말을 잘 안 해요.
나: 맞아요. 저도 그렇게 생각했어요. ________________

문법 2 -었더라면

동사나 형용사에 붙어 과거의 일에 대해 사실과 반대로 가정해서 뒤에 어떠한 결과가 나타날 것을 예상할 때 쓴다. 주로 과거의 일에 대한 후회나 안타까움을 나타낸다.

❶ 이 옷이 조금만 더 컸더라면 나한테 잘 맞았을 텐데.

❷ 서로 조금씩 참았더라면 그렇게 싸우지 않았을 거야.

❸ 술을 자주 마시지 않았더라면 병이 나지 않았을 거예요.

❹ 그 사람이 도와주지 않았더라면 성공하지 못했을 겁니다.

01. 보기 와 같이 바꾸십시오.

보기 늦게 일어나서 중요한 회의에 늦었다.

➡ 일찍 일어났더라면 중요한 회의에 늦지 않았을 거예요.

❶ 예매를 하지 않아서 그 영화를 보지 못했다.

➡ ______________________________.

❷ 한국어를 잘 못해서 그 회사에 취직하지 못했다.

➡ ______________________________.

❸ 일이 늦게 끝나서 친구 생일 파티에 가지 못했다.

➡ ______________________________.

❹ 비를 맞아서 감기에 걸렸다.

➡ ______________________________.

❺ 길이 막혀서 기차를 못 탔다.

➡ ______________________________.

02. 보기 와 같이 대화를 완성하십시오.

보기 가: 시험 결과 나왔어?
나: 떨어졌어. 더 열심히 공부했더라면 합격했을 텐데 .

❶ 가: 오늘 발표는 잘 했어요?
나: 아니요, 실수를 좀 했어요. ______________________.

❷ 가: 왜 이렇게 늦게 왔어?
나: 미안해. ______________________.

❸ 가: 여기는 빈자리가 없어서 다른 식당에 가야 될 것 같은데요.
나: ______________________.

❹ 가: 어제 뒤풀이는 재미있었어?
나: 응. ______________________.

❺ 가: 요즘 날마다 운동하는구나.
나: 응. 살을 좀 빼려고. ______________________.

활동 다음 상황에 맞게 대화를 완성하십시오.

걱정이 되는 상황
보기 남자 친구와 싸워서 일주일 동안 말을 안 한다.
대학교 면접시험을 봤는데 다른 지원자들보다 나는 한국어 점수가 안 좋다.
요즘 자주 감기에 걸린다.

보기 가: 남자 친구와 싸워서 요즘 서로 연락도 안 해. 학교에서 마주쳐도 아는 척도 안 하고. 이렇게 지내다가 설마 헤어지게 되는 건 아니겠지?
나: 뭐? 싸운 지 얼마나 됐는데?
가: 벌써 일주일이 지났어. 내가 조금만 더 참았더라면 이렇게 되지 않았을 텐데.
나: 그렇게 후회가 되면 지금이라도 먼저 연락을 해 봐.

제 5 과

소통

01 계속 이런 식이라면 그냥 헤어질까 봐요

학습 목표 소통 관련 어휘를 익혀서 활용할 수 있다.
'–을까 보다', '–지' 표현을 익혀서 활용할 수 있다.

제임스 미선 씨, 오늘은 표정이 어둡네요. 무슨 언짢은 일이라도 있었어요?

미 선 남자 친구하고 사소한 일로 자꾸 다투게 돼서요. 계속 이런 식이라면 그냥 헤어질까 봐요. 내 얘기를 들어 주기보다는 꼭 논리적으로 잘못을 지적하고 가르치려고 하니까 참 힘들어요.

제임스 얼마 전 심리학 수업에서 들은 건데요, 원래 남자는 여자보다 공감하는 능력이 다소 부족하대요. 이게 남자들의 일반적인 성향이라고 하니까 두 사람이 다투는 것은 어쩌면 당연한 일 아닐까요?

미 선 그렇다면 저를 깊이 이해해 주고 공감해 주는 남자를 만나기란 하늘의 별따기겠네요?

제임스 보편적으로 그렇다는 것이지 남자라고 해서 모두가 그런 건 아니라고 하니까 어딘가에 미선 씨를 이해해 주는 한 사람쯤은 있지 않겠어요?

새 어휘

언짢다	후배들이 예의가 없어서 선배들이 언짢아했어요. 회사에서는 아무리 언짢은 일이 있어도 참아야 한다.
사소하다	그들은 아무것도 아닌 사소한 문제로 재판까지 가게 되었다. 하숙집 아주머니께서 사소한 일 하나까지도 신경 써 주십니다.
다투다	앞집 부부는 큰 소리로 다투는 일이 자주 있어요. 크게 다툰 후로 내 친구와 나는 연락을 하지 않는다.
공감하다	현실감이 떨어져서 공감하기가 힘드네요. 시청자가 공감할 수 있는 내용으로 프로그램을 만들어야 한다.
다소	이 학생은 이해력은 좋지만 표현력이 다소 부족하다. 태풍 때문에 비행기 도착이 다소 늦어질지도 모른대요.
하늘의 별따기	원하는 직장에 들어가기가 하늘의 별따기다. 그 가수의 콘서트 표를 사기가 하늘의 별따기예요.
보편적	보편적인 것이 항상 옳은 것은 아닙니다. 생각의 차이는 세상 어디에서나 볼 수 있는 보편적인 현상이다.

01. 빈칸에 알맞은 말을 쓰십시오.

보기 중부 지방은 오늘 다소 쌀쌀한 날씨가 예상됩니다.

❶ 같은 방을 쓸 때 생활 습관이 달라서 __________는/은/ㄴ 일이 자주 생긴다.

❷ 진심이 담긴 글이라면 읽는 사람도 그 내용에 __________을/ㄹ 것이다.

❸ 서울에서 싸고 좋은 집을 찾는 것은 ____________________이에요/예요.

❹ 내 말실수 때문에 사장님이 ______________________어하셨다/아하셨다/여하셨다.

02. 빈칸에 알맞은 말을 쓰십시오.

인간의 행복은 좋은 관계 유지에 달려있다. 그렇지만 **보기** 사소한 ~~는/은/ㄴ~~ 말 한 마디가 기분을 ❶ __________게 하여 관계에 악영향을 끼칠 수도 있는 만큼 말을 조심해야 한다. 또 실수를 논리적으로 지적하는 사람보다는 이해해 주는 사람에게 마음을 열고 싶어하는 것이 인간의 ❷ __________인 마음이기 때문에 상대방의 마음에 ❸ __________어/아/여 주면서 좋은 관계를 유지할 수 있게 노력해야 할 것이다. 처음부터 나와 잘 맞는 사람을 만난다는 것은 ❹ ______________________ 만큼 어렵기 때문이다

주제 어휘

소통	• 아 다르고 어 다르다		• 말 한 마디로 천냥 빚을 갚는다	
	• 가는 말이 고와야 오는 말이 곱다		• 한 귀로 듣고 한 귀로 흘린다	
	• 쇠 귀에 경 읽기		• 마이동풍	
	• 표현하다	• 전달하다	• 이해하다	• 공감하다

01. 빈칸에 알맞은 말을 쓰십시오.

보기 어제 내가 분명히 말했는데 들은 적이 없다고 한다. 어제 내가 한 말은 마이동풍이 ~~이/가~~ 돼 버렸다.

❶ ________________ 는다는/ㄴ다는/다는 말처럼 마음에 담아 두면 기분 나빠지는 말은 빨리 잊어버리는 것이 좋다.

❷ ________________ 는다는/ㄴ다는/다는 말처럼 같은 의미의 말이라도 말하는 방법에 따라서 상대방의 기분이 달라질 수 있으니까 말을 할 때는 항상 조심해서 해야 한다.

❸ ________________ 는다는/ㄴ다는/다는 말처럼 기분 좋은 말을 듣고 싶으면 기분 좋은 말을 해라.

❹ 아무리 좋은 얘기를 해 줘도 들으려고 하지 않는다. __________ 이라고/라고 하는 말은 이럴 때 쓰나 보다.

02. 빈칸에 알맞은 말을 쓰십시오.

이번 전시회의 주제는 '사랑'입니다. 이번 전시회의 특별한 점은 관람객들의 요구를 최대한 받아들여서 관객들이 **보기** 공감할 ~~을/ㄹ~~ 수 있게 한 것입니다. 작품에 많이 사용된 파란색은 어머니의 자식에 대한 깊은 사랑을 ❶ __________ 고 있다고 합니다. 어머니의 바다와도 같은 사랑을 보는 이에게도 잘 ❷ __________ 을/ㄹ 수 있게 짙은 파란색을 사용했다고 하는데요. 이 그림을 보고 있으면 우리의 잘못까지도 잘 ❸ __________ 어/아/여 주시는 우리 어머니의 마음이 잘 느껴집니다. 그런 의미에서 오늘만큼은 집에 돌아가 어머니께 감사하다는 말 한마디 해 보면 어떨까요? ❹ __________ 는다는/ㄴ다는/다는 말도 있지 않습니까?

문법 1 -을까 보다

동사에 붙어 아직 확실히 결정한 것은 아니지만 그 행동을 할 마음이나 생각이 있을 때 쓴다.

❶ 어려운 과목은 듣지 말까 보다.

❷ 이번 방학에는 여행을 갈까 보다.

❸ 유학 생활이 너무 힘든데 고향으로 돌아갈까 봐요.

❹ 주말에는 표가 없을지도 모르니까 미리 예매를 해 둘까 봐요.

01. 보기 와 같이 문장을 완성하십시오.

보기 밥하기 귀찮은데 오늘 저녁은 밖에 나가서 먹을까 보다 .

❶ 수업 내용이 너무 어려운데 ________________.

❷ 취직하기도 어려운데 ________________.

❸ 하숙비가 너무 비싼데 ________________.

❹ 비행기 표도 비싼데 이번 명절에는 ________________.

❺ 돈도 없는데 새 책을 사지 말고 ________________.

02. 다음을 읽고 대화를 완성하십시오.

웨이는 지금 살고 있는 집이 마음에 들지 않아서 다른 집으로 이사를 갈까 한다. 집 주변이 시끄러워서 주변이 조용한 집을 찾아보고 싶어한다. 조용하기만 하면 멀어도 옮기는 것이 좋을 것 같다. 그리고 지금은 친구하고 살고 있는데 불편해서 혼자서 살고 싶어한다. 오늘 수업이 끝나고 부동산에 한번 가 볼 생각이다. 그리고 괜찮은 집이 있으면 오늘 안에 빨리 계약을 하려고 한다.

웨이: 지금 살고 있는 이 집이 마음에 안 드는데 **보기** 다른 집으로 이사를 갈까 봐.

리리: 뭐가 문제인데?

웨이: 주변이 시끄러운 게 제일 문제야. 그래서 ❶ ______________.

리리: 학교에서도 가깝고 조용한 집은 찾기가 어려울 텐데.

웨이: 조용하기만 하면 좀 멀어도 괜찮으니까 ❷ ______________.
그리고 지금은 친구하고 같이 살고 있어서 그것도 좀 불편해. 이번에는
❸ ______________.

리리: 그래도 학교에서 가까운 게 더 좋지 않을까?

웨이: 이따가 수업이 끝나고 ❹ ______________. 그리고 괜찮은 집이 있으면 오늘 안에 ❺ ______________.

문법 2 -지

동사, 형용사, 명사에 붙어서 앞 문장과 뒤 문장의 두 가지 사실을 비교하며 앞의 사실은 인정하면서 뒤의 사실은 부정하는 뜻을 나타낸다.

❶ 아직 어려서 하나만 알지 둘은 몰라요.

❷ 자기 말만 하지 남의 말은 듣지 않는다.

❸ 이전 하숙집은 하숙비만 비싸지 좋은 점이 별로 없어요.

❹ 여기는 한국이지 미국이 아닙니다.

01. 보기 와 같이 바꾸십시오.

> 보기 얼굴만 예쁘고 성격은 좋지 않아요.
> ➡ 얼굴만 예쁘지 성격은 좋지 않아요.

❶ 목소리만 크고 별로 무섭지 않아요.

➡ ______________________________.

❷ 자기 생각만 하고 남은 배려하지 않아요.

➡ ______________________________.

❸ 공부만 열심히 했고 연애는 한 번도 못했어요.

➡ ______________________________.

❹ 반가워서 웃었을 뿐이고 다른 의미는 없어요.

➡ ______________________________.

❺ 그냥 친구 사이일 뿐이고 그 이상은 아니에요.

➡ ______________________________.

02. 다음 대화를 완성하십시오.

미선: 아, 나도 해외여행 가고 싶다.

영수: 해외여행? 그럼 제주도에 가자.

미선: 제주도에 가면 그게 **보기** 국내여행이지 해외여행이야?

영수: 제주도도 바다 건너에 있으니까 해외여행은 해외여행이잖아.
제주도에 가서 싱싱한 회라도 먹자.

미선: 회는 값만 ❶ ________________ 별로 먹을 것도 없던데.

영수: 회는 비싸서 자주 못 먹었잖아. 그동안 열심히 ❷ ________________
별로 즐기지도 못했는데 회도 먹고 한라산에도 올라가면 정말 좋겠지?

미선: 뭐? 쉬러 가는데 무슨 등산이야. 등산은 ❸ ________________ 관광이
아니잖아. 그러지 말고 물건도 싸게 살 겸 면세점에 가서 쇼핑이나 하자.

영수: 오랜만에 여행을 가는데 쇼핑을 한다고? 쇼핑은 ❹ ________________
즐기지도 못하잖아. 내가 원하는 것은 ❺ ________________ 돈만
많이 쓰는 여행이 아니야.

활동 광고를 보니까 문제가 있는 것 같습니다. 다른 방법은 없을까요?

광고	불만	대안
보기 회원 수 100명이 넘는 대한민국 최고의 결혼정보회사 '커플'. 가입비 200만원에 당신이 원하는 짝을 찾아 드립니다.	값이 비싸다. 회원 수도 적다.	친구한테 소개시켜 달라고 하는 게 낫겠다.
올해 나온 최신 모델 '갤러리7'. 월 요금 99,000원만 내시면 스마트폰의 신세계를 경험하실 수 있습니다. 지금 빨리 서두르세요!	요금이 비싸다. 이전 모델과 다른 점도 없다.	그냥 싼 걸로 사야겠다.
1000원 샵 '사이소'. 1000원짜리 한 장으로 여러분이 원하시는 모든 물건을 만나 보실 수 있습니다. 가까운 곳에 있는 '사이소'에서 만나요!	값은 싸다. 품질이 좋아 보이지 않는다.	백화점에서 물건을 사는 게 좋겠다.

보기 가입비만 비싸지 회원도 별로 없네. 그냥 친구한테 소개시켜 달라고 할까 보다.

02 혹시 교수님께서 많이 언짢아하시던가요?

학습 목표　비언어적 의사소통 관련 어휘를 익혀서 활용할 수 있다.
'-게', '-던가요?' 표현을 익혀서 활용할 수 있다.

미　선　오늘 무슨 일 있어요? 이렇게 일찍 나오게요. 표정도 좀 안 좋아 보이네요.

제임스　실은 지도 교수님과 면담이 있어서 일찍 왔어요. 근데 아무래도 제가 좀 실수를 한 것 같아요. 한국에서는 윗사람한테 야단을 맞을 때 보통 어떻게 행동해요?

미　선　음. 보통 고개를 숙이고 죄송한 표정을 지으면서 말대꾸를 안 하는 게 좋지요. 왜요?

제임스　아, 그렇구나. 미국에서는 혼내는 사람의 눈을 똑바로 쳐다봐야 돼요. 안 그러면 상대방의 말을 무시하는 것처럼 보이거든요. 그래서 아까 교수님한테 혼날 때 잘 듣고 있다는 표시로 교수님의 눈을 똑바로 쳐다보고 있었어요.

미　선　그럼, 제임스 씨가 잘못을 전혀 반성하지 않고 교수님께 반항하는 것처럼 보였을 수도 있겠네요. 혹시 교수님께서 많이 언짢아하시던가요?

새 어휘

실은	실은 부탁이 있어서 찾아왔어요. 말로 표현은 안 했지만 미선 씨를 다시 만났을 때 실은 무척 반가웠다.
행동하다	감정적으로 행동하지 말고 신중하게 행동하세요. 이제 너도 어른이니까 어린아이처럼 행동하면 안 된다.
고개를 숙이다	저는 부끄러워서 고개를 숙이고 웃기만 했어요. 아이들은 할아버지를 보고 고개를 숙여 인사를 했다.
말대꾸	저는 부모님께 제 잘못이 아니라고 말대꾸를 했다가 더 야단을 맞았어요. 웃어른이 말씀하실 때에는 말대꾸를 하지 말고 끝까지 그냥 듣는 것이 좋다.
쳐다보다	누나가 말없이 창밖을 쳐다보고 있어요. 내가 갑자기 크게 웃으니까 사람들이 나를 이상한 눈으로 쳐다봤다.
반성하다	일기를 쓰면서 오늘 잘못한 일은 없었는지 반성했어요. 나는 과거의 잘못을 깊이 반성하고 새로운 삶을 살고 있다.
반항하다	범인이 끝까지 경찰에게 반항하다가 잡혔다. 보통 중·고등학교 때 부모님께 반항을 많이 해요.

01. 빈칸에 알맞은 말을 쓰십시오.

보기 그 사람은 규칙을 따르지 않고 제멋대로 행동할 을/ㄹ 때가 많다.

❶ 모르는 사람을 계속 ______________는/은/ㄴ 것은 실례가 된다.

❷ 윗사람이 나무랄 때는 __________을/를 하지 않는 것이 좋다.

❸ 학교에서 잘못을 해서 선생님이 ______________는/은/ㄴ 글을 쓰라고 했다.

❹ 가끔 이유 없이 윗사람에게 ______________는/은/ㄴ 아이들을 볼 수 있다.

02. 빈칸에 알맞은 말을 쓰십시오.

가: 화장실에서 리에 씨가 울고 있던데 혹시 무슨 일이 있었는지 아세요?

나: **보기** 실은 수업시간에 일이 좀 있었어요. 선생님이 리에 씨한테 질문을 했는데 리에 씨가 대답도 안 하고 계속 ❶ ______________고 책만 보고 있었어요.

가: 아니, 왜 그랬대요?

나: 리에 씨는 뭐라고 대답해야 할지 몰라서 그렇게 ❷ ______________었나/았나/였나 봐요.

가: 선생님을 ❸ ______________지도 않고 고개만 숙이고 있으면 선생님께 ❹ ____________는/은/ㄴ 것처럼 보일 수 있어요.

주제 어휘

비언어적 의사소통			
	• 몸짓	• 손짓	• 발짓
	• 눈짓	• 고개를 젓다	• 고개를 끄덕이다
	• 고개를 갸우뚱하다	• 얼굴을 찡그리다	• 눈살을 찌푸리다

01. 빈칸에 알맞은 말을 쓰십시오.

보기 머리를 한쪽으로 기울여 의심을 나타내는 것 (고개를 갸우뚱하다)

❶ 몸으로 자신의 생각을 나타내는 것 (　　　　　　)

❷ 손으로 물건을 가리키거나 자신의 생각을 나타내는 것 (　　　　　　)

❸ 발로 물건을 가리키거나 자신의 생각을 나타내는 것 (　　　　　　)

❹ 눈을 움직여서 다른 사람에게 자신의 생각을 나타내는 것 (　　　　　　)

02. 다음 대화를 읽고 빈칸에 알맞은 말을 쓰십시오.

우리는 언어뿐만 아니라 몸짓, 손짓, 발짓, 눈짓 등을 사용하여 다른 사람에게 자신의 감정을 전달한다. 예를 들어, **보기** 얼굴을 찡그리면 ~~으면/면~~ 마음에 들지 않거나 기분이 나쁘다는 것을 의미한다. 그리고 예의가 없거나 안 좋은 행동을 하는 사람들을 보았을 때 ❶ ____________ 는다/ㄴ다/다.

또 우리는 다른 사람에게 자신의 뜻을 전달할 때에도 이와 같이 우리의 몸을 사용한다. ❷ ____________ 는/은/ㄴ 것은 다른 사람의 질문에 '네'라고 대답하는 것이다. 반대로 ❸ ____________ 는/은/ㄴ 것은 '아니요'라는 의미를 나타낸다. 그리고 확실하지 않은 것을 들었을 때 ❹ ____________ 는/은/ㄴ 것은 의심을 나타낸다.

문법 1 -게

앞에서 어떤 상황을 묻고 그와 같이 물은 근거를 댈 때 쓴다.

❶ 오늘 무슨 좋은 일이 있니? 아까부터 계속 웃게.
❷ 입맛이 별로 없어요? 밥을 그렇게 많이 남기게요.
❸ 혹시 미선 씨 전화번호가 바뀌었어요? 모르는 사람이 받게요.
❹ 어제 급하게 보고서를 썼어요? 실수가 이렇게 많게요.

01. 보기 와 같이 문장을 완성하십시오.

보기 할 일이 아직 남아 있어요? 지금까지 퇴근을 안 하게요.

❶ 어디 아파요? ______________________.
❷ 요즘 많이 바빠요? ______________________.
❸ 무슨 일이 생겼어요? ______________________.
❹ 아직 메일을 못 봤어요? ______________________.
❺ 김치찌개를 좋아하세요? ______________________.

02. 보기 와 같이 바꾸십시오.

보기 평소에는 안 그랬는데 오늘은 길이 심하게 막힌다.
➡ 앞에서 교통사고가 났나? 이렇게 길이 막히게.

❶ 평소에는 잘 웃던 친구가 오늘은 말도 잘 안 하고 표정이 안 좋다.
➡ ______________________.
❷ 룸메이트가 오늘은 하루 종일 책상 앞에 앉아서 공부만 한다.
➡ ______________________.
❸ 갑자기 어머니께서 음식을 많이 준비하셨다.
➡ ______________________.
❹ 친구가 나와 이야기하면서 계속 자신의 전화를 쳐다본다.
➡ ______________________.
❺ 수업이 끝나자마자 친구가 급하게 나간다.
➡ ______________________.

문법 2 -던가요?

동사, 형용사, 명사에 붙어 회상을 나타낸다. '-더'에 '-ㄴ가요'가 붙은 의문형 종결어미로 과거의 일에 대한 화자의 경험을 회상해서 물을 때 쓰며 보통 '-더군요', '-던데요', '-더라'로 대답한다.

❶ 미선 씨가 무엇을 하던가요?
❷ 제주도 경치가 어떻던가요?
❸ 그 영화배우가 듣던 대로 미인이던가요?
❹ 웨이 씨 생일파티에 사람들이 많이 왔던가요?

01. 보기 와 같이 바꾸십시오.

보기 경치가 아름다웠어요?
➡ 경치가 아름답던가요?

❶ 시간이 오래 걸렸어요?
➡ ____________________

❷ 볼거리가 많았어요?
➡ ____________________

❸ 여행한 곳의 음식은 어땠어요?
➡ ____________________

❹ 여행한 곳의 날씨는 괜찮았어요?
➡ ____________________

❺ 물건 값은 비싸지 않았어요?
➡ ____________________

02. 보기 와 같이 대화를 완성하십시오.

보기
가: 며칠 전에 그 영화를 봤어요.
나: 그 영화가 재미있던가요?
가: 네, 아주 재미있던데요 .

❶ 가: 어제 친구와 남대문시장에 갔어요.
나: ________________
가: ________________.

❷ 가: 지난 토요일에 웨이 씨 결혼식에 갔다 왔어요.
나: ________________
가: ________________.

❸ 가: 저는 삼계탕을 처음 먹었어요.
나: ________________
가: ________________.

❹ 가: 한강에 가서 불꽃놀이를 봤어요.
나: ________________
가: ________________.

❺ 가: 여름 방학 때 혼자서 해외여행을 했어요.
나: ________________
가: ________________.

활동 다음 상황에 맞게 대화를 완성하십시오.

상황
보기 영수는 경주에 여행을 다녀와서 사진을 보고 있다.
영수는 남대문 시장에서 산 옷을 입어 보고 있다.
어제 TOPIK 시험을 본 영수의 표정이 어둡다.

보기 가: 영수 씨, 여행 다녀왔어요? 여행 사진을 보고 있게요.
나: 네, 친구들과 같이 경주를 여행했어요.
가: 경주에 구경할 것이 많던가요?
나: 불국사, 석굴암 등 신라 시대 유적지가 많던데요.
가: 경주에서는 어떤 음식이 유명하던가요?
나: 쌈밥과 경주빵이 유명하던데요.

03 소통의 매체인 스마트폰이 오히려 소통을 단절시키는 도구가 된 셈이네

학습 목표 소통의 단절 관련 어휘를 익혀서 활용할 수 있다.
'-는 셈이다', '-는다고 해도' 표현을 익혀서 활용할 수 있다.

미선 저기 좀 봐. 저 가족은 테이블에 앉아서 음식을 주문한 후로 쭉 서로 말 한마디도 하지 않고 스마트폰만 보고 있어. 가족 간 소통의 부재를 전형적으로 보여 주는 것 같아서 좀 씁쓸하다.

리에 그러게. 소통의 매체인 스마트폰이 오히려 가족 간의 소통을 단절시키는 도구가 된 셈이네.

미선 그렇다고 해도 스마트폰이 소통을 단절시킨 주범이라고 말할 수는 없지. 가족이 함께하는 시간이 부족해진 결과 그렇게 된 거라고 봐.

리에 스마트폰 때문에 소통이 단절된 게 아니라는 말이야?

미선 응, 원인을 꼭 스마트폰으로만 돌릴 수는 없을 것 같아. 아이들은 학업에 내몰리고 부모들은 먹고살기에 바빠져서 서로 소통할 여유가 없어진 게 아닐까?

새 어휘

어휘	예문
부재	세대 간의 소통 부재로 많은 문제가 발생한다. 어머니의 부재가 우리 가족을 이렇게 불편하게 만들 거라고는 예상하지 못했어요.
씁쓸하다	저는 블랙커피의 씁쓸한 맛을 좋아해요. 김 대리는 절대로 양보하지 않는 동료를 보면서 말없이 씁쓸한 표정을 지었다.
매체	청소년들의 잘못된 언어생활은 방송 매체의 영향 때문이에요. 현대 사회에서는 대중 매체가 문화를 형성하는 주도적인 역할을 한다.
단절시키다	출산과 육아가 여성의 경력을 단절시키고 있다. 의심은 결국 두 사람의 관계를 단절시킬 거예요.
주범	경찰은 이번 사건의 주범을 아직 잡지 못했다. 이웃 사이에 생기는 다툼의 주범은 소음이래요.
돌리다	자신의 잘못을 남에게 돌리면 안 된다. 손잡이를 오른쪽으로 돌려서 앞으로 당기면 문이 열려요.
내몰리다	청소년들이 입시 경쟁에 내몰리고 있다. 사람이 위기 상황으로 내몰리면 평소에 하지 않던 행동을 하게 돼요.

01. 빈칸에 알맞은 말을 쓰십시오.

보기 이 영화는 쓸쓸한 ~~는/은/ㄴ~~ 현실을 보여 주는 블랙 코미디인데 보고 있으면 쓴 웃음이 나온다.

❶ 이 패배의 책임을 한 선수의 실수로 ____________ 으면/면 안 됩니다.

❷ 신문, 라디오, TV와 같은 대중 ____________ 은/는 대중적인 의사소통의 수단이다.

❸ 모든 병의 ____________ 은/는 스트레스 아닐까?

❹ 요즘은 부모의 지나친 교육열 때문에 초등학교에 들어가기 전부터 어린 아이들이 사교육에 ____________ 고 있다.

02. 빈칸에 알맞은 말을 쓰십시오.

점점 비중이 높아지고 있는 의사소통의 보기 매체, 스마트폰

뉴스 보도나 교육, 오락적인 면에서 스마트폰의 쓰임이 다양하다는 건 확실하지만 가족 간의 대화를 ❶ ____________ 고 소통을 막는다는 것 또한 분명하다. 게다가 이 때문에 운동이나 독서 시간이 줄고 있다고 하니 독서와 운동 시간을 빼앗는 ❷ ____________ 이/가 바로 스마트폰이라고 해도 지나친 말은 아닐 것 같다.

스마트폰과 관련하여 가족 간 대화의 ❸ ____________ 이/가 어느 정도인지 알려 주는 한 가지 예가 있다. 실재하지 않는 상상의 친구와 얘기할 수 있는 애플리케이션이 요즘 인기를 끌고 있는데 이 애플리케이션을 이용하는 사람 중 70-80%가 10대라고 한다. '가장 예민한 시기를 보내고 있는 청소년들이 사람이 아닌 기계 속에 있는 상상의 친구에게서 위로를 받는다.'는 이 현실이 참 ❹ ____________ 는다/ㄴ다/다.

주제 어휘

소통의 단절	• 외톨이	• 따돌림	• 경청하다	• 귀를 기울이다
	• 은둔하다	• 틀어박히다	• 소외되다	• 왕따를 당하다

01. 빈칸에 알맞은 말을 쓰십시오.

보기 날씨가 좋으니까 방에만 __틀어박혀__ ~~어/아/여~~ 있지 말고 잠깐 바람이라도 쐬러 가자.

❶ 김철수 씨는 국회의원 선거에서 떨어진 후 시골에 내려가서 ________________고 있다.

❷ 아무래도 자기 말에 ________________어/아/여 주는 사람에게 호감이 가게 마련이다.

❸ 늘 ______________으로/로 지내던 나에게도 친구가 생겼다.

❹ 다른 사람에게 자신의 의견을 잘 전달하려면 먼저 다른 사람의 말을 잘 ________________어야/아야/여야 한다.

02. 빈칸에 알맞은 말을 쓰십시오.

사회자: 김 박사님, 현재 한국에도 은둔형 **보기** __외톨이가__ ~~이/가~~ 늘고 있다고 하는데요. 먼저 그 원인에 대해서 말씀해 주시겠습니까?

김 박사: 중·고등학교 때 친구들로부터 ❶ ________________거나 입시나 취직 실패로 은둔하게 되는 경우가 있고 직장 내에서 인간관계의 실패로 은둔하게 되는 경우가 있습니다. 사람들 속에서 자신만 ❷ ______________어/아/여 있다는 느낌은 자신이 동료나 친구들로부터 ❸ ______________을/를 당하고 있다는 생각으로 이어집니다. 그리고 그런 사람들 속에서 생활하는 것보다 차라리 혼자 방에 ❹ ________________어/아/여 지내는 게 낫겠다고 생각하게 되지요. 자녀가 학교에 가지 않겠다고 하거나 출근하기 싫다고 한다면 주의 깊게 살피셔야 합니다.

문법 1 -는 셈이다

동사, 형용사, 명사에 붙어 사실 꼭 그렇지는 않지만 앞뒤의 상황으로 짐작해 볼 때 그런 정도이거나 그러한 결과라고 말할 수 있을 때 쓴다.

❶ 나는 일주일에 20시간 정도 TV를 시청하니까 하루에 3시간 정도 보는 셈이다.

❷ 2050년에 다문화 가족 비율이 5%가 된다니까 20명 중 1명은 국제결혼을 하는 셈이다.

❸ 결국 부부의 갈등이 아이를 문제아로 키운 셈이다.

❹ 상품을 개발할 때 이름만 잘 지어도 반은 성공한 셈이다.

01. 보기 와 같이 쓰십시오.

보기 학기가 이틀밖에 안 남았으니까 다 끝났다고 말할 수 있다.
➡ 학기가 이틀밖에 안 남았으니까 다 끝난 셈이다.

❶ 1년에 10번 정도 출장을 가니까 한 달에 한 번 출장을 간다고 말할 수 있다.

➡ ______________________________.

❷ 올해도 며칠밖에 남지 않았으니까 한 해가 다 갔다고 말할 수 있다.

➡ ______________________________.

❸ 보통 사람들처럼 밥을 먹고 걸어 다닐 수 있으니까 건강이 거의 다 회복됐다고 말할 수 있다.

➡ ______________________________.

❹ 하루의 1/3은 자는 시간이니까 사람이 100년을 산다면 30년은 잠을 잔다고 말할 수 있다.

➡ ______________________________.

______________________________.

❺ 일주일에 세 번 운동하는데 한 번 할 때 2시간 이상 하니까 하루에 1시간 정도 운동을 한다고 말할 수 있다.

➡ ______________________________.

______________________________.

02. 보기 와 같이 대화를 완성하십시오.

보기 가: 두 분은 어떻게 사귀게 됐어요? 소개팅으로 만나셨어요?
나: 친구 결혼식에 가서 지금 여자 친구를 처음 만났어요. 소개팅은 아니었지만 저는 신랑의 친구였고 여자 친구는 신부의 친구였으니까 <u>친구 부부가 우리를 소개해 준 셈이에요</u>.

❶ 가: 네 여자 친구가 저녁 식사 준비하느라고 힘들었겠다.
나: 여자 친구는 밥하고 국만 끓였어. 여기 있는 요리는 다 내가 만든 거니까 오늘 저녁은 ______________________.

❷ 가: 지금 숙제 다 하고 놀고 있는 거니?
나: 네? 그게 저……. 오늘 숙제는 수학 20문제 풀기인데 3개밖에 안 남았으니까 ______________________.

❸ 가: 이번 시합에서 1대 1로 비겨서 너무 아쉽다.
나: 무슨 소리야? 우리 팀 선수 1명이 경고를 받아서 퇴장 당하고 10명이 경기를 뛰었으니까 이번 시합은 ______________________.

❹ 가: 영화 '살인자' 예고를 보니까 재미있을 것 같더라. 보러 갈까?
나: 나도 그 예고 봤어. 그런데 친구들이 그 영화의 중요한 장면이 예고에 다있다더라. 그러니까 ______________________.

❺ 가: 영수가 신호를 무시해서 교통사고가 났다면서?
나: 그렇긴 한데 내가 그때 말을 시켜서 영수가 주의를 기울이지 못한 것 같아. 그러니까 내가 ______________________.

문법 2 -는다고 해도

동사, 형용사, 명사에 붙어 앞 문장의 내용에 구애를 받지 않고 뒤 문장의 내용을 주장할 때 쓴다. '-는다 해도'로 줄여서 쓸 수도 있다.

❶ 우리가 다시 만난다고 해도 예전과 같은 사이가 되지는 않을 거다.

❷ 바쁘다고 해도 부모님께 전화는 드려야지요.

❸ 전통 예술을 잘 모르는 사람이라고 해도 이 공연을 즐길 수 있다.

❹ 영어를 전공했다고 해도 영어를 다 잘하는 건 아니에요.

01. 알맞게 연결하고 보기 와 같이 쓰십시오.

보기 친한 사이이다	예의를 지켜야지요.
❶ 이어폰을 끼었다	화해하지 않을 거예요.
❷ 열심히 노력한다	포기하지 않고 끝까지 할 거예요.
❸ 이 일이 아무리 어렵다	나는 너를 믿을 거야.
❹ 그 사람이 먼저 사과한다	결과가 좋아지지 않을 것 같아요.
❺ 네가 거짓말을 했다	그렇게 음악을 크게 들으면 안돼요.

보기 친한 사이라고 해도 예의를 지켜야지요.

❶ ______________________.

❷ ______________________.

❸ ______________________.

❹ ______________________.

❺ ______________________.

02. 엄마와 딸의 대화입니다. 읽고 대화를 완성하십시오.

미선: 어? 엄마 갑자기 웬일로 오셨어요?

엄마: 요즘 어떻게 살고 있는지 너무 궁금해서 왔다. 전화를 해도 네가 잘 받지도 않잖니.

미선: 정말 죄송해요. 요즘 너무 바빴거든요.

엄마: 보기 바쁘다고 해도 연락은 하고 살아야지. 그리고 아버지 생신이었는데 잊어버렸니?

미선: 잊어버린 거 아니에요. 감기 때문에 목소리가 안 나와서 전화 못 드렸어요.

엄마: ❶ ____________________. 그런데 청소는 언제 했어? 집에 먼지가 많구나.

미선: 집에서 잠만 자니까 자주 안 해도 돼요.

엄마: ❷ ____________________. 엄마가 걸레로 닦을게. 그런데 빨래는 자주 하니?

미선: 청바지를 입으니까 빨래할 옷들이 그렇게 많지 않아서 자주 안 해요.

엄마: ❸ ____________________. 너도 참……. 내가 빨아야겠다. 그런데 냉장고 청소는 하니?

미선: 냉장고 안에 음료수밖에 없어서 청소 안 해도 돼요.

엄마: ❹ ____________________. 오늘 엄마가 청소하고 갈게. 어? 그런데 이건 처음 보는 가방이다?

미선: 네? 그 가방 정말 예쁘죠? 너무 예뻐서 보자마자 샀어요.

엄마: 뭐? ❺ ____________________! 사고 싶은 거 다 사면 생활비가 남겠니? 돈을 계획적으로 써야 저축도 하지.

활동 다음과 같은 상황에 대해 사람마다 생각이 다릅니다. **보기** 와 같이 대화를 만드십시오.

보기	[상황] 남자 친구 생일 날 축하 편지를 줬다.	
	'가'의 생각 : 편지를 줬으니까 생일을 챙긴 것이다.	'나'의 생각 : 특별한 행사가 없었으니까 생일을 챙기지 않은 것이다.
❶	[상황] 일 때문에 바빠서 결혼식 후에 여행을 가지는 못하고 대신 시내 호텔에서 이틀 정도 쉬었다.	
	'가'의 생각 : 호텔에서 쉬면서 놀았으니까 신혼여행을 간 것이다.	'나'의 생각 : 다른 곳으로 여행을 가지 않았으니까 신혼여행을 가지 않은 것이다.
❷	[상황] 방 친구와 싸운 후에 먼저 사과한 사람은 없지만 아무 일 없었던 것처럼 지낸다.	
	'가'의 생각 : 일상적인 생활을 잘 하고 있으니까 서로 화해한 것이다.	'나'의 생각 : 아무도 사과하지 않았으니까 화해하지 않은 것이다.

보기 가: 남자 친구 생일 날 축하 편지를 줬어요. 편지를 줬으니까 생일을 챙긴 셈이에요.

나: 편지를 줬다고 해도 그걸로 생일을 챙겼다고 말할 수는 없지요. 특별한 행사가 없었으니까 생일을 챙기지 않은 거예요.

04 잘 듣는다는 게 여간 어려운 일이 아니에요

학습 목표 토론 관련 어휘를 익혀서 활용할 수 있다.
'-을 게 아니라', '여간 -지 않다' 표현을 익혀서 활용할 수 있다.

영수 저는 토론을 할 때 쉽게 흥분을 해서 하고 싶은 말을 제대로 하지 못할 때가 많아요. 또 지나치게 공격적으로 반박해서 상대방의 기분을 상하게 한다는 이야기도 종종 들어요.

미선 토론을 잘 하려면 기술이 필요한 것 같아요. 자신의 주장만 일방적으로 펼칠 게 아니라 상대방의 의견을 잘 들어 주는 게 제일 중요한 것 같아요.

영수 잘 듣는다는 게 여간 어려운 일이 아니에요. 그냥 잘 들어 주는 척하는 게 잘 듣는 것은 아니잖아요. 어떻게 듣는 것이 잘 듣는 비결일까요?

미선 '저 사람이 왜 저런 생각을 할까?', '저 결론이 어떤 논리에서 나왔을까?' 그런 걸 잘 따지면서 들어야 해요. 그래야 나와 의견이 다를 경우 명확하게 반박할 수 있어요.

영수 그렇군요. 그런데 상대방의 의견을 반박할 때 듣는 사람이 불쾌하지 않게 효과적으로 제 뜻을 전달하는 방법도 연구해 봐야 할 것 같아요.

새 어휘

제대로	동생은 이가 아파서 제대로 먹지도 못한다. 다른 것에 신경 쓰지 말고 일이나 제대로 하세요.
반박하다	우리는 상대편의 주장을 하나하나 반박했어요. 김 교수는 학회에서 지금까지 옳다고 생각되던 이론을 반박하기 시작했다.
종종	선생님, 종종 찾아 봬도 될까요? 영수 씨는 집에 가다가 종종 서점에 들른다.
일방적	아이들에게 일방적으로 지시하는 것은 좋지 않아요. 세계 챔피언에게 도전한 권투 선수는 시합에서 일방적으로 맞기만 했다.
펼치다	국립 발레단이 환상적인 공연을 펼쳤다. 독수리가 날개를 활짝 펼치고 하늘을 날아갑니다.
따지다	아내는 남편에게 왜 일찍 들어오지 않았는지를 따졌어요. 범인을 잡은 경찰관은 사건의 원인을 꼼꼼히 따져서 물었다.
명확하다	큰형의 말은 늘 간단하고 명확했다. 좀 더 명확하게 말씀해 주시겠어요? 무슨 얘기인지 모르겠어요.
불쾌하다	습도가 높은 날에는 기분도 쉽게 불쾌해져요. 손님은 식당 주인이 자신을 무시하는 말을 듣고 불쾌한 표정을 지었다.

01. 빈칸에 알맞은 말을 쓰십시오.

보기 일방적으로 ~~으로/로~~ 자기의 주장만 말하는 사람과는 대화하고 싶지 않아요.

❶ 일을 이렇게 밖에 못 해요? 좀 ________ 할 수 없어요?

❷ 더 넓은 세계로 나가서 내 꿈을 마음껏 ________고 싶다.

❸ 지도자는 자신의 생각을 ________게 말할 수 있어야 합니다.

❹ 사고가 난 두 차의 운전자가 서로 잘잘못을 ________고 있어서 길이 많이 막혔다.

02. 빈칸에 알맞은 말을 쓰십시오.

요즘에 버스에서 싸움이 일어나는 경우가 **보기** 종종 있다. 며칠 전에 버스를 탔는데 노약자석에 앉아 있던 젊은이가 노인에게 자리를 양보하지 않아서 야단을 맞는 걸 보았다. 젊은이는 노인이 ❶ ________으로/로 야단을 치는 걸 듣다가 여기는 노인만 앉는 자리가 아니라 아픈 사람도 앉을 수 있는 자리라고 ❷ ________었다/았다/였다. 젊은이가 한마디도 지지 않고 말대꾸하니까 노인은 ❸ ________어하면서/아하면서/여하면서 큰 소리로 나무랐다. 그러니까 싸움이 심해져서 서로 누가 잘하고 잘못했는지 계속해서 ❹ ________다가 큰소리가 오고 갔다. 예전에는 이런 모습을 자주 볼 수 없었는데 사회가 달라진 것 같아서 좀 씁쓸했다.

주제 어휘

토론	• 찬성하다	• 동의하다	• 지지하다	• 주장하다	• 반대하다
	• 비판하다	• 공격하다	• 방어하다	• 중재하다	• 문제를 제기하다

01. 빈칸에 알맞은 말을 쓰십시오.

보기 김철수 씨를 회장으로 추천하자는 의견에 모두들 동의했다 ~~었다/았다/였다.~~

❶ 대통령 당선자는 자신을 ____________ 어/아/여 준 사람들에게 고마움을 표현했다.

❷ 사회가 혼란스러울 때는 그 사회를 ____________ 는/은/ㄴ 소설이 많이 나온다.

❸ 골을 넣기 위해서 상대 팀을 적극적으로 ____________ 었다/았다/였다.

❹ 여기에서 적의 공격을 ____________ 지 못하면 우리는 다 죽습니다.

02. 빈칸에 알맞은 말을 쓰십시오.

토론은 크게 자유 토론과 아카데미 식 토론으로 나뉜다. 자유 토론에서는 자신의 의견을 자유롭게 **보기** 주장할 ~~을/ㄹ~~ 수 있는데 한 사람만 말하지 않게 중간에서 ❶ ____________ 어/아/여 주는 사회자를 둔다. 아카데미 식 토론에서는 말하는 시간과 순서가 엄격하게 정해져 있어서 사회자가 없이 토론자들이 똑같이 말할 수 있는 기회를 갖는다. 토론자는 누구나 ❷ ____________ 거나 상대방의 의견에 ❸ ____________ 는/은/ㄴ 기회를 갖게 된다. 또한 이러한 아카데미 식 토론으로 진행되는 토론 대회에서는 한 가지 주제에 대해 개인의 의견과 상관없이 ❹ ____________ 는/은/ㄴ 측과 반대하는 측 어느 한쪽에 서서 논리적 대결을 펼쳐야 한다.

문법 1 -을 게 아니라

'-을 것이 아니라'의 줄어든 말이며 동사에 붙어 앞의 행동을 선택하지 않고 뒤의 행동을 선택할 것을 제안할 때 많이 쓴다.

❶ 전화로 사과할 게 아니라 직접 찾아가서 사과하세요.
❷ 한 사람의 말만 들을 게 아니라 여러 사람의 말을 듣고 결정합시다.
❸ 이렇게 날씨가 좋은데 집에만 있을 게 아니라 공원에 산책이라도 가자.
❹ 읽기를 잘 하고 싶으면 교과서만 읽을 게 아니라 신문이나 잡지 같은 것도 읽어 보세요.

01. 알맞게 연결하고 보기 와 같이 쓰십시오.

보기 주말에 텔레비전만 보다 ——	취미 활동을 하는 게 어때요?
❶ 화가 나면 참다 •	• 운동을 같이 하면 좋아요.
❷ 좋아하는 사람을 바라만 보다 •	• 직접 문화 체험 활동을 해 보세요.
❸ 살을 빼고 싶으면 무조건 안 먹다 •	• 솔직하게 얘기하는 게 좋아요.
❹ 한국 문화를 알고 싶으면 책만 읽다 •	• 한국 친구를 많이 사귀세요.
❺ 한국말을 잘 하고 싶으면 단어만 많이 외우다 •	• 좋아한다고 고백하세요.

보기 주말에 텔레비전만 볼 게 아니라 취미 활동을 하는 게 어때요?

❶ ________________________________.

❷ ________________________________.

❸ ________________________________.

❹ ________________________________.

❺ ________________________________.

02. 보기 와 같이 대화를 완성하십시오.

보기 가: 며칠 전부터 머리가 아파서 계속 약을 먹고 있는데 낫지 않아요.
나: 약만 먹을 게 아니라 병원에 가서 진찰을 받아 보세요 .

❶ 가: 옆집에서 들리는 공사 소리가 너무 시끄러운데 그냥 참고 있어요.
나: ______________________.

❷ 가: 숙제를 열심히 하는데도 성적이 별로 오르지 않아요.
나: ______________________.

❸ 가: 잠이 안 와서 책을 읽었는데 잠이 더 안 오더군요.
나: ______________________.

❹ 가: 기숙사 방 친구와 성격이 안 맞아서 고민이에요.
나: ______________________.

❺ 가: 전공이 적성에 안 맞아서 학교를 그만두고 싶어요.
나: ______________________.

문법 2 여간 -지 않다

'여간' 뒤에 부정의 '-지 않다', 이/가 아니다' 등이 쓰이며 '아주 그렇다'는 의미로 쓴다.

❶ 이사 후 집 정리는 시간이 여간 많이 걸리지 않는다.

❷ 요즘에 날씨가 추워져서 채소 값이 여간 비싸지 않다.

❸ 공부하면서 돈을 버는 것은 여간 힘든 일이 아닙니다.

❹ 1960년대에 한국에서 대학교에 다니는 건 여간 어려운 게 아니었다.

01. 보기 와 같이 바꾸십시오.

보기 직장을 다니면서 아이를 키우는 게 아주 힘들다.
➡ 직장을 다니면서 아이를 키우는 게 여간 힘든 일이 아니에요 .

❶ 하루에 피아노 연습을 6시간 동안 하는 것은 아주 어렵다.

➡ ______________________________.

❷ 도로에서 헬멧을 쓰지 않고 오토바이를 타는 것은 아주 위험하다.

➡ ______________________________.

❸ 외국 유학하는 것은 돈이 아주 많이 든다.

➡ ______________________________.

❹ 겨울에 우리 고향은 아주 추워요.

➡ ______________________________.

❺ 엄마의 잔소리를 듣는 것은 아주 피곤하다.

➡ ______________________________.

02. 다음 글을 읽고 보기 와 같이 바꾸십시오.

보기 우리 학교에서 가장 인기 있는 교양 수업인 '컴퓨터와 마음'은 수강 신청하기가 아주 힘들었다. 듣고 싶어하는 학생들이 너무 많았기 때문이다. 그런데 나는 다행히 들을 수 있었다. ❶ 이 수업에는 공대생들이 아주 많았다. 교양 필수 과목으로 공대생들이 많이 듣는 것 같았다. ❷ 이 수업에서는 컴퓨터보다 심리학 분야를 많이 공부해서 처음에는 아주 어려웠다. 하지만 ❸ 언어학 등 새로운 분야의 학문을 배울 수 있어서 아주 흥미로웠다. 또 ❹ 학생들이 스스로 발표와 토론을 많이 해야 해서 너무 힘들었다. 하지만 ❺ 스스로 생각하는 힘을 기르고 문제를 제기하는 능력을 키울 수 있어서 아주 많은 도움이 됐다.

보기 우리 학교에서 가장 인기 있는 교양 수업인 '컴퓨터와 마음'은 수강 신청하기가 여간 힘들지 않았어요.

❶ ______________________.

❷ ______________________.

❸ ______________________.

❹ ______________________.

❺ ______________________.

활동 친구의 힘든 상황에 대해 보기와 같이 충고해 주십시오.

현재의 노력	힘든 상황	충고
보기 전공 수업을 집중해서 듣는다.	교수님의 말을 알아듣기가 매우 힘들다.	미리 전공 책을 예습해 와라.
내가 논리적으로 근거를 들어 주장한다.	회의에서 나와 의견이 다른 사람을 설득하는 게 아주 어렵다.	그 사람의 의견을 먼저 잘 들어 줘라.
건강을 위해서 잠을 많이 잔다.	무척 피곤하다.	운동해라.

보기 가: 전공 수업을 집중해서 듣는데도 교수님의 말을 알아듣는 게 여간 힘들지 않아요.
나: 수업만 집중해서 들을 게 아니라 미리 전공 책을 예습해 오면 도움이 많이 될 거예요.

제 6 과

대중문화

01 아이돌 가수가 주인공이라던데 재미있어요?

02 전에는 공개 오디션 프로그램이 인기를 끌더니 이제는 그렇지 않은가 봐

03 몇 년 전만 해도 웃음이나 경쟁을 중심으로 하는 오락 프로그램이 많았어요

04 한국 화장품이 외국인 관광객들한테 날개 돋친 듯이 팔린대

01 아이돌 가수가 주인공이라던데 재미있어요?

학습 목표 드라마 관련 어휘를 익혀서 활용할 수 있다.
'–는다던데', '치고' 표현을 익혀서 활용할 수 있다.

마리아 요즘에 인기가 있는 '내일도 맑음'이란 드라마를 봤어요? 저는 어젯밤에 다운로드 받아서 보느라고 한숨도 못 잤어요.

미 선 아, 인기 만화를 각색한 드라마 말이지요? 아이돌 가수가 주인공이라던데 재미있어요? 시청률이 무척 높다면서요?

마리아 네, 그 주인공이 아이돌 가수치고는 연기도 잘 하는 데다가 주인공의 주변 인물들이나 상황이 현실적이어서 많은 시청자들의 공감을 얻고 있어요.

미 선 주인공의 외모가 뛰어나니까 사랑 이야기도 나오겠지요? 상대 여배우는 누구예요?

마리아 아니에요. 이 드라마는 억지스러운 사랑 이야기가 아니라 직장인의 갈등을 그린 작품이에요. 최근의 사회상을 사실적으로 반영한 것이 이 드라마가 인기를 얻은 이유라고 생각해요.

새 어휘

한숨도 못 자다	친구의 코 고는 소리에 잠을 한숨도 못 잤다. 오늘 시험이 걱정돼서 어젯밤에 한숨도 못 잤어.
각색하다	요즘에는 만화를 각색한 드라마가 인기가 많아요. 세계적인 영화제에서 상을 받은 김 감독은 이번에는 유명한 소설을 시나리오로 각색해서 영화를 만들었다.
시청률	두 방송사 간에 시청률 경쟁이 뜨겁다. 지금 방송되고 있는 여행 프로그램은 시청률이 높아요.
억지스럽다	어제 본 영화는 억지스러운 부분이 많아서 재미없었어요. 술을 많이 마신 선배는 말도 안 되는 억지스러운 주장을 계속해서 했다.
갈등	두 나라 간의 갈등 때문에 전쟁이 났다. 세대 간의 갈등을 겪지 않는 가정은 없어요.
사회상	여기 그림에 숨어 있는 조선 시대의 사회상을 살펴봅시다. 이번에 베스트셀러가 된 소설은 한국 전쟁 당시의 사회상을 잘 보여 주고 있다.
반영하다	유행어는 시대상을 반영한다. 저희 회사에서는 고객의 취향을 최대한 반영하여 제품을 만듭니다.

01. 빈칸에 알맞은 말을 쓰십시오.

보기 법을 바꿀 때 정부는 다양한 의견을 듣고 이것을 <u>반영해야</u> ~~어야/아야/여야~~ 한다.

❶ 김철희 작가는 현재의 ______________ 을/를 잘 보여 주는 작품들로 유명하다.

❷ 요즘에 인기 있는 주말 드라마는 ______________ 는/은/ㄴ 내용이 많아서 좋은평가를 받지 못했다.

❸ 비행기 안에서 아기 우는 소리 때문에 ______________ 었어요/았어요/였어요.

❹ 대화 부족으로 ________ 을/를 겪는 가족이 많다.

02. 빈칸에 알맞은 말을 쓰십시오.

나는 드라마 작가이다. 주로 일일 드라마를 쓰는데 드라마 대본을 쓰느라고 밤에 **보기** <u>한숨도 못 잘</u> ~~을/ㄹ~~ 때가 많다. 요즘에 하고 있는 드라마는 베스트셀러 소설책을 ❶ __________ 는/은/ㄴ 것인데 남성 중심의 회사에서 일하는 여자 주인공과 동료 사이의 ❷ __________ 을/를 그린 작품이다. 나는 드라마 속에 현재의 사회상을 잘 ❸ __________ 어서/아서/여서 현실적인 드라마를 만들고 싶은데 그렇게 만들면 재미가 없어서 ❹ __________ 이/가 나오지 않을까 봐 걱정이 된다. 어떻게 하면 내용과 재미, 두 마리 토끼를 잡을 수 있을까?

주제 어휘

드라마	• 기획	• 각색	• 제작	• 연출	• 시청자
	• 출연자	• 주인공	• 주연	• 조연	• 줄거리

01. 빈칸에 알맞은 말을 쓰십시오.

보기 재료를 가지고 기능과 내용을 가진 새로운 물건이나 예술작품을 만드는 것 (제작)

❶ 방송 프로그램이나 공연을 하기 위해서 TV나 무대에 나오는 사람 (　　　　)

❷ 연극이나 영화에서 제일 중요한 역할을 맡아 연기하는 일 또는 그렇게 하는 사람 (　　　　)

❸ 연극이나 영화에서 제일 중요한 역할을 하는 사람을 도와 이야기를 만들어 나가는 역할을 연기하는 일 또는 그렇게 하는 사람 (　　　　)

❹ 텔레비전의 방송 프로그램을 보는 사람 (　　　　)

02. 빈칸에 알맞은 말을 쓰십시오.

이번에 우리 회사에서는 새로운 뮤지컬을 한 편 **보기** 기획 해서 제작해 보려고 한다. '이 봄이 가기 전에'라는 유명한 만화를 ❶ ________ 해서 만들려고 하는데 연애를 한 번도 못 해 본 서른두 살 남자의 상상 속 여자 친구가 실제로 나타나 벌어지는 이야기가 그 ❷ ________ 이다/다. 뮤지컬 ❸ ________ 은/는 뮤지컬 영화를 잘 만드는 것으로 유명한 영화감독에게 맡길 것이고 남자 ❹ ________ 역할은 노래도 잘하고 연기도 잘하는 남자 아이돌 가수에게 맡기려고 한다. 꼭 성공해서 많은 관객들이 보러 왔으면 좋겠다.

문법 1 -는다던데

동사나 형용사에 붙어 다른 사람에게서 들은 말을 상대방에게 확인하거나 그 사실을 근거로 상대방에게 어떤 행동을 제안하거나 권유할 때 쓴다. '-는다고 하던데'의 줄임말이다.

❶ 김 선생님이 여행을 간다던데 어디로 가는지 아세요?

❷ 내일은 날씨가 더 춥다던데 옷을 따뜻하게 입고 나가세요.

❸ 옆 반 친구가 영화배우라던데 정말이에요?

❹ 제임스 씨가 한국에 돌아왔다던데 이번 주에 환영회를 합시다.

01. 알맞게 연결하고 보기 와 같이 쓰십시오.

보기 이 휴대전화의 새 모델이 나온다 • —— • 언제 나와요?

❶ 웨이 씨가 회사를 그만뒀다 •	• 한번 시켜 볼까요?
❷ 중국 사람들은 추석에 특별한 음식을 먹는다 •	• 우산을 가지고 나가세요.
❸ 제주도 밤바다가 무척 아름답다 •	• 다른 직장에 들어갔어요?
❹ 새로 나온 메뉴가 있다 •	• 이름이 뭐예요?
❺ 오늘 오후에 비가 많이 올 것이다 •	• 이번 휴가에는 거기로 갑시다.

보기 이 휴대전화의 새 모델이 나온다던데 언제 나와요?

❶ ______________________________

❷ ______________________________

❸ ______________________________

❹ ______________________________

❺ ______________________________

02. 다음 대화를 완성하십시오.

아　　빠: 오늘 **보기** 날씨가 아주 춥다던데 밖에 나가지 말고 집에서 TV나 보자.

엄　　마: 좋아요. ❶ ________________ 집에서 주말 드라마나 봐요.

큰　　딸: 난 그 드라마 내용을 안 봐도 다 알 것 같아요. ❷ ________________ '음악 여행' 프로그램 보는 게 어때요? 제가 제일 좋아하는 가수란 말이에요.

아　　들: 난 그 가수 노래 못해서 싫던데……. ❸ ________________ 축구 경기 봐요. 우리나라가 이번에 이기면 올림픽에 나가잖아요.

할아버지: 올림픽 축구 경기는 재미없어. ❹ ________________ TV 토론 프로그램을 보자. 조금 있으면 대통령 선거가 있잖아.

막 내 딸: 싫어, 싫어. 집에만 있으면 지루해. ❺ ________________ 나가서 눈사람 만들자.

문법 2 치고

뒤의 내용이 앞의 명사의 경우에 예외적인 것임을 나타낼 때 쓴다. 이 경우에 '치고는', '치고서는'의 형태로 많이 쓰인다. '-을 기준으로 하여 생각하면'의 뜻이다.

❶ 봄비치고는 비가 꽤 많이 내린다.

❷ 두 달 배운 것치고는 한국말을 참 잘하시네요.

❸ 만 원짜리 정식치고는 반찬이 아주 많이 나오는군요.

❹ 이번에 MVP로 뽑힌 선수는 농구 선수치고 키가 작은 편이다.

01. 보기 와 같이 바꾸십시오.

보기 저희 사장님은 50대예요. 그런데 나이에 비해 젊어 보이세요.
➡ 저희 사장님은 50대치고는 젊어 보이세요 .

❶ 옆집 아이는 초등학생이에요. 그런데 어린 나이에 비해 아는 게 많아요.
➡ ______________________________.

❷ 한국 호텔은 고급 호텔이에요. 그런데 시설이 별로 좋지 않네요.
➡ ______________________________.

❸ 제 친구는 발음 연습을 많이 안 했어요. 그런데 발음이 좋은 편이에요.
➡ ______________________________.

❹ 제 동생은 테니스를 한 달 배웠어요. 그런데 배운 기간에 비해 테니스를 잘 쳐요.
➡ ______________________________.

❺ 우리 집에 있는 컴퓨터를 오래 사용했어요. 그런데 사용한 기간에 비해 상태가 좋은 편이에요.
➡ ______________________________.

02. 다음 대화를 완성하십시오.

미선: 오늘 본 영화 어때요? 감독이 장편 영화를 처음 만들었다던데 보기 처음 만든 작품치고는 잘 만들었네요.

영수: 전 감독이 유명한 영화제에서 단편 영화로 상을 많이 받았다고 해서 기대를 많이 했는데 ❶ ______________ 별로 재미없었어요.

미선: 제작비를 많이 안 썼다던데 ❷ ______________ 볼 만한 장면이 많았던 것 같아요. 그런데 여자 주인공이 원래 가수인데 ❸ ______________ 연기를 잘한 것 같아요.

영수: 하지만 줄거리도 좀 억지스럽고 현실성도 떨어지는 것 같아요. 게다가 ❹ ______________ 무섭지도 않았어요. 그러니까 관객도 많지 않았잖아요.

미선: 그래도 광고를 별로 안했는데 5만 명이나 봤으면 ❺ ______________ 많이 본 거 아니에요?

활동

다음과 같은 상황에서 보기 와 같이 칭찬하고 들은 이야기에 대해서 확인하는 질문을 해 보십시오.

칭찬	들은 이야기	질문
보기 처음 담근 김치인데 맛있다.	김치 종류가 많다	다른 김치도 만들 수 있어요?
초보 운전인데 운전을 잘 한다.	요즘 운전면허 따기가 어렵다	얼마나 걸렸어요?
시장에서 산 옷인데 고급스럽다.	동대문 시장 옷값이 싸다	얼마 주고 샀어요?

보기

가: 제가 처음으로 담근 배추김치인데 한번 드셔 보세요.

나: 처음 만든 것치고는 맛있네요. 그런데 김치 종류가 많다던데 다른 김치도 만들 수 있어요?

02 전에는 공개 오디션 프로그램이 인기를 끌더니 이제는 그렇지 않은가 봐

학습 목표 대중가요 관련 어휘를 익혀서 활용할 수 있다.
'-는 바람에', '-더니[2]' 표현을 익혀서 활용할 수 있다.

미선 뭐 재미있는 프로그램이라도 있어? 사람이 온 줄도 모르게.

리에 어, 미안. 어제 저녁에 갑자기 친구들이 집으로 놀러 오는 바람에 늘 챙겨 보던 프로그램을 못 봤거든. 연예기획사 연습생들 중에서 데뷔할 신인 가수를 선발하는 프로그램인데 정말 재미있어.

미선 전에는 공개 오디션 프로그램이 인기를 끌더니 이제는 연예기획사에서 신인 가수를 선발하는 프로그램도 인기가 있나 봐.

리에 사람들이 잘 몰라서 그렇지 유명한 가수들 중에 이렇게 데뷔한 사람이 꽤 있어.

미선 그렇구나. 하긴 회사에서는 신인 가수를 정식으로 데뷔시키기도 전에 홍보하는 셈이니까 많은 팬들을 확보할 수 있겠지. 그럼 수익도 어느 정도 보장될 테고.

새 어휘

선발하다	어떤 학생을 장학생으로 선발할 계획이에요? 이번 시합에서 상을 받는 선수들을 국가대표로 선발할 거라고 한다.
오디션	요즘 가수를 뽑는 오디션 프로그램이 많다. 이번 오디션에서 합격하면 주인공으로 영화에 출연하게 된대요.
데뷔하다	영화배우 정시원은 원래 가수로 데뷔했대요. 김정수 감독은 올해 데뷔했는데 첫 작품으로 국제 영화제에서 큰 상을 받았다.
신인	고등학교를 이제 막 졸업한 신인 선수가 실력이 대단하네요. 배우 이준열 씨를 신인으로 알고 있는 사람이 많지만 사실 데뷔한 지 5년이나 된 배우다.
정식	음악가 한정수 씨는 학교에서 정식 교육을 받은 적이 없다고 한다. 이번 주말에 여자 친구 부모님을 뵙고 정식으로 결혼을 허락 받으려고 해요.
홍보하다	이번 제품을 어떻게 홍보하는 게 좋을까요? 선배들이 후배들을 자신의 동아리에 들어오게 하려고 열심히 홍보하고 있다.
확보하다	경찰이 이번 사건의 결정적인 증거를 확보했다고 한다. 새 사업을 시작하기 위해서는 전문 인력을 확보하는 것이 제일 중요합니다.
수익	올해 우리 회사 수익이 지난해에 비해 10% 감소했다. 이번 신상품이 인기가 많아서 높은 수익을 올릴 수 있었어요.

01. 빈칸에 알맞은 말을 쓰십시오.

보기 이번 행사에 많은 사람들이 참여하게 하려면 어떻게 ___홍보하는___ ~~는/은/ㄴ~~ 것이 좋을까요?

❶ 감독님, 어떤 기준으로 주인공을 ____________을/ㄹ 계획이신가요?

❷ 기업이 ____________을/를 많이 남길 수 있는 사업에 투자하려고 하는 것은 당연한 일이다.

❸ 동네의 작은 빵집이지만 단골손님을 꽤 많이 ____________고 있다.

❹ 우리가 친구 사이지만 집을 빌리는 거니까 ____________으로/로 계약서를 쓰는 게 좋겠어.

02. 빈칸에 알맞은 말을 쓰십시오.

미래의 스타

개성 있는 목소리를 가진 **보기** ___신인___ 가수 발굴 프로젝트!
여러분이 바로 그 주인공입니다. 지금 신청하세요!

우승자는 이 프로그램에서 상금 3억 원과 함께 가수로 ❶ ____________고 본 방송국 음악 프로그램에서 시청자들에게 자신을 ❷ ____________을/ㄹ 수 있는 기회도 얻게 됩니다!

3월 1일부터 각 지방 방송국에서 ❸ ____________을/를 시작합니다. 7월 1일부터는 합격자만 모아서 서울 방송국에서 오디션을 계속하고 9월 1일부터는 마지막에 남은 10개 팀 중에 최종 우승자를 ❹ ____________습니다/ㅂ니다.

주제 어휘	
대중가요	• 음원 • 음반 • 작곡하다 • 작사하다 • 편곡하다 • 무대에 오르다 • 활동하다 • 활동을 중단하다 • 활동을 재개하다

01. 빈칸에 알맞은 말을 쓰십시오.

보기 오디션 프로그램에서 실력 있는 참가자들이 부른 노래는 방송 다음날 음원으로 ~~으로/로~~ 발표될 때도 있다.

❶ 이 노래의 가사를 ____________ 는/은/ㄴ 사람이 정말 너야?

❷ 오랫동안 ____________________ 었던/았던/였던 그 가수가 새 음반을 내고 활동을 다시 시작했다.

❸ 옛 노래를 ____________ 어서/아서/여서 부르니까 예전 노래와는 다른 새로운 느낌의 노래가 되었다.

❹ 제가 이렇게 유명한 선배님들과 함께 ____________________ 어서/아서/여서 노래한 것을 영광으로 생각합니다.

02. 빈칸에 알맞은 말을 쓰십시오.

사 회 자: 김지영 기자, 이번에는 가요계 소식 전해 주시겠습니까?

김 기자: 네, 반가운 소식 먼저 전해 드리겠습니다. 국민 여동생 이하나 씨의 컴백을 기다린 팬 분들에게 특히 반가운 소식인데요. 이하나 씨가 9월에 **보기** 활동을 재개한다고 ~~는다고/ㄴ다고/다고~~ 하네요. 그런데 이번에는 예전과는 다른 모습으로 활동한다고 합니다. 전에는 유명 작곡가들에게 곡을 받았는데 이번에는 그동안 자신이 직접 작사하고 ❶ ____________ 는/은/ㄴ 노래 10곡을 모아서 ❷ ____________ 을/를 제작했다고 하네요. ❸ ____________ 은/는 9월 1일 토요일 12시에 국내 유명 음원 사이트에서 동시에 발표할 예정이라고 합니다. 뿐만 아니라 텔레비전 음악 프로그램보다는 콘서트를 중심으로 ❹ ____________ 을/ㄹ 계획이라고 하니까 콘서트를 좋아하시는 팬 분들에게는 더욱 반가운 소식이 될 것 같습니다.

문법 1 -는 바람에

동사에 붙어서 예기치 않은 일이 원인이 되어 뒤 문장의 결과에 부정적인 영향을 미칠 때 쓴다.

❶ 차가 밀리는 바람에 지각했어요.

❷ 비가 내리는 바람에 야구 경기가 취소되었다.

❸ 급한 일이 생기는 바람에 약속을 지키지 못했어요.

❹ 엘리베이터가 고장 나는 바람에 30분 동안 그 안에 갇혀 있었다.

01. 알맞게 연결하고 보기 와 같이 쓰십시오.

보기 버스에서 사람들이 밀다 ——— 넘어지고 말았다.

❶ 교수님이 갑자기 수업 시간을 바꾸다 •	• 사고가 났다.
❷ 갑자기 친구들이 집으로 놀러 오다 •	• 문이 '쾅'하고 닫혔다.
❸ 갑자기 바람이 세게 불다 •	• 저녁에 하려고 했던 숙제를 하지 못했다.
❹ 휴대전화가 고장이 나다 •	• 연락을 하지 못했다.
❺ 앞 차가 갑자기 서다 •	• 그 수업을 듣지 못하게 되었다.

보기 버스에서 사람들이 미는 바람에 넘어지고 말았어요 .

❶ ______________________.

❷ ______________________.

❸ ______________________.

❹ ______________________.

❺ ______________________.

02. 다음 일기를 읽고 문장을 완성하십시오.

9월 24일 맑음

오늘 아침에 **보기** 알람 소리를 듣지 못하는 바람에 늦게 일어났다. ❶ ________________________________. 너무 배가 고팠다.

버스 정류장에 도착했을 때 내가 탈 버스를 ❷ ________________________________. 회사에 들어가자마자 늦게 왔다고 부장님께 혼이 났다.

신입 사원이 커피를 가지고 왔다. 그런데 그 직원이 실수로 커피를 ❸ ________________________________. 그래서 젖은 서류를 정리하고 책상을 닦느라 아침부터 정말 정신이 없었다.

10시에 부장님과 회의가 있었는데 회의 자료를 김 대리가 10시 전까지 나에게 주기로 했었다. 그런데 김 대리가 10시가 지나서 ❹ ________________________________.

급한 마음에 회의실로 뛰어갔는데 복도 바닥은 왜 그렇게 미끄러운지……. 바닥이 너무 미끄러워서 ❺ ________________________________. 부장님은 땀에 젖은 내 얼굴과 찢어진 바지를 보고 아무 말씀도 하지 않으셨다.

오늘은 운이 정말 나빴던 하루였다.

문법 2 -더니[2]

동사와 형용사, 명사에 붙어 전에 경험하여 알게 된 사실이나 상황과 달라진 새로운 사실이나 상황을 대조적으로 연결할 때 쓴다.

❶ 오전에는 비가 정말 많이 오더니 지금은 활짝 개었어요.
❷ 우리 아이가 어렸을 때는 말을 잘 듣더니 지금은 그렇지 않아요.
❸ 이 식당은 전에는 음식이 맛있더니 요즘은 별로 맛이 없어요.
❹ 어제는 오이가 1개에 500원이더니 오늘은 1개에 1,000원이에요.

01. 알맞게 연결하고 보기 와 같이 쓰십시오.

보기 오전에는 차가 많이 밀렸다 ——	오후에는 밀리지 않아요
❶ 지난주에는 날씨가 더웠다 •	• 지금은 아주 날씬해요.
❷ 정희가 고등학생 때는 뚱뚱했다 •	• 이제는 한국말을 아주 잘해요.
❸ 예전에는 여기에 건물이 별로 없었다 •	• 지금은 건물이 많이 생겼어요.
❹ 제임스가 1년 전에는 한국말을 하나도 못했다 •	• 이번 주에는 날씨가 선선해졌어요.
❺ 영희가 중학생 때는 공부를 열심히 하지 않았다 •	• 고등학생이 된 후로는 열심히 공부해요.

보기 오전에는 차가 많이 밀리더니 오후에는 밀리지 않아요 .

❶ ______________________________.

❷ ______________________________.

❸ ______________________________.

❹ ______________________________.

❺ ______________________________.

02. 여러분들이 느끼는 변화에 대해 보기 와 같이 문장을 쓰십시오.

사회, 가치관 / 주변 사람 / 주변 환경 / 방송 · 연예인 / 패션 · 미용, 스포츠 / 기타

보기 예전에는 아들을 원하는 부부가 많더니 요즘에는 딸을 원하는 부부가 더 많아요.

❶ ________________.

❷ ________________.

❸ ________________.

❹ ________________.

❺ ________________.

활동 영수가 평소와 다르게 행동하는 상황에 대해서 이야기하십시오.

평소의 모습	오늘 행동	오늘 행동의 이유
보기 늘 오후에는 친구들과 운동장에서 축구를 한다.	축구를 하지 않는다.	어제 축구를 하다가 넘어져서 다리를 다쳤다.
평소에 늘 모임에 일찍 온다.	모임에 늦게 왔다.	올 때 사고가 나서 사고를 처리하느라 일찍 올 수 없었다.
늘 밥을 많이 먹는다.	밥을 먹지 않는다.	어제 음식을 잘못 먹어서 배탈이 났다.

보기
민철: 영수야, 늘 오후에는 친구들과 운동장에서 축구를 하더니 오늘은 왜 안 해?
영수: 어제 축구를 하다가 넘어지는 바람에 다리를 다쳐서 오늘 운동할 수가 없어.

03 몇 년 전만 해도 웃음이나 경쟁을 중심으로 하는 오락 프로그램이 많았어요

학습 목표 방송 관련 어휘를 익혀서 활용할 수 있다.
'만 해도', '-는다든가' 표현을 익혀서 활용할 수 있다.

선배 몇 년 전만 해도 웃음이나 경쟁을 중심으로 하는 내용의 오락 프로그램이 많았는데 요즘에는 많이 달라진 것 같아.

후배 이제는 시청자들이 오락 프로그램 하나를 선택할 때도 재미 이상의 뭔가를 요구하고 있나 봐요.

선배 예전에는 사람들이 오락 프로그램을 시간 때우기 정도로 여겼지만 요즘에는 일상에서 이루지 못한 바람을 텔레비전으로 대리 만족하고 있는 것 같아.

후배 맞아요, 가상 결혼을 한다든가 아빠들이 아이를 돌본다든가 현실에서 충족하지 못한 욕구를 대신해 주는 프로그램이 시청률도 높대요.

선배 어쩐지 요즘 우리 사회의 현실을 보여 주는 것 같아서 씁쓸하네.

새 어휘

오락	밖에 나가서 놀기보다는 집에서 컴퓨터 오락하기를 좋아하는 아이들이 많아요. 인생을 즐기려는 사람들이 늘어나면서 오락, 취미, 놀이 등에 대한 관심이 높아지고 있다.
요구하다	근로자들이 월급을 올려 달라고 요구했다. 이것은 이해력을 요구하는 어려운 문제이다.
때우다	아침을 밥 대신 우유나 빵으로 때우는 사람들이 많다. 제 남자 친구는 생일에 선물을 주지 않고 늘 말로만 때워요.
대리 만족	부모님들이 성공한 자식을 보면서 대리 만족을 하는 것 같아요. 많은 사람들이 드라마 속의 주인공을 보면서 대리 만족을 느낀다.
가상	온라인 속에만 존재하는 가상 박물관도 있다고 해요. 이 컴퓨터 화면을 이용하면 마치 실제로 비행기를 타고 있는 것 같은 가상 현실을 체험할 수 있다.
충족하다	선발 조건을 충족하는 사람이 별로 없다. 부모님의 기대를 충족하는 수준이 되려면 아직도 멀었어요.
욕구	여행을 떠나고 싶다는 욕구를 강하게 느꼈다. 자신을 표현하고 싶은 욕구 때문에 고급 브랜드를 선호한다고 해요.

01. 빈칸에 알맞은 말을 쓰십시오.

보기 사원들이 쉴 공간이 부족해서 휴게실을 만들어 달라고 요구했다 ~~었다/았다/였다~~.

❶ 자주 밖에서 식사를 하는 독신자들은 요리 프로그램을 보면서 ________ 을/를 느낀다.

❷ ________ 불만 때문에 자주 간식을 찾게 된다.

❸ 연세 전자에서는 관람객들이 직접 방문하지 않고도 전시장을 체험할 수 있는 ________ 전시장을 열어 관심을 받고 있다.

❹ 승진했는데 겨우 커피 한 잔이에요? 설마 이걸로 ________ 으려고/려고 하는 건 아니겠지요?

02. 빈칸에 알맞은 말을 쓰십시오.

사람들은 지루할 때 무엇을 할까? **보기** 오락은 ~~은/는~~ 지루한 시간을 ❶ ________ 기 위해서 생겨난 것인데 잘못하면 스마트폰이나 인터넷에 중독되는 경우도 많다. 사람들은 실제가 아닌 ❷ ________ 의 세계에서 현실에서는 ❸ ________ 지 못한 ❹ ________ 을/를 대신하고 있는 것이다. 이제는 스마트폰이나 인터넷이 사회생활에 필요한 지식을 얻을 수 있는 학습 미디어로 바뀌어야 할 때이다.

주제 어휘

방송	• 시사	• 교양	• 연예	• 오락
	• 스포츠	• 홈쇼핑	• 편성표	• 제작진

01. 빈칸에 알맞은 말을 쓰십시오.

보기 오락 시간만 되면 반 친구들의 눈이 반짝반짝 빛난다.

❶ 매장에 직접 가지 않고 집에서 TV ________ 방송만 봐도 쇼핑을 할 수 있다.

❷ 새로 시작하는 드라마가 몇 시에 시작되는지 찾아보려고 ________ 을/를 봤다.

❸ 다큐멘터리 프로그램을 많이 보면 ________ 을/를 쌓을 수 있다.

❹ 뉴스나 토론 같은 ________ 프로그램을 자주 본다.

02. 빈칸에 알맞은 말을 쓰십시오.

YBS 시청자 게시판

제목 : '리얼 스토리' 프로그램에 대해 말씀 드릴 것이 있습니다.

우리 사회의 문제를 알려 주는 **보기** 시사 프로그램 '리얼 스토리'를 보고 글을 올립니다. 지난 방송에서는 유명 스케이트 선수의 개인 생활을 집중적으로 방송해서 마치 ❶ ________ 프로그램을 보고 있는 것 같은 느낌이 들었습니다. 운동 선수와 관련된 방송인 만큼 ❷ ________ 에 관심이 있는 시청자들이 많이 보셨을 거라 생각되는데 지난 방송을 보고 실망한 분들이 많이 계실 것 같습니다. 앞으로는 여러 시청자들이 즐겨 볼 수 있게 ❸ ________ 여러 분께서 좀 더 신경을 써 주셨으면 좋겠습니다. 앞으로 시청자들의 즐거움은 물론이고 ❹ ________ 도 쌓을 수 있는 좋은 프로그램을 기대하겠습니다.

문법 1 만 해도

명사에 붙어서 '다른 여러 경우는 생각하지 않고 단지 이 경우만을 예를 들어 말해도'의 뜻으로 쓰인다. 일부 조사와 어울려서 '까지만 해도', '으로만 해도', '에서만 해도' 등으로도 쓸 수 있다.

❶ 전화 요금만 해도 한 달에 5만원은 들어요.

❷ 우리 학교만 해도 등록금이 10% 올랐어요.

❸ 제 주변만 해도 감기에 걸린 사람이 아주 많아요.

❹ 초등학생만 해도 스마트폰이 없는 아이가 없을 정도이다.

01. 보기 와 같이 바꾸십시오.

보기 요즘 물가가 많이 올랐다. 지하철 요금도 20%나 올랐다.

➡ 요즘 물가가 많이 올랐다. 지하철 요금만 해도 20%나 올랐다.

❶ 요즘 신입 사원을 많이 뽑는 회사가 늘었다. S그룹도 30% 더 뽑는다고 한다.

➡ ______________________________.

❷ 요즘 화장하는 남자들이 많아졌다. 우리 과에도 화장하는 남학생들이 있다.

➡ ______________________________.

❸ 커피숍이 많이 늘었다. 우리 집 주변에도 대형 커피숍이 5개도 넘는다.

➡ ______________________________.

❹ 한국어를 배우려는 외국인이 많이 늘었다. 우리 학교도 한국어를 배우는 외국인 학생이 2000명 가까이 된다.

➡ ______________________________

______________________________.

❺ 경제가 좋지 않아서 문을 닫는 가게들이 늘었다. 신촌에도 문을 닫은 가게가 많다.

➡ ______________________________

______________________________.

02. 표를 보고 보기 와 같이 대화를 완성하십시오.

상황	예
보기 유학 생활은 돈이 많이 든다.	하숙비: 50만원 교통비: 10만원
❶ 비가 많이 와서 과일 생산이 많이 줄었다고 한다.	사과: 20% 배: 30%
❷ 요즘 물가가 많이 올랐다.	계란: 5,000 / 10개 쌀: 10,000 / 1kg
❸ 어학연수를 가는 학생들이 많다.	우리 과 친구들: 반 이상 고등학교 동창들: 대부분
❹ 한국을 방문하는 외국인이 많다.	서울: 한 달에 100만 명 부산: 한 달에 50만 명
❺ 출근 시간에 지하철을 이용하는 사람이 많다.	2호선: 서 있을 자리도 없을 정도 9호선: 앉을 자리도 없을 정도

보기 가: 유학 생활은 어때요? 돈이 많이 들지요?
나: 네, 하숙비만 해도 한 달에 50만원이나 들어요.

❶ 가: 비가 많이 와서 과일 생산이 많이 줄었다면서요?
나: 네, ______________________________.

❷ 가: 요즘 물가가 많이 올랐지요?
나: 네, ______________________________.

❸ 가: 요즘 어학연수를 가는 학생들이 많지요?
나: 네, ______________________________.

❹ 가: 한국을 방문하는 외국인이 많지요?
나: 네, ______________________________.

❺ 가: 출근 시간에 지하철을 이용하는 사람이 많지요?
나: 네, ______________________________.

문법 2 -는다든가

동사, 형용사에 붙어 쓰인다. 간접 인용을 나타내는 '-는다'에 연결어미 '-든가'가 연결된 형태로, 여러 개 예를 들어 말하는 것을 나타낸다.

❶ 방학 때는 여행을 한다든가 아르바이트를 한다든가 해요.

❷ 성격이 좋다든가 유머가 있다든가 하는 사람은 친구들에게 인기가 있어요.

❸ 시험을 보지 않는다든가 출석 시간이 부족하다든가 하면 학점을 받을 수 없어요.

❹ 인턴으로 일했다든가 대회에서 상을 받았다든가 하는 경우에는 취직할 때 더 좋은 점수를 받을 수 있어요.

01. 보기 와 같이 바꾸십시오.

보기 지하철에서는 책을 읽거나 스마트폰으로 게임을 해요

➡ 지하철에서는 책을 읽는다든가 스마트폰으로 게임을 한다든가 해요.

❶ 스트레스가 쌓일 때는 노래방에 가거나 찜질방에 가요.

➡ ______________________________.

❷ 남자 친구를 만나면 영화를 보거나 산책을 해요.

➡ ______________________________.

❸ 추석에는 가족들과 모여서 이야기를 하거나 전통 놀이를 해요.

➡ ______________________________.

❹ 학생들이 모이면 반 친구들 이야기를 하거나 선생님 이야기를 해요.

➡ ______________________________.

❺ 모르는 단어가 있으면 사전을 찾거나 선생님한테 물어봐요.

➡ ______________________________.

02. 보기 와 같이 대화를 완성하십시오.

보기 가: 한국에서 어른과 함께 식사할 때 어떤 행동을 하면 실례가 돼요?
나: 어른보다 먼저 수저를 든다든가 먼저 일어난다든가 하는 행동을 하면 실례가 돼요.

❶ 가: 어떻게 하면 실내 분위기가 달라질 수 있어요?
나: ____________________.

❷ 가: 여러분이 어떻게 하면 부모님들께서 좋아하세요?
나: ____________________.

❸ 가: 어떤 경우에 화가 많이 나요?
나: ____________________.

❹ 가: 시간이 있을 때 집에서 뭘 해요?
나: ____________________.

❺ 가: 언제 제일 행복해요?
나: ____________________.

활동 친구의 고민을 듣고 보기 와 같이 조언을 해 보십시오.

고민	예	조언
보기 취업이 너무 어려워서 걱정이다.	S기업도 올해 신입 사원을 100명이나 줄여서 뽑기로 했다고 한다.	다른 외국어를 더 공부하거나 컴퓨터를 열심히 배워 보는 게 좋을 것 같다.
나 때문에 친구가 화가 많이 난 것 같아서 걱정이다.	오늘도 나를 보고 모른 척하고 지나갔다.	먼저 인사를 하거나 직접 만나서 사과를 하는 게 좋을 것 같다.
요리를 너무 못해서 고민이다.	밥도 물을 잘 맞추지 못해서 맛있게 되지 않는다.	인터넷에서 요리법을 찾아서 순서대로 해 보거나 요리학원에 다니면 좋을 것 같다.

보기

가: 취업이 안돼서 걱정이에요. S기업만 해도 올해 신입 사원을 100명이나 줄여서 뽑기로 했대요.

나: 다른 외국어를 더 공부한다든가 컴퓨터를 열심히 배워본다든가 하면 좋을 것 같아요.

04 한국 화장품이 외국인 관광객들한테 날개 돋친 듯이 팔린대

학습 목표 아름다운 신체 관련 어휘를 익혀서 활용할 수 있다.
'-는지', '-는 듯이' 표현을 익혀서 활용할 수 있다.

마리아 이 근처에 무슨 행사가 있는지 오다가 보니까 사람이 정말 많더라. 한국인은 물론이고 외국인 관광객들까지 있어서 발 디딜 틈도 없었어.

미 선 명동은 유명한 쇼핑 장소여서 여기저기에서 온 사람들로 늘 붐벼. 그런데 요즘에는 내국인보다 외국인들이 훨씬 더 많은 것 같아. 외국어로 된 입간판을 세워 놓은 화장품 가게들도 눈에 띄게 늘어났고.

마리아 요즘 한국 화장품이 외국인 관광객들한테 날개 돋친 듯이 팔린대. 저기 좀 봐. 외국인 관광객들이 양손에 쇼핑백을 들고 화장품 가게에서 몰려나오는데.

미 선 그러네. 안 그래도 어제 텔레비전에서 한국 화장품에 대한 뉴스가 나오던데. 한국 화장품에 열광하는 외국인들이 늘어나면서 한국 드라마에 나오는 배우들처럼 하얗고 깨끗한 피부를 동경하는 사람들이 많아졌다더라.

새 어휘

발 디딜 틈이 없다	퇴근 시간이라서 버스 안은 발 디딜 틈이 없었어요. 휴가철이라서 공항은 여행을 떠나는 사람들로 발 디딜 틈이 없다.
붐비다	남대문 시장은 여기저기에서 온 사람들로 항상 붐벼요. 명절이라서 고향에 돌아가는 차들로 고속도로가 심하게 붐볐다.
내국인	면세점에서 내국인보다 외국인을 더 흔하게 볼 수 있습니다. 이번 대회에는 외국인과 내국인 선수가 각각 500명씩 참가했다.
입간판	손님을 끌기 위해 가게 앞에 입간판을 세웠어요. 길가에 나와 있는 입간판 덕분에 그 가게를 쉽게 찾을 수 있었다.
눈에 띄다	요리사가 바뀐 후에 손님이 눈에 띄게 줄었어요. 교실에 들어가자마자 빨간색 옷을 입은 여자가 눈에 띄었다.
날개가 돋치다	그 가수의 새로 나온 앨범이 날개가 돋친 듯이 팔려요. 다른 데보다 싸고 질이 좋아서 물건이 날개가 돋친 듯이 팔렸다.
몰려나오다	수업이 끝나자마자 학생들이 교실 밖으로 우르르 몰려나왔어요. 옆 건물에 불이 나서 안에 있던 사람들이 문 쪽으로 몰려나왔다.
열광하다	그 가수의 노래에 사람들이 열광했어요. 경기가 시작되니까 관중들이 선수들의 이름을 부르면서 열광했다.
동경하다	어렸을 때부터 화려한 삶을 동경했습니다. 지금까지 경험해 보지 못한 낯선 세계를 동경한다.

01. 빈칸에 알맞은 말을 쓰십시오.

보기 기차역은 항상 사람들로 붐빈다 ~~는다/ㄴ다/다~~.

❶ 이번에 새로 나온 휴대전화는 ______________ 는/은/ㄴ 듯이 팔린다.

❷ ______________ 은/는 오른쪽, 외국인은 왼쪽에서 입국 심사를 받아야 한다.

❸ 사람들 눈에 잘 띄지 않으니까 ______________ 을/를 가게 앞에 세웁시다.

❹ 연예인들의 화려한 생활을 ______________ 는/은/ㄴ 청소년들이 많아졌다.

02. 빈칸에 알맞은 말을 쓰십시오.

9월 10일 맑음

오늘 친구와 쇼핑을 하러 시내에 갔는데 날씨가 좋아서 그런지 어디를 가든지 쇼핑하는 사람들로 **보기** 붐볐다 ~~었다/았다/였다~~. 신발을 산 후에 어떤 옷 가게 앞에서 구경하고 있었는데 갑자기 건너편 건물 밖으로 사람들이 우르르 ❶ ______________ 었다/았다/였다. 처음에는 건물 안에 무슨 안 좋은 일이 생겨서 그런 줄 알았는데 몰려나온 사람들 가운데에 유명한 한국 배우가 서 있는 것이 ❷ ______________ 었다/았다/였다. 그 배우를 더 가까이에서 보고 싶어서 나는 사람들이 있는 쪽으로 갔는데 그 배우에게 ❸ ______________ 는/은/ㄴ 사람들이 점점 더 몰려와서 ❹ ______________ 었다/았다/였다.

주제 어휘

아름다운 신체	
	• 얼굴이 갸름하다 • 쌍꺼풀이 지다 • 코가 오뚝하다 • 몸매가 좋다 • 피부가 뽀얗다 • 훤칠하다 • 체격이 좋다 • 이목구비가 뚜렷하다

01. 알맞게 연결하십시오.

보기 체격이 좋다 ——— 전체적인 몸이 크고 건강해 보인다.

❶ 훤칠하다 • • 코가 높고 잘생겼다.

❷ 코가 오뚝하다 • • 키가 크고 시원스럽고 깨끗한 이미지가 있다.

❸ 피부가 뽀얗다 • • 눈, 코, 입, 귀가 크고 잘생겼다.

❹ 이목구비가 뚜렷하다 • • 피부색이 우유 색처럼 하얗고 예쁘다.

02. 빈칸에 알맞은 말을 쓰십시오.

리에: 미선아, 오늘 오후에 우리 언니가 한국에 오는데 나 대신 공항에 좀 마중 나가 줄 수 있니?

미선: 그래. 근데 네 언니를 어떻게 찾지? 언니 사진 좀 줄래?

리에: 여기 있어. 여기 키가 크고 **보기** 피부가 뽀얀 ~~는/은/ㄴ~~ 사람이 우리 언니야.

미선: 정말 네 언니 얼굴이 제일 하얗다. 그리고 이렇게 키가 크고 날씬한 걸 보니 ❶ ________________겠다. 사진이 작아서 잘 안 보이는데 얼굴은 어떻게 생겼어? 자세히 좀 말해 봐.

리에: 예전에는 얼굴이 동그랬는데 지금은 살이 많이 빠져서 ❷ ____________ 어/아/여. 눈은 ❸ ______________어서/아서/여서 아주 크고 코도 아주 오뚝해.

미선: 그럼 서양 사람처럼 ❹ ____________________겠구나. 리에야, 실제로 보면 네 언니 정말 예쁠 것 같다.

문법 1 -는지

동사, 형용사, 명사에 붙어 뒤에 나오는 문장에 대한 확실하지 않은 막연한 이유를 나타낼 때 쓴다.

❶ 집에 아무도 없는지 전화를 안 받는다.
❷ 많이 바쁜지 그 사람 얼굴 보기가 힘들다.
❸ 감기가 유행인지 거리에 마스크를 쓴 사람들이 많다.
❹ 시험이 쉬웠는지 100점을 받은 학생이 여러 명 있었다.

01. 알맞게 연결하고 보기 와 같이 쓰십시오.

보기 고향에 돌아갔다 ——	웨이 씨와 연락이 안 돼요.
❶ 쉬는 날이다 •	• 교실이 더워요.
❷ 밖의 날씨가 춥다 •	• 길에 사람이 별로 없어요.
❸ 운동을 열심히 한다 •	• 살이 많이 빠졌어요.
❹ 에어컨이 고장이 났다 •	• 몸이 아파요.
❺ 스트레스가 많이 쌓였다 •	• 그 식당이 전화를 안 받아요.

보기 고향에 돌아갔는지 웨이 씨와 연락이 안 돼요.

❶ ______________________________.

❷ ______________________________.

❸ ______________________________.

❹ ______________________________.

❺ ______________________________.

02. 다음 글을 읽고 이야기를 완성하십시오.

오늘은 평소보다 20분 일찍 집에서 나왔는데 앞에서 **보기** 사고가 났는지 길이 많이 막혔다. 늦을 것 같아서 버스에서 내리자마자 뛰었다. 학교에 도착하니까 ❶ ____________________ 교실에서 수업하는 선생님의 목소리가 들렸다. 문을 열고 교실에 들어갔는데 빈자리가 몇 개 있었다. 나는 조용히 뒷자리에 가서 앉았다. 옆에 앉은 리에 씨는 항상 열심히 공부했는데 오늘은 ❷ ____________________ 계속 휴대전화만 쳐다보고 있었다. 내 앞에 앉은 웨이 씨는 ❸ ____________________ 졸고 있었다. 그 옆에 앉은 제임스 씨는 어제 집에서 ❹ ____________________ 선생님이 질문할 때마다 대답을 아주 잘했다. 그리고 항상 정장만 입던 우리 선생님은 오늘 ❺ ____________________ 청바지에 티셔츠를 입고 계셨다.

문법 2 -는 듯이

동사나 '있다', '없다'에 붙어 짐작이나 추측을 나타낸다.

❶ 집 안에 아무도 없는 듯이 고요하다.
❷ 내 동생은 잘 모르면서 아는 듯이 말했다.
❸ 리에 씨가 지난 일을 다 잊은 듯이 말했다.
❹ 웨이는 대학교 합격 소식을 듣고 뛸 듯이 기뻐했다.

01. 알맞게 연결하고 보기 와 같이 쓰십시오.

보기 죽은 것 같다	잠을 자요.
❶ 난리가 난 것 같다	한숨을 쉬어요.
❷ 대단한 사람이라도 된 것 같다	잘난 척했어요.
❸ 죽일 것 같다	시끄러웠어요.
❹ 땅이 꺼질 것 같다	쳐다봤어요.
❺ 비가 곧 쏟아질 것 같다	하늘이 어두워졌어요.

보기 죽은 듯이 잠을 자요.

❶ ______________________________.

❷ ______________________________.

❸ ______________________________.

❹ ______________________________.

❺ ______________________________.

02. 보기 와 같이 대화를 완성하십시오.

보기 가: 미선아, 아프다고 하더니 오늘은 좀 어떠니?
나: 어제 밤에 약을 먹고 푹 잤더니 병이 씻은 듯이 다 나았어.

❶ 가: 혹시 오늘 웨이 씨 못 봤어요?
나: 어? 조금 전에 봤는데 ____________________ 가방을 여러 개 들고 가던데요.

❷ 가: 혹시 영수 씨 못 봤어요?
나: 영수 씨요? 조금 전에 ____________________ 급하게 나갔는데요.

❸ 가: 마리아 씨, 요즘 운동한다면서요?
나: 네. 날마다 운동을 했더니 ____________________ 가벼워졌어요. 미선 씨도 저하고 같이 운동할래요?.

❹ 가: 리에 씨가 ____________________ 아무 말도 안 하는데 혹시 리에 씨한테 무슨 일 있었어요?
나: 글쎄요. 어제 발표 준비를 하느라 잠을 못 잤다고 하던데 피곤해서 그런거 아닐까요?

❺ 가: 당장 회사에 출근하려면 정장하고 구두가 있어야 되는데.
나: 영수야, 너 어제 면접시험 보지 않았니? 아직 결과도 안 나왔는데 벌써 ____________________ 너무 미리 좋아하는 거 아니야?

활동 오늘 친구들에게 무슨 일이 생긴 것 같습니까? 내가 본 친구들의 모습을 통해 상황을 추측하는 대화를 만들어 보십시오.

이름	행동	추측
보기 마리아	요즘 쇼핑을 자주 한다.	• 승진해서 월급이 많이 오른 것 같다. • 세상을 다 가진 것처럼 날마다 웃고 다닌다.
제임스	오늘 하루 종일 전화만 쳐다본다.	• 소개팅에서 만난 사람의 전화를 기다리는 것 같다. • 얼마 전에 헤어진 여자 친구는 다 잊은 것 같다.
웨이	웨이는 요즘 항상 리에와 같이 다닌다.	• 두 사람이 사귀는 것 같다. • 눈에 콩깍지가 씐 것처럼 서로에게 푹 빠져 있다.

보기 **가:** 마리아 씨가 승진해서 월급이 많이 올랐는지 요즘 쇼핑을 자주 해요.
나: 응, 그런 것 같아. 그리고 기분도 아주 좋아 보여. 예전에는 잘 웃지도 않았는데 요즘에는 세상을 다 가진 듯이 날마다 웃고 다녀.

제 7 과

인터넷

01 중요한 소식을 놓칠까 봐 꺼 놓을 수가 있어야지요

02 내가 듣기로는 시민들의 위치와 정보 데이터를 수집하고 분석해서 버스 노선을 만들었다던데

03 지금 사전 등록을 하나 마나 전시회 무료 체험은 마감됐을 거야

04 시스템 해킹으로 인해 사이버 범죄가 끊이지 않고 있습니다

01 중요한 소식을 놓칠까 봐 꺼 놓을 수가 있어야지요

학습 목표 인터넷 관련 어휘를 익혀서 활용할 수 있다.
'-을 수가 있어야지요', '-었다 하면' 표현을 익혀서 활용할 수 있다.

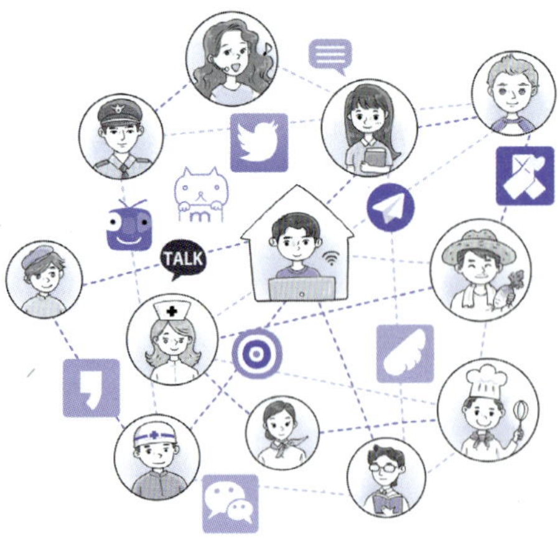

미선 영수 씨, 공부할 때는 그 휴대전화 좀 꺼 두면 안 될까요? 자꾸 수신음이 들리니까 공부에 집중이 안 되네요.

영수 중요한 소식을 놓칠까 봐 꺼 놓을 수가 있어야지요. 미선 씨는 SNS 안 해요?

미선 다른 사람들의 블로그를 읽거나 인터넷 동호회 게시판에 가끔 글을 쓰기도 하지만 요즘 사람들이 많이 하는 SNS는 안 해요. 그건 다들 한 번 시작했다 하면 너무 빠져드는 것 같아서 전 아예 가입도 안 했어요.

영수 그런 걸 하면 시간과 공간의 제약 없이 넓은 인맥을 형성할 수 있어요. 나이나 학력, 성별, 외모, 재산도 상관이 없고요. 중요한 정보도 신속하게 전달 받을 수 있어서 얼마나 좋은지 몰라요.

미선 하지만 SNS로 깊은 인간관계를 갖기는 힘들지 않을까요? 또 타인을 의식해서 과장되거나 미화된 게시물을 올리는 사람들이 많은데 그걸 보고 상대적 박탈감을 느끼거나 자기도 그런 걸 올려야 된다고 압박감을 느끼는 사람들이 많다고 해요.

새 어휘

어휘	예문
아예	장학금은 아예 기대도 하지 않았어요. 위험한 곳에는 아예 가지 않는 것이 좋다.
제약	각 나라의 보호 무역으로 수출에 제약이 많다. 단체 생활에는 여러 가지 제약이 있을 수밖에 없어요.
신속하다	화재가 났을 때는 신속하게 대피해야 합니다. 회사의 규모가 커질수록 신속하게 결정하기가 어렵다.
미화되다	어제 본 영화에는 전쟁과 폭력이 미화된 장면이 많았다. 김 작가가 이번에 새로 발표한 소설은 동성애가 지나치게 미화되었다는 비판을 받고 있어요.
게시물	학교 게시판에 허락받지 않은 게시물은 붙이지 마세요. 인터넷 게시판에 다양한 내용의 게시물들이 많이 올라왔다.
상대적	아름다움의 기준은 상대적이라고 생각해요. 같은 조건이라면 나이가 어린 지원자가 상대적으로 유리하다.
박탈감	연예인들의 화려한 생활을 보면서 박탈감을 느끼는 사람이 많다. 저는 공부도 잘 하고 집도 부자인 친구를 보면 상대적 박탈감이 들어요.
압박감	부모님의 지나친 기대로 심리적 압박감이 심하다. 빨리 끝내야 한다는 압박감 때문에 일이 더 안 돼요.

01. 빈칸에 알맞은 말을 쓰십시오.

보기 챔피언은 이번 대회에서도 우승해야 한다는 ___압박감___ 때문에 편안하게 시합할 수가 없었다.

❶ 저희 피자집에 주문해 주시면 ____________게 배달해 드리겠습니다.

❷ 성공한 친구의 큰 집과 멋진 차를 보니까 ____________ 박탈감이 드는 건 어쩔 수가 없었다.

❸ 중간에 포기하려면 ____________ 시작도 하지 마라.

❹ 연예인들은 얼굴이 많이 알려져 있기 때문에 일상생활에 ____________이/가 많다.

02. 빈칸에 알맞은 말을 쓰십시오.

나는 얼마 전에 SNS를 시작했다. 친구들과 소식을 **보기** ___신속하___게 주고 받기 위해서 시작한 것인데 좋은 점도 있지만 나쁜 점도 있다. 우선 다른 사람들의 항상 행복하고 멋있어 보이는, 지나치게 ❶ ____________는/은/ㄴ 모습을 보면서 상대적 ❷ ____________을/를 느낄 때가 많다. 또 나도 내 모습을 과장하거나 포장하여 ❸ ____________을/를 올려야 할 것 같은 심리적 ❹ ____________을/를 느낄 때도 많다. 다른 사람들도 나와 비슷한 생각을 할까?

주제 어휘

인터넷	• 검색	• 접속	• 게시판	• 네티즌	• 사이트
	• 블로그	• 가입	• 탈퇴	• 글을 올리다	• 댓글을 달다

01. 빈칸에 알맞은 말을 쓰십시오.

보기 내 주변에서 일어나는 일과 일상 속에서 느끼는 감정들을 일기처럼 쓰기 위해 블로그를 을/를 시작했다.

❶ 사람들이 예전에는 정보를 찾기 위해 도서관에 갔지만 요즘에는 인터넷으로 __________ 부터 한다.

❷ 이번 사건에 대한 많은 의견이 __________ 에 올라왔다.

❸ 새로 생긴 맛집에 대해 많은 __________ 들이 칭찬하는 글을 올렸다.

❹ 요즘에 많은 사람들이 동시에 __________ 해서 하는 게임이 인기가 많다.

02. 빈칸에 알맞은 말을 쓰십시오.

저희 인터넷 **보기** 사이트 에 새로 ❶ __________ 하신 신입 회원들에게 알려 드립니다. 게시판에 자유롭게 ❷ __________ 을/ㄹ 수 있고 다른 사람의 글에 ❸ __________ 을/ㄹ 수 있습니다. 그렇지만 다른 사람을 불쾌하게 할 수 있는 글을 쓰거나 광고성 글을 쓸 때는 ❹ __________ 시킬 수도 있으니까 조심하시기 바랍니다.

문법 1 -을 수가 있어야지요

동사에 붙어 '-을/ㄹ 수 없다'의 의미를 더욱 강조하여 말할 때 쓴다.

❶ 잠이 안 와요. 시험이 걱정돼서 잘 수가 있어야지요.

❷ 더 못 먹겠어요. 입맛이 없어서 먹을 수가 있어야지요.

❸ 늦어서 미안해요. 일이 너무 많아서 일찍 나올 수가 있어야지요.

❹ 오늘도 김 선생님을 못 만났어요. 김 선생님이 너무 바쁘셔서 만날 수가 있어야지요.

01. 보기 와 같이 바꾸십시오.

보기 한국 뉴스가 너무 어려워서 들을 수가 없다.
➡ 한국 뉴스가 너무 어려워서 들을 수가 있어야지요 .

❶ 배가 너무 아파서 먹을 수가 없다.
➡ ______________________________.

❷ 너무 화가 나서 참을 수가 없다.
➡ ______________________________.

❸ 하숙집이 너무 시끄러워서 살 수가 없다.
➡ ______________________________.

❹ 부탁을 너무 여러 번 해서 안 들어줄 수가 없다.
➡ ______________________________.

❺ 아이가 사탕을 너무 좋아해서 안 사 줄 수가 없다.
➡ ______________________________.

02. 다음 글을 읽고 대화를 완성하십시오.

얼마 전에 인터넷 사이트에서 파는 원피스를 한 벌 봤는데 가격이 너무 싸서 지나칠 수가 없었다. 사고 싶었지만 사이즈 설명이 잘 나와 있지 않아서 정확히 알 수가 없었다. 그리고 사진만으로는 믿을 수가 없었다. 그래서 직접 가서 보고 사기로 했다. 사이트 주소를 보고 오프라인 가게까지 찾아갔는데 사이트에 나와 있는 것하고는 많이 달라서 따지고 싶었지만 직원이 친절해서 그럴 수가 없었다. 그리고 더 깎아 준다고 해서 안 살 수가 없었다. 그런데 입은 후에 세탁해 보니까 물도 빠지고 옷도 줄어서 인터넷 사이트에 글을 안 올릴 수가 없었다.

가: 어, 제가 자주 가는 사이트에서 본 원피스를 입으셨네요.

나: 네, 저도 인터넷에서 봤는데 **보기** 가격이 너무 싸서 지나칠 수가 있어야 지요.

가: 그럼 인터넷에서 사신 거예요?

나: 아니에요. ❶ ______________________. 그리고 ❷ ______________________. 그래서 직접 오프라인 가게에 찾아갔어요. 그런데 사이트에 나온 것하고는 많이 달랐어요.

가: 그럼 화가 좀 나셨겠네요.

나: 네, 따지려고 했지요. 그런데 ❸ ______________________.

가: 그럼 마음에 안 드는데도 샀어요?

나: 네, ❹ ______________________.

가: 그래도 싸게 샀잖아요. 잘 입으시면 됐지요.

나: 아니에요, 인터넷 사이트에 이 옷에 대해 불만의 글을 올렸어요.

가: 왜요?

나: ❺ ______________________.

문법 2 -었다 하면

동사에 붙어 앞 문장의 행동을 하면 반드시 뒤 문장의 행동을 하게 되었을 때 쓴다. 뒤에 '항상, 으레' 등의 부사가 자주 사용된다.

❶ 제 동생은 책만 폈다 하면 졸아요.

❷ 미선이는 시험만 봤다 하면 항상 100점이에요.

❸ 내 친구는 약속을 했다 하면 으레 한 시간씩 늦어요.

❹ 김 과장님은 노래방에서 마이크를 잡았다 하면 혼자 열 곡을 불러요.

01. 알맞게 연결하고 보기 와 같이 쓰십시오.

보기 사장님은 회의에서 말을 시작하다	끝이 없어요.
❶ 저는 컴퓨터 게임을 하다	이틀 이상 말을 안 해요.
❷ 제 동생은 화가 나다	정치에 대한 이야기를 해요.
❸ 우리 회사에서는 회식을 하다	거짓말을 해요.
❹ 선거 기간이라서 사람들이 모이다	항상 삼겹살집에 가요.
❺ 제 친구는 입만 열다	으레 밤을 새워요.

보기 사장님은 회의에서 말을 시작했다 하면 끝이 없어요 .

❶ ______________________________.

❷ ______________________________.

❸ ______________________________.

❹ ______________________________.

❺ ______________________________.

02. 다음은 기자와의 인터뷰입니다. 보기 와 같이 대화를 완성하십시오.

보기

기　　자: 이번 올림픽 대회에서 금메달을 따신 것을 축하드립니다. 어렸을 때부터 수영을 좋아하셨습니까?

수영 선수: 네, 한번 수영을 했다 하면 물에서 안 나왔어요.

❶ 기자: 이번에 어린이 독서왕으로 뽑혔는데 하루에 몇 시간쯤 책을 읽어요?

학생: 보통 ______________________.

❷ 기자: 이번에 세계 대회에 나가셔서 우승하셨는데 평소에 얼마나 운동을 하십니까?

보디빌더: 글쎄요, ______________________.

❸ 기자: 어렸을 때부터 게임을 잘 했습니까?

프로게이머: 네, ______________________.

❹ 기자: 이번에 핫도그 많이 먹기 대회에 나가서 우승하셨지요? 축하합니다. 평소에도 이렇게 핫도그를 많이 드십니까?

우승자: 네, ______________________.

❺ 기자: 가수가 되기 전에도 노래 연습을 많이 했습니까?

가수: 그럼요, ______________________.

활동 기자가 되어 다음 사람들을 인터뷰하고 인터뷰 대상자는 **보기** 와 같이 대답하십시오.

인터뷰 대상자	중독 증세	중독된 이유
보기 파워 블로거	한번 블로그에 들어가면 보통 4-5시간 이상 한다.	사람들의 반응이 궁금해서 안 볼 수가 없다.
게임 중독자	게임을 시작하면 항상 10시간 이상 한다.	게임을 안 하면 불안해서 견딜 수가 없다.
연예인 팬 카페 회원	좋아하는 가수를 따라 다니기 시작하면 3박 4일 이상 따라 다닌다.	그 사람의 모든 활동을 알고 싶어서 참을 수가 없다.

보기
기 자: 블로그 활동을 얼마나 자주 하시나요?
파워 블로거: 한번 블로그에 들어갔다 하면 보통 4-5 시간 이상 해요.
기 자: 왜 그렇게 블로그 활동을 열심히 하시나요?
파워 블로거: 내가 올린 글에 대한 사람들의 반응이 궁금해서 안 볼 수가 있어야지요. 계속해서 댓글을 보게 돼요.

02 내가 듣기로는 시민들의 위치와 정보 데이터를 수집하고 분석해서 버스 노선을 만들었다던데

학습 목표 데이터 관련 어휘를 익혀서 활용할 수 있다.
'-도록[1]', '으로는' 표현을 익혀서 활용할 수 있다.

마리아 어제 밤늦도록 뒤풀이를 했다던데 집에 어떻게 들어갔어? 택시도 잘 안 잡힐 시간인데 고생했겠다.

미 선 그럴 줄 알았는데 다행히 우리 집 근처에 심야 버스가 다녀서 안전하게 귀가했어. 근데 자정이 넘은 시간에 사람들이 많은 곳으로만 그 버스가 지나가더라. 어떻게 알고 노선을 정한 거지?

마리아 아. 말로만 듣던 심야 버스가 너희 집 근처로 가는구나. 내가 듣기로는 서울시에서 심야에 휴대전화를 이용하는 시민들의 위치와 정보 데이터를 수집하고 분석해서 노선을 만들었다던데. 한마디로 빅 데이터를 활용한 거지.

미 선 기업에서 소비자의 소비 패턴을 분석해서 상품 구매를 예측하는 것에만 사용되는 줄 알았는데 공공 기관에서도 빅 데이터가 유용하게 사용되는구나.

새 어휘

심야	심야에는 택시를 잡기가 더 어려워요. 시내에서는 심야에도 문을 연 가게들을 쉽게 볼 수 있다.
귀가하다	버스 정류장은 수업을 마치고 귀가하는 학생들로 붐볐습니다. 밤늦게 귀가하는 사람들은 막차가 끊길까 봐 빠른 걸음으로 걸어간다.
자정	자정이 넘은 시간이라서 거리에 지나다니는 사람이 별로 없어요. 우리 아버지는 요즘 바쁘셔서 자정이 다 되어서 귀가하시는 날이 많아요.
시민	스스로 알아서 질서를 지킬 줄 아는 시민 의식이 요구됩니다. 시민 단체가 우유 가격을 인상한 회사들에게 관련 정보 공개를 요구했다.
데이터	보고서를 쓰기 위해서 한국 대학생들의 여가 생활에 대한 데이터를 수집해서 정리하고 있어요. 이번에 새로 나온 컴퓨터는 데이터 처리 속도가 빨라서 요즘 소비자들 사이에서 큰 인기를 끌고 있다.
분석하다	경찰들이 CCTV를 보면서 사고 원인을 분석했습니다. 논문을 쓰려면 먼저 주제와 관련된 자료들을 분석해야 한다.
패턴	행동 패턴을 분석하면 그 사람의 심리를 알 수 있다. 같은 문화 속에서 살아도 사람마다 생활 패턴이 달라요.
예측하다	이번 경기는 결과를 예측하기가 어려워요. 미래에 일어날 일을 정확하게 예측할 수 있는 사람은 아무도 없다.
유용하다	전자사전은 외국어를 공부하면서 모르는 단어를 찾을 때 매우 유용합니다. 여행하는 사람들에게 가장 유용한 물건은 언제 어디서나 인터넷을 사용할 수 있는 스마트폰이다.

01. 빈칸에 알맞은 말을 쓰십시오.

보기 기업에서는 소비자의 소비 성향을 분석해서 ~~어서/아서/여서~~ 새로운 상품을 개발한다.

❶ 저는 고등학생 때 밤 10시까지 ________________ 어야/아야/여야 했습니다.

❷ 이곳에서는 매년 12월 31일 ________________ 에 새해를 시작하는 종을 친다.

❸ 서울시에서는 서울 ________________ 들을 위해서 새로 공원을 만들고 있습니다.

❹ 늦게까지 일하는 회사들이 많아서 ________________ 에도 문을 여는 식당들이 많다.

02. 다음 대화를 완성하십시오.

가: 저 커피숍에서 할인을 해 주니까 저기 들어가자.

나: 어? 할인이 되는 걸 어떻게 알았어?

가: 이건 내가 요즘 사용하는 스마트폰 애플리케이션인데 내가 있는 곳 근처 가게들의 할인 정보를 찾아내서 나에게 알려 줘. 그리고 최신 보기 데이터가 ~~이/가~~ 올라오는 것도 확인할 수 있어.

가: 그런 애플리케이션이 있었어?

나: 그것뿐만이 아니야. 사용하는 카드 번호를 이 애플리케이션에 저장해 놓으면 데이터를 ❶ ________________ 어서/아서/여서 계산하기 전에 바로 어떤 카드로 할인을 받을 수 있는지 알려 줘. 그리고 지금까지 내가 자주 간 식당이나 커피숍에 대한 데이터로 내 생활 ❷ ________________ 을/를 분석하고 내가 좋아할 것 같은 가게를 ❸ ________________ 어서/아서/여서 추천해 줘.

가: 와, 정말 ❹ ________________ 는데/은데/ㄴ데. 나도 다운로드 받아야겠다.

주제 어휘

데이터	• (데이터를) 수집하다 • 저장하다 • 입력하다 • 분석하다 • 공유하다 • 활용하다 • 처리하다 • 전송하다 • 수신하다

01. 빈칸에 알맞은 말을 쓰십시오.

보기 데이터를 수신하려면 으려면/려면 인터넷이 연결되어 있어야 한다.

❶ 설문 조사한 결과의 데이터를 컴퓨터에 ________________ 었다/았다/였다.

❷ 요즘에 나온 컴퓨터들은 많은 양의 데이터도 몇 분 만에 ________________ 는다/ㄴ다/다.

❸ 같은 회사에 있는 사람들은 업무상의 목적으로 고객에 대한 데이터를 서로 ________________ 는다/ㄴ다/다.

❹ 여러 사건의 데이터를 수집하고 ________________ 어/아/여 얼마 전에 발생한 사건의 범인을 잡았다.

02. 다음은 연세 카드사의 빅 데이터 사용 방법입니다. 보기와 같이 알맞은 말을 쓰십시오.

보기 (데이터를 전송하다)	모든 식당에서 연세 카드사에 카드 사용 내역을 보냅니다.
⬇	
❶ ( )	카드사에서 전송된 자료 중에서 필요한 자료를 모읍니다.
⬇	
❷ ( )	컴퓨터에 넣어 둔 데이터를 오랫동안 보관할 수 있게 만들어 놓습니다.
⬇	
❸ ( )	컴퓨터에 보관하고 있는 데이터를 카드 사용자의 나이와 성별에 따라 나눕니다. 누가 어떤 종류의 식당에 자주 가는지 알아냅니다.
⬇	
❹ ( )	분석한 데이터를 사용하여 사람들이 좋아할 것 같은 식당을 추천해 줍니다.

문법 1 -도록[1]

동사나 형용사에 붙어 동작의 정도나 한계, 어느 지점에 도달하기까지를 나타낼 때 사용하며 '-었/았/였'이나 '-겠'과 같이 쓰지 않는다.

❶ 너를 눈이 빠지도록 기다리고 있었어.
❷ 로미오와 줄리엣은 죽도록 서로 사랑했습니다.
❸ 영수 씨가 열흘이 다 되도록 학교에 안 나와요.
❹ 시험이 얼마 안 남아서 어제 밤새도록 시험공부를 했어요.

01. 목표를 이루기 위한 방법을 찾아 연결하고, 한 문장으로 만드십시오.

보기 코가 삐뚤어지다	술을 마셔요.
❶ 입이 닳다	들었어요.
❷ 신이 다 닳다	이야기했어요.
❸ 귀에 못이 박히다	오래 사세요.
❹ 손이 발이 되다	돌아다녀요.
❺ 검은 머리가 파뿌리가 되다	빌었어요.

보기 코가 삐뚤어지도록 술을 마셔요.

❶ ______________________.

❷ ______________________.

❸ ______________________.

❹ ______________________.

❺ ______________________.

02. 알맞은 것을 골라 보기 와 같이 대화를 완성하십시오.

밤새다	목이 빠지다	입에 침이 마르다
배가 터지다	죽다	상다리가 부러지다

보기 가: 지난 주말에 여자 친구 집에 식사 초대를 받았다면서?
나: 응, 여자 친구 어머니께서 ___상다리가 부러지도록___ 음식을 많이 차리셨더라.

❶ 가: 어제 본 영화는 어땠어?
나: ______________ 사랑하는 남녀의 이야기인데 너무 슬퍼서 보면서 계속 울었어.

❷ 가: 차 한 잔 마실래?
나: 아니. 난 더 이상 아무 것도 못 먹을 것 같아. 점심에 뷔페식당에서 ______________ 먹었거든.

❸ 가: 영수 씨는 똑똑하고 잘생기고 성격도 좋고 뭐 하나 빠지는 게 없는 것 같아.
나: 그래서 다른 사람들도 영수 씨만 보면 ______________ 칭찬하더라.

❹ 가: 어? 웨이하고 여기서 만나기로 했는데……. 혹시 웨이 못 보셨어요?
나: 왜 이렇게 늦게 왔어? 웨이가 너를 ______________ 기다리다가 조금 전에 집에 갔어.

❺ 가: 오늘은 좀 피곤해 보이네요. 어제 잠을 잘 못 잤어요?
나: 어제 일이 많아서 회사에서 ______________.

문법 2 으로는

조사 '으로'에 조사 '는'이 결합된 형태로, 명사 뒤에 붙어 그것이 근거가 됨을 나타낸다.

❶ 지금 건강 상태로는 계속 일하기가 어렵습니다.

❷ 내가 알기로는 요즘 그 제품이 가장 인기가 있어.

❸ 이 정도 실력으로는 그 회사에 들어갈 수 없습니다.

❹ 친구들 말로는 그 동아리에 들어가기가 힘들다고 하던데요.

01. 보기 와 같이 쓰십시오.

보기 내가 듣기	"날마다 비타민을 먹으면 감기에 잘 안 걸려요."
❶ 경제 전문가의 말	"내년부터 경제가 좋아질 것입니다."
❷ 신문 보도	"이번 태풍 때문에 10명 이상이 죽었다."
❸ 소문	"웨이 씨 아버지가 유명한 연예인이에요."
❹ 직장 동료의 말	"다음 달부터 근무 시간이 연장됩니다."
❺ 의사 선생님 말씀	"술을 끊어야 합니다."

보기 내가 듣기로는 날마다 비타민을 먹으면 감기에 잘 안 걸린다던데요.

❶ ______________________________.

❷ ______________________________.

❸ ______________________________.

❹ ______________________________.

❺ ______________________________.

02. 보기 와 같이 대화를 완성하십시오.

> **보기** 가: 올해는 전 세계적으로 경제가 안 좋다고 하던데 내년에는 괜찮아질까요?
> 나: 전문가들의 예상으로는 앞으로 몇 년 동안 계속 경제가 어려울 거라고 하던데요.

❶ 가: 김미선 씨, 지난번에 받으신 검사 결과가 나왔는데요.
______________________ 아무 이상이 없으니까 걱정 안 하셔도 될 것 같아요.
나: 그래요 정말 다행이에요. 감사합니다.

❷ 가: ______________________ 다음 주부터 버스와 지하철 요금이 200원씩 오를 거라고 하던데요.
나: 또 올라요? 작년에 교통 요금이 올랐잖아요.

❸ 가: 과장님, 드디어 행사 준비가 다 끝났습니다.
나: 아니, 여기저기 쓰레기도 떨어져 있고 의자도 정리가 안 되어 있는데 행사 준비가 다 됐다고요? ______________________ 행사를 시작하기가 어려울 것 같은데요.

❹ 가: 요즘 웨이 씨가 계속 안 보이네요. 혹시 웨이 씨한테 무슨 일이 생긴 건 아닐까요?
나: ______________________ 할아버지가 편찮으셔서 고향에 갔다고 하던데요.

❺ 가: 비자 연장을 신청하려고 하는데요. 여기 신청서와 서류가 있습니다.
나: 잠깐만요. 이 서류에는 빠진 내용이 너무 많은데요. 연락처도 안 쓰셨고요.
______________________ 신청할 수 없습니다.

활동

다음을 읽고 보기 와 같이 대화를 완성하십시오.

'가'	'나'
보기 웨이 씨가 학교에 안 온 지 일주일이 넘었다.	요즘 웨이 씨가 회사에서 날마다 야근한다고 들었다.
대학교를 졸업한 지 일 년이 다 되었는데 취직이 안 된다.	다음 달에 대기업들이 신입 사원을 뽑는다는 뉴스 보도를 봤다.
주말에 코가 삐뚤어질 정도로 술을 많이 마셨다.	병원에 갔는데 의사 선생님이 술을 끊지 않으면 안 된다고 했다.

보기 가: 일주일이 넘도록 웨이 씨가 학교에 안 오네요. 혹시 무슨 일이 생긴 건 아닐까요?

나: 제가 듣기로는 웨이 씨가 날마다 회사에서 야근을 한다고 하던데요. 그래서 학교에 못 오는 것 같아요.

03 지금 사전 등록을 하나 마나 전시회 무료 체험은 마감됐을 거야

학습 목표 사물인터넷 관련 어휘를 익혀서 활용할 수 있다.
'-는 김에', '-으나 마나' 표현을 익혀서 활용할 수 있다.

민철 과 사무실에서 조교 누나가 사물인터넷 국제 전시회 홍보 책자를 줘서 보고 있는데 재미있다. 이건 네 거야. 내 거 가지고 오는 김에 네 것도 챙겨 왔어.

리에 사물인터넷? 사람, 사물, 공간 등이 서로 연결돼서 모든 것들에 대한 정보가 수집되고 활용되는 거 말이지?

민철 응, 공상과학영화에서 봤던 일들이 현실이 될 날도 얼마 안 남았나 봐. 이제는 실시간으로 신체 변화를 감지해서 건강을 관리할 수도 있고 집 밖에서 집 안의 모든 것을 작동할 수 있던데?

리에 와, 이 전시회 정말 재미있겠다. 사전 등록한 사람은 무료 체험을 신청할 수도 있대. 우리도 어서 등록하자.

민철 그 무료 체험은 인원 제한이 있어서 지금 사전 등록을 하나 마나 이미 마감됐을 거야. 그냥 전시회 하는 날 일찍 가서 현장 등록하자.

새 어휘

사물인터넷	이제 사물들이 서로 연결되어 정보를 주고받는 사물인터넷 시대가 열리고 있다. 놀이공원에서 사물인터넷 기술을 활용해서 관람객들에게 공원 내의 정보를 그때그때 제공해 준대요.
책자	저쪽에 관광 안내 책자가 있으니까 여행할 때 보세요. 대학에서는 해마다 입학을 준비하는 학생에게 줄 홍보 책자를 만든다.
실시간	오늘 저녁부터 올림픽 경기를 실시간으로 방송한대요. 검색 사이트에 들어가면 실시간 검색어 1위부터 10위까지 확인할 수 있다.
감지하다	개는 냄새를 감지하는 능력이 인간보다 100만 배 정도 뛰어나다고 해요. 우리 회사 주차장은 차가 들어오는 것을 감지해서 자동으로 불이 켜진다.
작동하다	카메라를 산 지 2년밖에 되지 않았는데 잘 작동하지 않는다. 이 기계를 작동하려면 오른쪽 제일 위에 있는 빨간색 버튼만 누르면 돼요.
사전	사전에 연락하지 않고 집에 찾아가는 건 실례예요. 예술 작품을 감상할 때 사전 지식이 꼭 필요한 건 아니다.
제한	운전할 때 제한 속도를 지켜야 해요. 부모가 아이들의 스마트폰 사용 시간을 제한할 수 있는 애플리케이션이 있다.

01. 빈칸에 알맞은 말을 쓰십시오.

보기 청소년들도 아르바이트를 할 수는 있지만 일의 성격에 따라 나이 제한이 ~~이/가~~ 있어야 한다.

❶ 동물은 인간보다 위험을 빨리 ______________ 는다/ㄴ다/다.

❷ 다른 사람의 집을 방문할 때는 ______________ 에 미리 연락을 해야 한다.

❸ 버스가 언제 도착하는지 ______________ 으로/로 알려주는 서비스가 있어서 참 편리하다.

❹ 엘리베이터가 고장이 났는지 ______________ 다가 멈추고 ______________ 다가 멈추기를 반복하고 있다.

02. 빈칸에 알맞은 말을 쓰십시오.

보기 사물인터넷 **국제 전시회 참관 안내**

일시: 10월 25일 ~ 10월 30일

- 온라인 ❶ ______________ 등록: 8월 3일 ~ 10월 27일
- 사전 등록을 하지 않으신 분은 현장에서 입장권을 구매하셔야 합니다.
- 관람객이 많을 경우 입장이 ❷ ______________ 될 수 있습니다.
- 사물인터넷 관련 제품 홍보 ❸ ______________ 을/를 미리 받고 싶으신 분은 아래 이메일로 연락 바랍니다.
- 특별 전시관에서는 신체 변화를 ❹ ______________ 을/ㄹ 수 있는 운동복, 환자복 등을 전시하고 있습니다. 전시된 옷을 입고 체험할 수도 있으니 체험을 원하시는 분은 미리 예약해 주시기 바랍니다.

주제 어휘

사물인터넷	• 인공지능	• 원격 조종	• 스마트 기기	• 첨단 기기
	• 인식하다	• 연동되다	• 조작하다	• 조절되다

01. 빈칸에 알맞은 말을 쓰십시오.

보기 ___첨단 기기는___ ~~은/는~~ 의료, 통신, 우주과학 분야에서 가장 많이 쓰인다.

❶ 인간의 뇌와 비슷한 ______________ 을/를 가진 로봇을 개발하고 있다.

❷ 환경 문제를 우리가 해결해야 할 가장 중요한 문제로 ______________ 어야/아야/여야 한다.

❸ 이 에어컨은 온도에 따라 바람의 세기가 자동으로 ______________ 는다/ㄴ다/다.

❹ 카메라 기능이 있는 안경이나 전화를 할 수 있는 시계와 같은 ______________ 이/가 있다.

02. 빈칸에 알맞은 말을 쓰십시오.

YS 홈 시스템의 특징

• 스마트폰 애플리케이션으로 **보기** ___원격 조종이___ ~~이/가~~ 가능하기 때문에 문, 가전제품, 가스레인지 등을 밖에서도 ❶ ______________ 을/ㄹ 수 있습니다.

• 사람이 있을 때와 없을 때를 구분하여 집 안의 온도가 자동으로 ❷ ______________ 습니다/ㅂ니다.

• 사람의 음성을 ❸ ______________ 을/ㄹ 수 있어서 문을 열 때 열쇠가 필요 없습니다.

• 스마트폰 애플리케이션과 집 안의 모든 기기들이 ❹ ______________ 습니다/ㅂ니다.

문법 1 -는 김에

동사에 붙어 어떤 일을 하거나 이미 일어난 상황을 이용하여 계획하지 않았던 다른 일이나 행동을 함께 할 때 쓴다.

❶ 내 빨래를 하는 김에 친구 빨래도 같이 했다.

❷ 어머니 선물을 사는 김에 아버지 선물도 샀어요.

❸ 말이 나온 김에 오늘 점심 식사는 그 식당에서 할까요?

❹ 제주도에 출장 간 김에 제주에서 사는 친구를 만났다.

01. 알맞게 연결하고 보기 와 같이 쓰십시오.

보기 통장을 만들러 은행에 갔다 ———	환전도 했어요.
❶ 슈퍼에 가다 •	• 잠깐 들렀어요.
❷ 이 근처에 왔다 •	• 친구 것도 샀어요.
❸ 부엌을 청소하다 •	• 맥주 좀 사다 줄래요?
❹ 내 교과서를 사다 •	• 화장실도 청소했어요.
❺ 가족들이 모두 모였다 •	• 가족사진을 찍는 게 어때요?

보기 통장을 만들러 은행에 간 김에 환전도 했어요.

❶ ______________________________

❷ ______________________________

❸ ______________________________

❹ ______________________________

❺ ______________________________

02. **영수는 모든 일이 귀찮아서 가족들에게 여러 가지 일을 부탁합니다. 다음을 읽고 부탁하는 말을 쓰십시오.**

보기 AM 7:00 여동생이 아빠 구두를 닦고 있을 때
영수: 영희야, 아빠 구두 닦는 김에 내 구두 좀 닦아 줄래?

❶ AM 8:00 도서관에 가는 동생 영철이에게

영수: 영철아, ______________________________

책 이름은 지금 바로 문자메시지로 보내 줄게.

❷ AM 9:00 거실 청소를 하고 계시는 엄마에게

영수: 엄마, ______________________________

제가 지금 바로 나가야 해서 방 청소할 시간이 없어요.

❸ PM 3:00 도서관에서 돌아온 동생 영철이가 라면을 끓이려고 할 때

영수: 영철아, ______________________________

다음에 라면 먹을 때는 내가 끓일게.

❹ PM 5:00 가족들과 같이 TV를 보고 있는데 어머니가 자리에서 일어나셨을 때

영수: 엄마, ______________________________

찬바람이 들어오니까 좀 춥네요.

❺ PM 8:00 누나가 운동화를 빨 때

영수: 누나, ______________________________

다음에 운동화 빨 때는 내가 누나 것도 같이 빨게.

문법 2 -으나 마나

동사에 붙어 앞에 결합되는 동사의 내용과는 상관없이 뒤의 결과는 동일함을 나타낼 때 쓴다. 앞의 동사의 행위 여부와 상관없이 확실하게 결과를 추측할 수 있을 때 쓴다.

❶ 그 약은 효과가 없어서 먹으나 마나예요.
❷ 물어보나 마나 여자 친구가 없을 거예요.
❸ 다시 실험을 해 보나 마나 같은 결과가 나올 거예요.
❹ 미선이 너는 날씬하니까 이 옷을 입어 보나 마나 잘 어울릴 거야.

01. 보기 와 같이 문장을 완성하십시오.

보기 마이클은 항상 시험을 잘 보니까 이번 시험도 물어보나 마나 잘 봤을 거예요.

❶ 날씨가 너무 더워서 선풍기를 ____________ 이에요/예요.
❷ 이 옷은 너무 작아서 ____________ 맞지 않을 거예요.
❸ 유명한 요리사가 만든 음식이니까 ____________ 맛있을 거예요.
❹ 영수 씨는 일을 꼼꼼하게 하는 사람이니까 보고서를 다시 ____________ 아무 문제가 없을 거예요.
❺ 이 근처 오피스텔은 지하철역도 가깝고 학교에서도 가까워서 부동산에 ____________ ____________ 월세가 비쌀 거예요.

02. 의심이 많은 사람은 다음과 같은 광고를 보면 뭐라고 말할까요? 보기 와 같이 문장을 쓰십시오.

보기 이 책에는 부자가 되는 특별한 비법이 있습니다!
" 그 책을 읽어 보나 마나 특별한 비법 같은 건 없을 거예요 ."

❶ 이 크림을 일주일 동안 바르면 여드름이 없어집니다!
" ____ ."

❷ 이 다이어트 식품을 먹으면 1개월 안에 5Kg 빠집니다!
" ____ ."

❸ 이 렌즈를 3개월 끼면 시력이 좋아집니다!

"____."

❹ 이 샴푸를 사용하시면 머리카락이 날 겁니다!

"____."

❺ 이 음악을 들으면 잠을 잘 자지 못하는 분도 10분 내에 잠이 옵니다!

"____."

활동

어떤 일을 하다가 같이 하면 좋을 것 같아서 한 가지 일을 더 하려고 합니다. 계획하지 않은 일도 잘 될까요? 보기 와 같이 대화를 완성하십시오.

지금 하는 일	계획하지 않은 일	예상
보기 중소기업 A사 입사 지원서를 낸다.	대기업 B사의 입사 지원서도 내면 어떨까?	경쟁률이 높아서 지원서를 내도 떨어질 것이다.
가수 '지수'에게 팬레터를 보낸다.	선물도 같이 보내면 어떨까?	그렇게 받는 선물이 너무 많아서 선물을 보내도 열어 보지도 못할 것이다.
영화배우 '우정' 씨의 사인을 받는다.	사진도 찍어 달라고 부탁하면 어떨까?	사인을 받으려는 사람이 너무 많아서 부탁해도 안 찍어 줄 것이다.

보기 가: A사 입사 지원서 쓰는 김에 B사 입사 지원서도 낼까?
나: B사는 경쟁률이 높아서 내나 마나 떨어질 거야.

04 시스템 해킹으로 인해 사이버 범죄가 끊이지 않고 있습니다

학습 목표 사이버 범죄 관련 어휘를 익혀서 활용할 수 있다.
'으로 인해', '-기에는' 표현을 익혀서 활용할 수 있다.

사회자 최근 시스템 해킹으로 인해 개인 정보 침해 사례와 같은 사이버 범죄가 끊이지 않고 있습니다. 대표적인 사이버 범죄로는 어떤 것이 있을까요?

전문가 예를 들면, 공공 기관의 컴퓨터 시스템을 공격해서 사회적 혼란을 일으키거나 개인 정보를 빼내 경제적인 이득을 취하는 경우를 들 수 있습니다.

사회자 거기에 대한 대책으로는 어떤 것이 있습니까?

전문가 그런 범죄들로부터 피해를 입지 않게 보안 프로그램을 반드시 설치한다든가 개인 정보를 입력할 때 신중히 한다든가 하는 습관을 길러야겠습니다. 그러나 이런 노력도 개인 정보를 완벽하게 보호하기에는 충분하지 않습니다. 따라서 정부 차원의 대책을 마련해야겠습니다.

새 어휘

침해	CCTV가 사생활을 침해한다는 이유로 설치를 반대하는 사람들이 있어요. 신문이나 방송이 사실을 전달하지 못한다면 국민의 알 권리가 침해 당할 것이다.
사례	이번 발표 주제는 잘못 쓰인 한국어 표현 사례에 대한 것이다. 적은 예산으로 사업을 시작해서 성공한 사례가 있으면 말씀해 주십시오.
혼란	정보가 너무 많아도 혼란이 일어날 수 있어요. 자주 바뀌는 정책 때문에 국민들의 혼란이 더 커지고 있습니다.
일으키다	전기 자동차는 환경 오염을 덜 일으킨다. 주차 문제가 이웃들 간의 갈등을 일으키고 있습니다.
이득	비싼 값에 팔아서 이득을 많이 남겼다. 가게 주인들은 너무 싸게 팔아서 이득이 없다는 말을 자주 한다.
취하다	바쁜 중에 잠깐 시간을 내서 휴식을 취하고 있어요. 여러 가지 조건 중에서 마음에 드는 것만 취하고 싶다.
대책	나이 들어서 고생하지 않으려면 젊었을 때부터 노후 대책을 세워야 한다. 작년에 발생한 사고의 피해자 문제를 해결하기 위해 정부가 대책 회의를 열었습니다.
보안	인터넷 뱅킹을 할 때는 꼭 보안 프로그램을 설치해야 합니다. 이 서류에는 우리 회사의 중요한 정보가 담겨 있기 때문에 보안이 필요하다.
마련하다	직장인이 내 집을 마련하려면 10년 넘게 걸린다고 한다. 제가 음식을 좀 마련했는데 오늘 우리 집에 와서 드셔 보세요.

01. 빈칸에 알맞은 말을 쓰십시오.

보기 전체에게 이익이 된다는 이유로 개인의 권리를 <u>침해</u> ~~해서는~~ 안 된다.

❶ 자신에게 ____________ 이/가 되는 일인데 싫다고 할 사람은 없다.

❷ 자신들의 이익만 ____________ 는/은/ㄴ 기업은 끝까지 살아남을 수 없다.

❸ 회사를 그만두는 것은 괜찮지만 그 후에 어떻게 생활할지 ____________ 을/를 세우고 나서 그만둬라.

❹ 불이 났을 때 질서를 잃고 ____________ 에 빠져서 더 많은 사망자가 발생했다.

02. 빈칸에 알맞은 말을 쓰십시오.

최근 사이버 공격은 국가 · 사회적 혼란을 **보기** <u>일으킬</u> ~~을/ㄹ~~ 정도로 심각한 수준이다. 오늘 이러한 사이버 공격에 대한 대책을 ❶ ____________ 기 위해 여러 분야의 전문가들이 한 자리에 모였다. 이 자리에서 다양한 실제 ❷ ____________ 들이 발표되었는데 결국 더 강력한 ❸ ____________ 프로그램이 필요한 것은 물론이고 개인 스스로도 자신의 정보 보호에 신경 써야 한다는 결론이었다. 더 이상 사이버 공격 때문에 개인적 · 사회적 이익을 ❹ ____________ 받는 일은 없어야 하겠다.

주제 어휘

사이버 범죄	• 개인 정보 유출	• 저작권 침해	• 무단 도용	• 전자 금융 사기
	• 불법 사이트	• 불법 다운로드	• 악성 애플리케이션	• 악성 코드 감염
	• 사이버 수사대	• IP 추적		

01. 빈칸에 알맞은 말을 쓰십시오.

보기 쇼핑몰인 줄 알고 들어갔는데 <u>불법 사이트였다</u> 이었다/였다.

❶ 영화, 드라마, 음악 같은 콘텐츠를 무료로 ________________해서 발생하는 관련 업계의 손해가 매우 심각한 수준이다.

❷ 인터넷 광고인 줄 알고 눌렀는데 ________________이/가 설치되어서 피해를 입었다.

❸ 의심되는 메일을 여는 것이 ________________의 원인이다. 이렇게 되면 나도 모르게 내 PC가 좀비 PC가 될 수 있다.

❹ 내 홈페이지에 악성 댓글을 남기는 사람이 누구인지 알아보기 위해서 ________________을/를 해 보려고 한다.

02. 빈칸에 알맞은 말을 쓰십시오.

해킹이란 타인의 컴퓨터에 침입하여 빼낸 정보를 악용하는 일을 말합니다. 해킹을 통한 사이버 침해 사례는 다양합니다. 해킹을 하여 다른 사람의 정보를 빼내는 **보기** <u>개인 정보 유출</u>, 그 정보를 이용하여 은행에서 몰래 돈을 빼내 가는 ❶ ________________, 다른 사람의 작품 정보를 빼내 ❷ ________________하여 손해를 입히는 ❸ ________________ 등이 그 예입니다. 이러한 범죄를 예방하고 조사하기 위해 경찰 ❹ ________________이/가 활발하게 활동하고 있습니다.

문법 1 으로 인해

명사에 붙어 어떤 상황이나 일에 대한 원인이나 이유를 나타내며 일반적인 대화보다는 문어체나 격식체에서 쓰인다.

❶ 잦은 염색으로 인해 머릿결이 상했다.

❷ 이번 태풍으로 인해 피해를 입은 사람들이 많다.

❸ 대부분 잘못된 식습관으로 인해 비만이 된다고 한다.

❹ 오늘 아침 교통사고로 인해 2명이 다치고 1명이 사망했다.

01. 보기 와 같이 바꾸십시오.

보기 지나친 흡연 때문에 건강을 잃는 사람이 많다.

➡ 지나친 흡연으로 인해 건강을 잃는 사람이 많다.

❶ 이번 사건은 사소한 오해 때문에 발생했다.

➡ ______________________________.

❷ 이번 사고 때문에 사랑하는 가족을 잃은 사람들이 있다.

➡ ______________________________.

❸ 작년에 비해 경제적 사정 때문에 휴학을 하는 학생이 늘었다.

➡ ______________________________.

❹ 편견 때문에 힘들어하는 사람들이 없는지 주변을 잘 살펴봐야 한다.

➡ ______________________________.

❺ 욕심 때문에 사람들 사이가 멀어지는 경우도 많다.

➡ ______________________________.

02. 보기 와 같이 대화를 완성하십시오.

보기 뉴스 진행자: 독감 환자가 늘어난 이유는 무엇입니까?
기　　　자: 갑자기 추워진 날씨로 인해 독감 환자가 늘어났습니다.

❶ 뉴스 진행자: 이번 개인 정보 유출 사건은 어떻게 해서 발생한 것입니까?
기　　　자: ______________________________.

❷ 뉴스 진행자: 최근 음반 판매량이 많이 줄어든 원인은 무엇입니까?
기　　　자: ______________________________.

❸ 뉴스 진행자: 최근 자살률이 높아지는 이유는 무엇입니까?
기　　　자: ______________________________.

❹ 뉴스 진행자: 왜 이렇게 큰 교통사고가 났습니까?
기　　　자: ______________________________.

❺ 뉴스 진행자: 요즘 정신적 피해를 입고 있는 연예인이 많다면서요?
기　　　자: ______________________________.

문법 2 -기에는

동사에 붙어 '어떠한 상황을 기준으로 할 때'의 뜻을 나타낸다.

❶ 혼자 살기에는 집이 크다.

❷ 날마다 출퇴근하기에는 직장이 너무 멀다.

❸ 친구들이 다 같이 먹기에는 양이 너무 적다.

❹ 이 옷은 나 같은 월급쟁이가 사기에는 값이 비싸다.

01. 다음 표를 보고 보기 와 같이 쓰십시오.

대상	기준	평가
보기 오피스텔	5명이 산다.	좁다.
❶ 피자 1판	10명이 먹는다.	적다.
❷ TOPIK Ⅱ 시험	1급 학생이 본다.	어렵다.
❸ 뉴스	아이가 본다.	지루하다.
❹ 초등학생	해외로 유학 보낸다.	어리다.
❺ 오늘 날씨	반팔을 입는다.	춥다.

보기 오피스텔은 5명이 살기에는 너무 좁아요.

❶ ______________________________.

❷ ______________________________.

❸ ______________________________.

❹ ______________________________.

❺ ______________________________.

02. 다음 대화를 완성하십시오.

미 선: 하숙집을 알아보러 간다더니 좋은 집을 찾았어요?

마리아: 마음에 드는 집이 있었지만 하숙비가 한 달에 50만원이래요. 50만원은 **보기** 저 같은 학생이 내기에는 좀 비싼 것 같았어요.

미 선: 다른 집은 어땠어요?

마리아: 학교까지 걸어서 30분 이상 걸린다는데 ❶ ________ 좀 먼 것 같았어요.

미 선: 참, 리리 씨가 살고 있는 하숙집이 좋다고 들었는데 거기에는 가 보셨어요?

마리아: 네, 소개 받아서 가 봤는데 그 집은 외국인만 살고 있어서 ❷ ________ ________ 좋은 환경이 아닌 것 같았어요.

미 선: 그럼 기숙사는 어때요?

마리아: 기숙사는 2명이 방을 같이 써야 한다는데 ❸ ________ ________ 방이 좁은 것 같았고요.

가: 고객님, 무엇을 도와 드릴까요?

나: 한 달 전에 인터넷으로 구두를 한 켤레 샀는데 하루 종일 서서 일하는 제가 ❹ ________ 너무 높은 것 같아서 다른 구두로 교환하고 싶습니다.

가: 그런데 고객님 죄송합니다. ❺ ________ 시간이 너무 많이 지나서 교환해 드리기가 어려울 것 같습니다.

활동 걱정거리가 있는 사람이 인터넷 게시판을 통해 상담을 하려고 합니다. 다음 표를 보고 상황에 이야기해 보십시오.

원인	결과	현실
보기 창업센터 상담실	사업 자금이 부족하다. 창업할 수 있을지 걱정이다.	준비가 부족하다. 자금뿐만 아니라 시장 조사도 더 해야겠다.
입시 상담실	수능에서 낮은 점수를 받았다. 원하는 대학에 들어갈 수 있을지 걱정이다.	성적이 부족하다. 아무래도 한 해 더 공부하는 게 좋겠다.
여성취업센터 상담실	출산과 육아 때문에 몇 년간 일하지 못했다. 지금 바로 취직할 수 있을지 걱정이다.	너무 오래 쉬었다. 몇 개월 동안 취업 교육을 받는 게 좋겠다.

보기 **가:** 선생님, 이건 그동안 창업하기 위해 제가 준비한 자료입니다. 그런데 자금 부족으로 인해 창업할 수 있을지 걱정입니다.

나: 어디 봅시다. 창업하기에는 준비가 부족하군요. 창업하려면 자금도 더 준비를 해야겠지만 시장 조사도 좀 더 해야겠습니다.

제 8 과 건강

01 슈퍼바이러스를 물리칠 수 있도록 우리 몸의 면역력을 키우는 것도 필요합니다

02 작심삼일이라더니 온갖 간식거리가 다 있네요

03 제가 우울증에 걸린 건 아닌가 걱정이 되기도 해요

04 조사에 의하면 우리 국민의 평균 수명이 80세가 넘었다고 합니다

01 슈퍼바이러스를 물리칠 수 있도록 우리 몸의 면역력을 키우는 것도 필요합니다

학습 목표 약 관련 어휘를 익혀서 활용할 수 있다.
'–다가는', '–도록[2]' 표현을 익혀서 활용할 수 있다.

기　자　최근 문제가 되고 있는 슈퍼바이러스에 대해 알아보기 위해서 한국 병원의 김영수 박사님을 모셨습니다. 김 박사님, 슈퍼바이러스가 무엇인지 좀 알려 주시겠습니까?

김 박사　일반적으로 감염 증상이 나타나면 항생제를 사용해서 치료합니다. 하지만 강력한 항생제를 많이 사용하다가 보면 항생제가 듣지 않는 바이러스가 나타나게 되지요. 이와 같이 항생제에 내성을 지닌 바이러스를 슈퍼바이러스라고 합니다.

기　자　우리나라는 항생제를 많이 쓰는 편인데 지금처럼 항생제를 계속 사용하다가는 큰일이 나겠군요. 그렇다면 항생제 남용을 피하는 것만이 최선의 방법입니까?

김 박사　네. 그렇습니다만 그것만으로는 안심할 수 없습니다. 먼저 슈퍼바이러스를 물리칠 수 있도록 우리 몸의 면역력을 키우는 것도 필요합니다.

새 어휘

일반적	영수의 행동은 일반적인 상식으로는 이해가 안 돼요. 경제 사정이 안 좋아지면 일반적으로 소비가 줄어든다.
감염	감기는 일반적으로 공기를 통해서 감염이 됩니다. 컴퓨터가 바이러스에 감염이 돼서 전원이 안 켜진다.
항생제	염증 치료에는 일반적으로 항생제가 사용됩니다. 항생제를 지나치게 사용하는 것은 건강에 해롭다.
강력하다	직원들이 임금 인상을 강력하게 요구했습니다. 환경 단체에서는 개발 중지를 강력하게 주장했다.
내성	약을 자주 먹으면 몸에 내성이 생겨 더 많은 양의 약을 먹어야 한다. 감기에 걸렸을 때마다 항생제 주사를 맞아서 항생제에 대한 내성이 생긴 사람이 많다.
남용	약물을 남용하면 건강을 해치기가 쉽습니다. 젊은이들 사이에서 외국어 남용이 점점 심각해지고 있다.
안심하다	수술이 잘 됐으니까 안심하세요. 어머니께서는 무사히 귀가한 딸을 보고 안심하셨다.
물리치다	김영수 선수는 경쟁자를 물리치고 1등을 했어요. 이순신 장군은 전쟁터에서 많은 적군을 물리치고 승리했다.
면역력	면역력이 떨어지면 질병에 잘 걸립니다. 황사가 심하게 불 때 면역력이 약한 사람은 밖에 나가지 않는 것이 좋다.

01. 빈칸에 알맞은 말을 쓰십시오.

보기 위험한 상황은 넘겼으니까 안심해도 ~~어도/아도/여도~~ 됩니다.

❶ 이 약은 효과가 ______________ 어서/아서/여서 하루에 한 알만 먹어도 된다.

❷ 같은 약을 계속 먹으면 ______________ 이/가 생겨 약이 잘 듣지 않는다.

❸ 신용카드를 ______________ 으면/면 경제적으로 큰 어려움을 겪을 수 있다.

❹ ______________ 은/는 몸속에 침입한 바이러스의 성장을 억제하거나 죽이기 위해 사용된다.

02. 빈칸에 알맞은 말을 쓰십시오.

바쁜 일상을 살아가는 현대인들은 잘못된 생활 습관, 스트레스, 과로 등으로 인해 **보기** 면역력이 ~~이/가~~ 떨어지기 쉽다. 면역력이 떨어지면 우리 몸에 침입한 바이러스를 ❶ ____________ 을/ㄹ 수 있는 힘을 잃게 된다. 따라서 면역력을 높이기 위해 다음과 같은 노력을 해야 한다. 첫째, 우리 몸의 평균 체온을 높여야 한다. ❷ ______________ 으로/로 체온이 1도만 올라가도 면역력이 5배 높아진다고 한다. 둘째, 충분한 휴식과 숙면을 취하여 스트레스를 풀고 면역력을 높여야 한다. 마지막으로 규칙적으로 식사를 하고 음식을 골고루 섭취해야 한다. 물론, 100% 바이러스에 ❸ ____________ 이/가 되지 않는 방법은 없다. 그러나 위와 같이 건강한 생활을 한다면 슈퍼바이러스의 공포로부터 조금이라도 ❹ ____________ 고 살 수 있을 것이다.

주제 어휘

약	• 소화제	• 수면제	• 진통제	• 해열제	• 지사제
	• 처방하다	• 조제하다	• 복용하다	• 오용하다	

01. 다음 사람에게는 어떤 약이 필요할까요? 증상에 맞는 약을 연결하십시오.

보기 치통 때문에 밤새도록 못 잤어요. ———	진통제
❶ 열이 심하게 나서 머리가 불덩이 같아요. •	• 소화제
❷ 소화가 안 돼서 가슴이 답답해요. •	• 해열제
❸ 수면 부족으로 고생하고 있어요. •	• 수면제
❹ 어제 친구들과 술을 마셨는데 계속 설사를 해서 밤새 화장실에 들락거렸어요. •	• 지사제

02. 빈칸에 알맞은 말을 쓰십시오.

미선: 리리야, 날마다 무슨 약을 그렇게 보기 복용하니 ~~으니/니~~?

리리: 시험이 얼마 안 남아서 그런지 요즘 뭘 먹어도 계속 배탈이 나. 그래서 지난번에 배가 아팠을 때 의사 선생님이 ❶ ____________ 어/아/여 주신 약을 먹고 있어. 그런데 이번에는 잘 안 낫는 것 같아.

미선: 뭐? 지난번에 먹다가 남은 약을 먹고 있다는 말이야? 아무 약이나 먹을 게 아니라 증상에 맞게 ❷ ____________ 는/은/ㄴ 약을 먹어야지.

리리: 괜찮아. 지난번하고 증상이 거의 비슷해. 지난번에는 설사도 했는데 이번에는 설사만 안 하고 나머지 증상은 다 똑같아.

미선: 그럼, 그 약에는 설사를 멈추게 하는 ❸ ____________ 도 들어 있을 거 아니야. 그렇게 약을 ❹ ____________ 으면/면 더 큰 병에 걸릴 수 있어. 그 약을 그만 먹고 다시 병원에 가서 처방을 받아.

문법 1 -다가는

동사에 붙어 앞 문장의 내용과 같은 이미 일어난 사실이 계속되면 뒤 문장과 같이 원하지 않는 결과를 가져오게 됨을 경고할 때 쓴다. 뒤 문장에는 바람직하지 못한 내용이 쓰이며 경계하거나 경고하는 내용이 온다. 앞 문장에 '이렇게, 그렇게, 저렇게'를 쓰면 자연스럽다.

❶ 이렇게 시간을 낭비하다가는 후회하게 될 거야.

❷ 그렇게 놀기만 하다가는 시험에 떨어질 거예요.

❸ 저렇게 교통 규칙을 어기다가는 사고가 나기 쉬워요.

❹ 건강에 신경을 안 쓰다가는 나중에 큰 병에 걸릴 지도 몰라요.

01. 알맞게 연결하고 보기 와 같이 쓰십시오.

보기 그렇게 빨리 뛰어가다 • ——— • 넘어지기 쉽다.

❶ 그렇게 할 일을 미루다 • • 다른 사람들에게 미움을 받을 것이다.

❷ 저렇게 예의 없이 행동하다 • • 문제가 생길 수 있다.

❸ 이렇게 담배를 많이 피우다 • • 실수할 수 있다.

❹ 이렇게 결석을 하다 • • 병에 걸릴 것이다.

❺ 이렇게 급하게 일을 하다 • • 성적이 떨어질 것이다.

보기 그렇게 빨리 뛰어가다가는 넘어지기 쉬워요.

❶ ______________________________.

❷ ______________________________.

❸ ______________________________.

❹ ______________________________.

❺ ______________________________.

02. 다음은 고향에 계신 엄마와 외국에서 유학 생활을 하는 리리의 전화 통화 내용입니다. 읽고 대화를 완성하십시오.

엄마: 여보세요. 리리야, 지금 집에 있니?

리리: 어? 엄마, 저 지금 버스 타고 집에 가고 있어요.

엄마: 뭐? 너 어제도 늦게 들어갔잖아. **보기** 그렇게 밤늦게 다니다가는 안 좋은 일이 생길 수 있어. 일찍 다녀.

리리: 알겠어요. 내일부터는 일찍 다닐게요.

엄마: 그런데 저녁은 먹었니?

리리: 요즘 살이 너무 많이 쪄서 저녁은 안 먹어요.

엄마: 아니, 너 얼마 전에도 다이어트하려고 굶고 다니더니 또 다이어트를 하니? 그렇게 ❶ ______________________. 그리고 공부하는 학생이 외모보다 공부에 더 신경을 써야지. 도대체 공부는 언제 할 거야? 그렇게 ❷ ______________________.

리리: 공부도 다 하고 있으니까 걱정하지 마세요.

엄마: 참, 친구는 많이 사귀었니?

리리: 아직 한국인 친구는 못 사귀었어요. 그렇지만 우리나라에서 온 친구들이 여기에도 많이 있어서 외롭지는 않아요. 우리나라 친구들하고 날마다 같이 다니거든요.

엄마: 뭐? 한국어 배우러 가서 날마다 고향 친구들만 만난다고? 그럼, 한국말은 별로 안 하고 중국말만 한다는 말이니? ❸ ______________________
______________________.

리리: 중국말만 하는 건 아니에요. 친구들과 같이 도서관에 가서 한국어 공부도 해요. 그리고 엄마, 용돈 좀 더 보내 주세요.

엄마: 뭐? 지난주에 용돈 보내줬는데 뭘 또 보내 달라고? 도대체 뭘 하는데 돈을 그렇게 많이 쓰니? ❹ ______________________.

리리: 엄마, 저한테 잔소리하시려고 날마다 전화하시는 거예요?

엄마: 이게 무슨 잔소리야? 엄마가 다 너 걱정해서 하는 말인데. 그리고 넌 내가 아무리 말해도 잘 안 듣잖아?

리리: 알았어요, 엄마. 이제 그만하세요. 그리고 저 지금 내려야 돼서 전화 끊을게요. ❺ ______________________.
그럼, 안녕히 주무세요.

문법 2 -도록²

동사나 형용사에 붙어 앞에 나오는 행위가 목적이나 이유가 되어 뒤의 결과가 나오게 말할 때 쓴다.

❶ 뒤에 앉은 사람도 들을 수 있도록 크게 말씀해 주세요.
❷ 다른 사람들도 볼 수 있도록 여기에 회의 내용을 적어 놓으세요.
❸ 그 사람이 오해하지 않도록 이야기를 잘 하는 게 좋겠어요.
❹ 음식이 상하지 않도록 냉장고에 넣어 두세요.

01. 알맞게 연결하고 보기 와 같이 쓰십시오.

보기 비행기 출발 시간에 늦지 않다	서둘러서 공항에 가세요.
❶ 음식이 모자라지 않다	포장을 잘 해 주세요.
❷ 다시는 이런 실수를 하지 않다	약도를 좀 그려 주세요.
❸ 깨지지 않다	값을 좀 내리세요.
❹ 많은 사람들이 살 수 있다	조심하세요.
❺ 친구들이 길을 잘 찾을 수 있다	넉넉하게 준비하는 게 좋겠어요.

보기 비행기 출발 시간에 늦지 않도록 서둘러서 공항에 가세요.

❶ ______________________.

❷ ______________________.

❸ ______________________.

❹ ______________________.

❺ ______________________.

02. 보기 와 같이 대화를 완성하십시오.

보기 가: 말하기 실력이 좋아지지 않아서 걱정이에요.
나: 말하기 실력이 좋아지도록 한국 친구와 언어 교환을 해 보세요.

❶ 가: 요즘 학교에 자주 지각을 해서 걱정이에요.
나: ______________________.

❷ 가: 웨이야, 그렇게 급하게 먹다가 체하겠다.
나: 네, 엄마. ______________________.

❸ 가: 요즘 약속을 자주 잊어버려.
나: ______________________.

❹ 가: 우산을 가지고 가야 될까?
나: 응. 일기 예보에서 오후부터 비가 내린다고 했어.
______________________.

❺ 가: 쇼핑하러 가면 쓸데없는 걸 많이 사게 돼.
나: ______________________.

활동 웨이의 고민을 듣고 보기 와 같이 웨이에게 조언을 해 주십시오.

웨이의 고민
보기 여자 친구와 싸워서 며칠 동안 서로 말을 안 하고 있다.
요리하기가 귀찮아서 인스턴트 음식만 먹는다.
컴퓨터 게임을 한 번 시작했다 하면 밤을 새우게 된다.

보기 가: 여자 친구와 싸워서 며칠 동안 서로 말을 안 하고 있어.
나: 그렇게 계속 말을 안 하다가는 사이가 더 멀어질 수 있어.
사이가 더 멀어지지 않도록 네가 먼저 말을 걸어 봐.

02 작심삼일이라더니 온갖 간식거리가 다 있네요

학습 목표 영양소와 건강한 식습관 관련 어휘를 익혀서 활용할 수 있다.
'-는다더니', '을 비롯하여' 표현을 익혀서 활용할 수 있다.

미선 리에 씨, 다이어트 중 아니에요? 작심삼일이라더니 빵에다가 과자에다가 온갖 간식거리가 다 있네요.

리에 저도 안 먹고 싶은데 단맛의 유혹을 뿌리칠 수가 없어요. 보고서를 쓸 때 단 것을 먹지 않으면 우울하고 좋은 아이디어도 떠오르지 않아요. 먹어도 먹어도 끝이 없어요.

미선 그게 바로 탄수화물 중독이에요. 탄수화물은 우리 몸에 없어서는 안 되는 꼭 필요한 영양소지만 지나치게 많이 섭취하면 비만을 비롯하여 당뇨병, 고혈압, 뇌졸중 등을 일으킬 수도 있어요.

리에 그렇군요. 그렇지 않아도 요즘 상체에 살이 많이 쪘어요. 집중력도 떨어지고 쉽게 피곤해지고요.

미선 건강하게 살려면 건강한 식습관을 가져야 해요. 나쁜 탄수화물 식품을 멀리하고 현미, 잡곡, 고구마 같은 것을 드세요. 그리고 몸에 좋은 단백질을 충분히 섭취하면 공복감도 줄일 수 있고 다이어트에 도움이 된다고 해요.

새 어휘

작심삼일	남편은 담배를 끊기로 결심했지만 작심삼일이었다. 새해가 되어 날마다 운동을 하겠다고 마음을 먹었는데 작심삼일이 되었어요.
유혹	예쁜 여자의 유혹에 넘어가지 않을 남자는 없다. 영수는 나쁜 친구들의 유혹에 빠져 학교를 그만두게 되었어요.
뿌리치다	가출한 아이가 집에 돌아가자는 어머니의 손을 뿌리치고 도망가 버렸어요. 어렸을 때 절에 들어간 스님은 세상의 온갖 유혹을 뿌리치고 바른 종교인의 삶을 살았다.
영양소	계란에는 영양소가 골고루 들어 있어요. 영양소를 파괴하지 않으려면 요리 시간을 줄이는 게 좋아요.
섭취하다	사람은 음식물을 섭취하여 생활에 필요한 에너지를 얻는다. 우리 몸에 필요한 영양소를 골고루 섭취해야 건강하게 살 수 있어요.
당뇨병	당뇨병 환자들은 단 음식을 먹지 않는 것이 좋다. 저희 아버지는 오랫동안 당뇨병으로 고생하셨어요.
고혈압	걷기는 고혈압에 가장 좋은 운동이다. 잘못된 식습관과 운동 부족이 고혈압을 일으킬 수 있어요.
뇌졸중	뇌졸중으로 사망하는 한국인들이 많다고 한다. 할아버지가 뇌졸중으로 쓰러지신 후에 말씀을 잘 하지 못하세요.
공복감	오늘 건강검진 때문에 아침을 안 먹었는데 공복감을 참기가 힘드네요. 다이어트를 할 때 무조건 굶기보다는 채소나 과일 같은 간단한 간식으로 공복감을 달래 주는 것이 좋다.

01. 빈칸에 알맞은 말을 쓰십시오.

보기 그 초콜릿은 너무 달콤해서 마치 악마의 유혹 같아요.

❶ 지나치게 다이어트를 하면 우리 몸에 꼭 필요한 ______________ 이/가 부족해질 수 있어요.

❷ 피부 건강을 위해서는 수분을 잘 ______________ 는/은/ㄴ 게 중요합니다.

❸ ______________ 에 걸리면 물을 자주 마시게 되고 소변도 자주 보는 데다가 체중은 감소하는 증상이 나타난다고 해요.

❹ 낮에 적게 먹으면 밤늦게 심한 ______________ 때문에 음식을 먹게 된다고 한다.

02. 빈칸에 알맞은 말을 쓰십시오.

며칠 전에 지나친 음주는 혈압을 상승시켜 **보기** 고혈압을 ~~을~~/를 일으키고 뇌혈관을 좁게 만들어 ❶ ______________ 도 일으킬 수 있다는 신문 기사를 읽었다. 나는 회식이나 친구 모임에서 늘 술을 많이 마시기 때문에 걱정이 되었다. 그렇지 않아도 요즘에 건강이 안 좋아진 것 같아서 이번 기회에 술을 끊기로 마음을 먹었다. 그런데 오늘 오랜만에 외국에서 공부를 마치고 돌아온 친구로부터 술 한잔하자는 전화가 왔다. 술 마시자는 친구의 달콤한 ❷ ______________ 을/를 강하게 ❸ ______________ 기가 힘들었다. 그래서 나가기로 약속했는데 이러다가는 어렵게 한 결심이 ❹ ______________ 이/가 될까 봐 걱정된다.

주제 어휘

영양소와 건강한 식습관	
	• 단백질 • 탄수화물 • 지방 • 비타민 • 무기질 • 가공식품 • 저염식 • 제철 음식 • 발효 식품 • 유기농 식품

01. 빈칸에 알맞은 말을 쓰십시오.

보기 우유, 해조류, 멸치 (무기질)

❶ 고기, 생선, 콩, 두부 (   )

❷ 채소, 과일 (   )

❸ 기름, 견과류 (   )

❹ 밥, 빵, 고구마, 감자, 국수 (   )

02. 빈칸에 알맞은 말을 쓰십시오.

오늘은 건강하게 살기 위한 좋은 식습관에 대해서 이야기하려고 합니다. 요즘 현대인들은 바쁜 생활로 인해 햄, 통조림, 인스턴트식품 같은 먹기 간편한 보기 가공식품을 을/를 자주 먹습니다. 그러나 건강하게 살기 위해서는 그 계절에 많이 나는 재료를 사용하여 직접 ❶ ________ 을/를 만들어 먹는 게 좋습니다. 이 때 비싸도 농약을 쓰지 않은 ❷ ________ 을/를 재료로 사용하면 더 좋겠지요. 또한 된장, 요구르트 같은 ❸ ________ 을/를 많이 섭취하는 게 좋습니다. 그리고 살이 찌지 않기 위해서는 음식에 소금을 조금만 넣어서 ❹ ________ 으로/로 만들어 먹는 게 좋습니다.

문법 1 -는다더니

동사, 형용사, 명사에 붙어 속담이나 격언처럼 잘 알려진 표현을 예로 들면서 그 말이 맞다는 것을 말할 때 쓴다. '-는다고 하더니'의 준말이다.

❶ 기다리면 때가 온다더니 드디어 좋은 기회를 잡았다.
❷ 꼬리가 길면 밟힌다더니 세 번이나 같은 방법으로 도둑질을 한 편의점 도둑이 잡혔어요.
❸ 바늘 도둑이 소 도둑 된다더니 어렸을 때부터 거짓말을 많이 하던 우리 동네 아저씨는 사기죄로 감옥에 갔다.
❹ 이심전심이라더니 너와 내가 마음이 통했구나.

01. 알맞게 연결하고 보기 와 같이 쓰십시오.

보기 단 것을 먹으면 스트레스가 풀린다 ——	초콜릿을 먹으니까 정말 기분이 좋아지네요.
❶ 요즘 아이들은 집중을 못한다 •	• 이번 겨울은 무척 따뜻하군요.
❷ 지구 온난화가 심각하다 •	• 저 집 부모들이 인사를 안 하니까 아이들도 인사를 안 하는군요.
❸ 우유를 마시면 키가 커진다 •	• 초등학생 조카가 30분 이상 공부를 못 해요.
❹ 사랑을 하면 닮는다 •	• 그 부부는 남매처럼 비슷하게 생겼어요.
❺ 윗물이 맑아야 아랫물이 맑다 •	• 어렸을 때부터 매일 우유를 1l 이상 마신 제 친구는 저보다 키가 훨씬 커요.

보기 단 것을 먹으면 스트레스가 풀린다더니 초콜릿을 먹으니까 정말 기분이 좋아지네요.

❶ ______________________________.

❷ ______________________________.

❸ ______________________________.

❹ ______________________________.

❺ ______________________________.

02. 알맞은 것을 골라 대화를 완성하십시오.

대기만성	떡 줄 놈은 생각지도 않는데 김칫국부터 마신다
부전자전	콩 심은데 콩 나고 팥 심은데 팥 난다
배보다 배꼽이 크다	호랑이도 제 말하면 온다

미선: 영수야, 민철이가 그동안 소설을 쓴다고 많이 노력하고 고생한 거 알지? **보기** 콩 심은데 콩 나고 팥 심은데 팥 난다더니 민철이가 쓴 소설이 문학잡지에서 1등으로 뽑혔대.

영수: 어, 나도 들었어. ❶ ______________________ 민철이 아버님이 유명한 작가신데 민철이도 역시 글을 잘 쓰나 봐.

미선: 맞아. 그런데 민철이 아버님은 무명작가로 오랫동안 고생하시다가 뒤늦게 사람들에게 알려지셨대.

영수: ❷ ______________________ 성공하시기까지 시간이 오래 걸렸구나. 그런데 1등상을 받았으면 상금도 많이 받았을 텐데 우리들한테 한턱내겠지? 뭐 먹자고 할까?

미선: ❸ ______________________ 네가 그렇구나. 아, 저기 ❹ ______________________ 민철이가 온다. 민철아, 정말 축하해.

민철: 고마워. 너희들이 항상 옆에서 응원해 주고 지지해 준 덕분이야.

영수: 나도 축하해. 그런데 너 상금 많이 받았지? 좋겠다.

민철: 어휴, 말도 마. ❺ ______________________ 친구들한테 한턱내느라고 받은 상금보다 돈을 더 썼어.

문법 2 을 비롯하여

명사에 붙어 '여럿 가운데서 처음으로 삼아서'의 뜻으로 '-부터 시작해서'의 의미를 가진다. 뒤에 열거되는 명사들 중 가장 대표적인 예가 나오게 되는데 '을 비롯해/비롯해서/비롯한'의 꼴로도 쓰인다.

❶ 서울에는 남산을 비롯하여 여러 산들이 있다.
❷ 소설을 비롯하여 수필, 시 등도 많이 읽겠습니다.
❸ 널뛰기는 설날을 비롯하여 단오나 추석에 즐긴다.
❹ 그 식당에는 한식을 비롯하여 일식, 중식, 양식 등 다양한 음식이 있었다.

01. 보기 와 같이 문장을 완성하십시오.

보기 이번 주말에는 서울을 비롯하여 전국에 비가 내리겠습니다.

❶ 저희 식당에 ____________________ 불고기, 갈비탕 등 다양한 메뉴가 있습니다.

❷ 백화점 1층에는 ____________________ 구두, 액세서리 등을 파는 잡화 매장이 있다.

❸ ____________________ 국회의원, 정치인들이 국가 행사에 참석했다.

❹ ____________________ 김포공항, 제주공항 등에 외국인 관광객들이 몰려오고 있다.

❺ 이번 행사에는 ____________________ 탤런트, 영화배우 등 연예인들이 많이 참석할 거예요.

02. 다음을 읽고 이야기를 완성하십시오.

사 회 자: 안녕하십니까? 비만은 단지 외모상의 문제일 뿐만 아니라 **보기** 당뇨병을 비롯하여 고혈압, 고콜레스테롤 등 각종 성인병을 일으킬 수 있는 무서운 병이라고 합니다. 그래서 오늘은 비만을 어떻게 예방하고 치료할 수 있는지에 대해서 이야기해 보려고 합니다. ❶ ________________ 영양사, 상담사, 운동 트레이너 등 다양한 전문가들이 이야기를 해 주실 건데요. 그 전에 비만으로 고생하고 계시는 분들의 이야기를 먼저 들어보도록 하겠습니다. ❷ ________________ 직장인, 가정주부 등 다양한 분들이 나와 계십니다.

대 학 생: 저는 ❸ ________________ 바나나 다이어트, 포도 다이어트 등 안 해 본 다이어트가 없는데요. 그때는 살이 빠지지만 다이어트를 안 하면 몸무게가 느는데 오히려 더 늘었어요.

직 장 인: 저는 ❹ ________________ 줄넘기, 요가, 권투 등 여러 가지 운동을 해 봤는데 건강해지기는 했지만 운동 후에 식욕이 좋아져서 잘 먹으니까 오히려 살이 더 쪘어요.

가정주부: 저는 편하게 살을 빼고 싶어서 다이어트 약을 먹었어요. 그런데 ❺ ________________ 구토, 소화 불량 등 여러 가지 문제가 나타났습니다.

활동 다음 표를 보고 들은 속담을 인용해 보기 와 같이 쓰십시오.

상황	들은 속담
보기 백화점에 가니까 옷부터 시작해서 가방, 구두 등 모든 제품들이 세일을 하고 있었다. 여러 물건들을 보니까 다 가지고 싶었다.	견물생심
대형 쇼핑몰부터 시작해서 대형 마트, 백화점 등 대기업이 운영하는 매장들의 가격 경쟁이 심하다. 그래서 작은 가게들이 큰 어려움을 겪고 있다.	고래 싸움에 새우 등 터진다
오랜만에 바닷가에 회를 먹으러 갔다. 그런데 시장에 있는 생선 가게부터 시작해서 횟집 등이 다 문을 닫았다. 나쁜 날씨 때문에 잡힌 생선이 없어서 가게들이 다 문을 닫은 것이다.	가는 날이 장날이다

보기 백화점에 가니까 옷을 비롯해서 가방, 구두 등 모든 제품들이 세일을 하고 있었다. 견물생심이라더니 여러 물건들을 보니까 다 가지고 싶었다.

03 제가 우울증에 걸린 건 아닌가 걱정이 되기도 해요

학습 목표 정신 이상 관련 어휘를 익혀서 활용할 수 있다.
'-기도 하다', '-으나' 표현을 익혀서 활용할 수 있다.

기자 요즘 스트레스로 인해 불면증에 시달리는 사람이 늘고 있는 것으로 조사됐습니다.

박민정(직장인) '내일 활동하려면 자야 돼.' 그렇게 생각하면 할수록 더 정신이 맑아져요.

이현희(취업준비생) 취업 걱정으로 머리가 복잡해지면서 불면증이 생겼어요. 그러면서 식욕도 없어지고 밖에 나가기도 싫고……. 제가 우울증에 걸린 건 아닌가 걱정이 되기도 해요.

한영철(세브란스병원 의사) 스트레스로 인해 불면증이 생기면 불면증으로 인한 스트레스가 또 따라오게 됩니다. 이런 상태를 계속 방치하면 우울증이나 불안 장애 등을 유발할 수도 있으니 빨리 치료해야 합니다.

기자 매일 아침 같은 시간에 일어나기, 햇빛 아래에서 하루 30분 이상 걷기 등은 숙면에 도움이 됩니다. 그렇지만 술은 잠이 들게는 하나 숙면에는 도움이 되지 않는다고 합니다. YBS 뉴스 김혜림입니다.

새 어휘

어휘	예문
불면증	요즘 스트레스 때문에 불면증이 심해졌어요. 밤에 잠을 이루지 못하는 불면증 환자가 해마다 늘고 있다고 한다.
시달리다	두통에 시달릴 때는 아무 일도 못하겠어요. 출퇴근할 때 만원버스에 시달려서 몸이 피곤하다.
식욕	요즘 스트레스 때문인지 식욕이 없어요. 감기가 다 나으니까 잃었던 식욕이 다시 돌아왔다.
우울증	우울증을 마음의 감기라고도 불러요. 비관적인 사람이 우울증에 걸리기 쉽다.
방치하다	음식 쓰레기를 치우지 않고 방치하면 냄새가 난다. 지금 치료하지 않고 이대로 방치하면 더 큰 병이 됩니다.
불안 장애	걱정이 너무 지나쳐서 조절이 잘 안 되면 불안 장애를 의심해 볼 수 있다. 아이를 지나치게 엄격하게 키우는 부모들에게 불안 장애가 있다는 연구 결과가 있대요.
유발하다	술과 담배는 각종 병을 유발할 수 있어요. 광고는 소비자들의 흥미를 유발해야 한다.
숙면	지금 이 시간에 커피를 마시면 숙면을 취할 수 없어요. 자기 전에 가벼운 운동을 하는 것이 숙면에 도움이 된다.

01. 빈칸에 알맞은 말을 쓰십시오.

보기 불면증이 ~~이/가~~ 있는 사람은 낮잠을 자지 않는 것이 좋다.

❶ 허리가 아픈 걸 그대로 ____________ 으면/면 통증이 더 심해질 거예요.

❷ 요즘 밤에 잠이 들면 누군가 나를 죽이려고 하는 악몽에 ____________ 어요/아요/여요.

❸ 어떤 방법으로 가르쳐야 학생들의 흥미를 ____________ 을/ㄹ 수 있을까요?

❹ 어제 무슨 꿈을 꾸었는지 하나도 생각이 나지 않을 정도로 ____________ 을/를 취했다.

02. 빈칸에 알맞은 말을 쓰십시오.

보기 우울증은 ~~은/는~~ 며칠 잠깐 기분이 나빠지고 괜찮아지는 병이 아니다. 이 병은 환자의 의지로 극복해 내기 어려운 질병이다. 가장 특징적인 증상은 자살에 대한 생각이다. 따라서 치료하지 않고 ❶ ____________ 으면/면 실제로 자살할 위험이 크다. 그 다음으로는 수면 문제를 꼽을 수 있는데 ❷ ____________ 으로/로 고생하거나 반대로 하루의 반 이상을 자는 환자도 있다. 또 ❸ ____________ 이/가 없어서 갑자기 체중이 줄거나 반대로 너무 많이 먹어서 갑자기 체중이 증가할 수도 있다. 병적으로 지나치게 걱정을 많이 하는 ❹ ____________ 과/와 구별해야 하지만 두 가지 병이 함께 나타날 수도 있다.

주제 어휘

정신 이상	•중독 •초조하다	•공포증 •불안하다	•공황 장애 •우울하다	•대인기피증 •염려하다	•외상 후 스트레스 장애 •무기력하다

01. 빈칸에 알맞은 말을 쓰십시오.

보기 여자가 혼자 여행하는 건 아무래도 좀 ___불안하___ ~~는다/ㄴ다~~/다.

❶ 하루라도 술을 마시지 않는 날이 없다면 알코올 ______________ 아니에요?

❷ 검사 결과가 좋지는 않지만 그렇다고 해서 지나치게 ______________ 을/ㄹ 필요는 없어요.

❸ 며칠 내내 해가 나지 않고 날씨가 흐리니까 기분도 ______________ 어지네요/아지네요/여지네요.

❹ 낯선 사람들하고 있을 때 긴장되는 정도가 아니라 공포감을 느낀다면 ______________ 을/를 의심해 볼 수 있다.

02. 빈칸에 알맞은 말을 쓰십시오.

지난 시간에는 의욕이 없어서 **보기** ___무기력한___ ~~는/은/ㄴ~~ 상태에 빠져 있는 우울증에 대해 말씀드렸는데요. 오늘은 불안 장애에 대해 말씀드리겠습니다.

불안 장애는 불안하고 ❶ ______________ 는/은/ㄴ 느낌을 조절하지 못하는 병이라고 할 수 있습니다. 죽을 것 같은 느낌과 함께 호흡 곤란이 오는 ❷ ______________ 도 불안 장애 중의 하나인데 연예인들 중에 이 병에 걸린 사람들이 많아서 유명해졌지요. 이 외에도 넓은 곳이나 폐쇄된 공간 또는 특정 동물을 무서워하는 ❸ ______________ 도 불안 장애입니다. 큰 사고를 겪은 후에 생기는 ❹ ______________ 을/를 전에는 불안 장애로 봤는데요, 지금은 스트레스 장애로 따로 분류하고 있습니다.

문법 1 -기도 하다

동사나 형용사, 명사에 붙어 앞말이 뜻하는 상태, 성질 등도 있음을 강조한다.

❶ 매일 세 끼를 먹는게 가끔 귀찮기도 해요.

❷ 첫 데이트라서 떨리기도 하고 기대되기도 한다.

❸ 친구가 결혼하니까 기쁘기도 하고 섭섭하기도 하다.

❹ 이 책은 아이들만이 아니라 어른들을 위한 책이기도 해요.

01. 알맞게 연결하고 보기 와 같이 쓰십시오.

보기 비싼 선물을 받아서 좋다	부담스럽다
❶ 이 영화는 웃기다	소통을 위한 공간이다
❷ 혼자 사는 게 편하다	가장 행복했던 때이다
❸ 친구가 결혼하니까 기쁘다	섭섭하다
❹ 이 방은 우리 가족의 휴식을 위한 공간이다	외롭다
❺ 고등학생 때는 내 인생에서 가장 힘들었던 때이다	슬프다

보기 비싼 선물을 받아서 좋기도 하고 부담스럽기도 해요.

❶ ______________________.

❷ ______________________.

❸ ______________________.

❹ ______________________.

❺ ______________________.

02. 다음 인터뷰를 읽고 대화를 완성하십시오.

기자: 저희 방송사에서 선생님을 '올해의 인물'로 뽑았는데요. 소감이 어떠십니까?

의사: 영광이지요. 하지만 저보다 더 훌륭하신 분들이 많은데 저를 뽑아 주셔서 좀 **보기** 부끄럽기도 합니다 ~~습니다/ㅂ니다~~.

기자: 먼저 정신과 의사 생활에 대해서 여쭤 보고 싶습니다. 어떻습니까? 힘들지 않으십니까?

의사: 물론 힘들지요. 하지만 ❶ ________________ 습니다/ㅂ니다.

기자: 정말 이 일은 보람이 없으면 할 수 없는 일인 것 같습니다. 그리고 1년 동안 저희 방송사 프로그램에 출연해서 많은 얘기를 해 주셨는데요. 방송 일은 어떠셨습니까? 어렵지 않으셨습니까?

의사: 어려웠지요. 하지만 ❷ ________________ 었습니다/았습니다/였습니다. 의사 일과는 달리 방송 일에서만 느낄 수 있는 재미가 있더군요.

기자: 네, 그렇군요. 그런데 오늘이 마지막 출연이라고 하던데요. 섭섭하지 않으신가요?

의사: 하하, 조금은 그런 것 같습니다. 하지만 제가 맡았던 일에 대한 책임을 내려놓는 거니까 마음이 ❸ ________________ 습니다/ㅂ니다.

기자: 6개월 후쯤 또 새로운 프로그램을 시작하신다고 하던데요. 그것도 이번에는 진행을 맡으신다고 들었는데 진행자 역할이 부담스럽지 않으신가요?

의사: 왜 부담스럽지 않겠습니까? 하지만 ❹ ________________ 습니다/ㅂ니다. 마치 첫 데이트를 하는 느낌이 들어요. 저는 이런 도전을 즐기는 사람인 것 같습니다.

기자: 네, 그러시군요. 마지막으로 요즘 '자살'에 대한 뉴스가 많이 나오는데 이에 대해 한 말씀 해 주시겠습니까?

의사: '자살'을 개인적인 문제로만 보는 게 우리 사회의 문제인 것 같습니다. 이것은 ❺ ________________ 거든요. 이에 대해서는 제가 다음에 맡는 프로그램에서 첫 번째 주제로 얘기할 예정입니다. 마지막 질문에 대한 대답은 그 프로그램으로 대신해도 될까요?

문법 2 -으나

동사, 형용사, 명사에 붙어 앞의 내용과 뒤의 내용이 서로 다름을 나타낸다.

❶ 학생들이 선생님의 말을 듣기는 하나 귀 기울이지는 않는다.

❷ 하고 싶은 일은 많으나 실제로 할 수 있는 일은 적다.

❸ 김영수 씨는 아주 착한 사람이나 말은 무뚝뚝하게 한다.

❹ 오늘 10시에 회의가 열릴 예정이었으나 취소되었습니다.

01. 알맞게 연결하고 보기 와 같이 쓰십시오.

보기 이상은 높다	현실은 그렇지 않다.
❶ 몸에 좋은 약은 입에는 쓰다	몸에는 좋다.
❷ 그 둘은 한 부모 밑에서 자란 형제였다	성격은 전혀 달랐다.
❸ 미선이와 나의 관계는 친구 이상의 관계이다	내일 10시로 연기되었다.
❹ 독도에 가서 동식물을 관찰하고 싶었다	바람이 심하게 불어서 가지 못했다.
❺ 오늘 10시에 상품 발표회가 예정되어 있었다	연인 관계라고 말할 수는 없다.

보기 이상은 높으나 현실은 그렇지 않다.

❶ ______________________.

❷ ______________________.

❸ ______________________.

❹ ______________________.

❺ ______________________.

02. 다음은 정신과 의사 선생님의 메모입니다. 읽고 **보기** 와 같이 문장을 완성하십시오.

이름	현재 상태
보기 조동연	• 건강 염려증. • 몸에는 문제가 없으나 몸 여기저기 아프다고 함 ~~음/ㅁ~~.
❶ 오하나	• 불면증. • 일찍 침대에 누워서 ______ 음/ㅁ.
❷ 방세희	• 대인 관계 문제. • 사람을 좋아하지만 친구가 없음. 친구를 ______ 음/ㅁ.
❸ 정재훈	• 불안증. 발표할 때 불안감 증가. • 현재 증상이 좋아짐. • 어제 회사 회의에서 발표할 때 긴장을 ______ 는다고/ㄴ다고/다고 함.
❹ 박영준	• 알코올 중독. • 현재 음주 횟수가 줄었음. • 전에는 날마다 ______ 음/ㅁ.
❺ 성연준	• 새 공포증. • 상담 종료 가능. • 처음에는 새 사진만 봐도 ______ 음/ㅁ.

활동 다음과 같은 일에는 좋은 점도 있고 문제점도 있습니다. 읽고 보기 와 같이 문장으로 쓰십시오.

	좋은 점	문제점
보기 과학 기술의 발전	생활이 편리해졌다.	이것은 자연 환경을 오염시키는 원인이 된다.
휴대 전화 사용	연락이 아주 쉬워졌다.	여기 저기 수시로 울리는 벨소리는 사람들에게 피해가 된다.
건강에 대한 관심 증가	사람들의 건강이 좋아졌다.	일부 사람들은 지나치게 건강을 염려한다.

보기 과학 기술의 발전으로 생활이 편리해졌으나 이것은 자연 환경을 오염시키는 원인이 되기도 한다.

04 조사에 의하면 우리 국민의 평균 수명이 80세가 넘었다고 합니다

학습 목표 생로병사 관련 어휘를 익혀서 활용할 수 있다.
'에 의하면', '-고 보니' 표현을 익혀서 활용할 수 있다.

사회자 건강하게 오래 산다는 뜻의 '무병장수'. 이것은 인간 모두가 바라는 소망일 것입니다. 최근 조사에 의하면 현재 우리 국민의 평균 수명이 80세가 넘었다고 하는데 이것이 우리 국민의 행복과 어떤 관계가 있을까요? 김 박사님의 말씀을 들어보겠습니다.

김 박사 수명에는 건강 수명이라는 것이 있습니다. 이것은 전체 수명에서 질병 등으로 고통 받는 기간을 제외하고 건강한 삶을 유지하는 기간을 말하는데 삶의 질에서 본다면 건강 수명이 더 중요하지요.

사회자 말씀을 듣고 보니 건강하게 오래 산다는 것이 얼마나 중요한지 실감하게 됩니다. 그런데 이렇게 단순히 수명만 연장되었을 때 예상되는 부작용으로는 어떤 것들이 있을까요?

김 박사 노년기의 질병은 우리 삶의 질을 떨어뜨릴 뿐만 아니라 생각지도 못한 목돈 지출에 대한 부담도 가중시키고 있어서 국민 행복에 걸림돌이 되고 있습니다. 그러니 건강한 노년을 위해 앞으로는 현명한 준비와 계획이 필요하다고 봅니다.

새 어휘

장수	한국에서 장수 마을로 유명한 곳은 어디예요? 기자들이 장수 노인들을 찾아가 그 비결을 물어보았다.
수명	값은 좀 비싸도 수명이 긴 제품을 찾고 있어요. 지나친 흡연으로 인해 수명이 짧아지는 수가 있다.
고통	출산의 고통은 말로 표현할 수 없을 정도예요. 기쁨은 함께 하면 배가 되고 고통은 나누면 반이 된다.
제외하다	우리 과는 한 사람만 제외하고 모두 여학생이다. 내일은 제주 지역을 제외한 전국에 비가 오겠습니다.
실감하다	콘서트장에 가득 찬 관객을 보고 한국 가수의 인기를 실감했다. 어머니가 돌아가시고 나서 어머니의 빈자리를 크게 실감했어요.
부작용	다이어트를 위해 약을 먹으면 부작용이 생길 수 있다. 텔레비전에서 성형 수술 부작용으로 고통 받는 사람들의 이야기를 봤어요.
목돈	작은 돈도 모이면 목돈이 될 수 있다. 집을 사려면 목돈이 들 테니까 지금부터라도 아껴 쓰자.
가중시키다	등록금이 올라서 학부모들의 경제적 부담을 가중시키고 있다. 입시 정책이 자주 바뀌면서 수험생들의 불안을 가중시키고 있습니다.
걸림돌이 되다	취직 시험을 볼 때마다 외국어를 잘 못하는 게 걸림돌이 된다. 두 사람이 진심으로 사랑한다면 부모님의 반대는 걸림돌이 되지 않을 거예요.

01. 빈칸에 알맞은 말을 쓰십시오.

보기 저희 매장은 주말에는 쉽니다. 주말을 ___제외한___ ~~은/ㄴ~~ 평일에 방문해 주시기 바랍니다.

❶ 한식 메뉴의 영문 이름이 다 달라서 한식의 세계화에 ______________고 있다.

❷ ___________을/를 이겨 낸 사람만이 성공할 수 있다.

❸ 국내 여행을 하면서 우리나라가 얼마나 아름다운지 ______________게 되었다.

❹ 비싼 광고료 때문에 상품 가격이 올라 소비자들의 부담만 ______________고 있다.

02. 빈칸에 알맞은 말을 쓰십시오.

소득 수준이 높아지고 의학이 발달하면서 100세 시대라고 할 수 있을 만큼 **보기** ___수명이___ ~~이/가~~ 연장된 덕분에 이제 ❶ ___________ 시대가 열렸다. 이렇게 되면서 자연스럽게 삶의 질에 대한 관심이 높아지고 있다. 그런데 노년에는 수입은 없고 지출만 발생하기 때문에 오히려 노인들의 부담만 ❷ ______________고 있다. 그러므로 미리미리 ❸ ____________ 마련을 위해 노력하지 않으면 오래 사는 것이 오히려 불행이 되는 ❹ ______________이/가 생길 수도 있다.

주제 어휘

생로병사	• 영·유아기 • 아동기 • 청소년기 • 청·장년기 • 중년기 • 노년기 • 출생 • 성장 • 노화 • 사망

01. 빈칸에 알맞은 말을 쓰십시오.

보기 자기소개서를 쓸 때 어떻게 컸는지 성장 과정을 써야 한다.

❶ 보통 0세-6세까지의 ____________에 기본적인 성격이 형성된다고 말하는 연구자들이 많다.

❷ 7세부터 13세까지 ____________ 자녀를 둔 부모를 위한 교육 프로그램을 마련하였다.

❸ 우리 지역 중고등학교에 다니는 ____________의 학생들을 대상으로 심리 검사를 실시하였다.

❹ 이 프로그램은 특히 40~50대 ____________ 여성들에게 인기가 있다.

02. 빈칸에 알맞은 말을 쓰십시오.

인간이 피할 수 없는 것은 죽음이다. 최근에는 이런 죽음을 상업적으로 바라보는 시각이 있다. 인간의 **보기** 출생 에서 시작하여 ❶ ____________을/를 거쳐 ❷ ____________할 때까지 어쩔 수 없이 의료비 등을 지출해야 한다. 수입이 없는 ❸ ____________에 대비하는 것을 적어도 30대 ❹ ____________부터 시작해야 한다고 보고 그들을 대상으로 하는 다양한 상품을 판매하고 있다.

문법 1 에 의하면

명사에 붙어 뒤 문장에서 어떤 사실을 인용하면서 인용된 내용의 주체를 밝힐 때 쓴다. 뒤에는 인용문이 온다.

❶ 선생님 말씀에 의하면 이번 시험이 어려울 거래요.

❷ 뉴스 보도에 의하면 과속이 사고 원인이었다고 해요.

❸ 일기예보에 의하면 이번 주 내내 비가 올 거라고 한다.

❹ 통계 자료에 의하면 우리나라의 인구가 계속 줄고 있다고 한다.

01. **보기** 와 같이 바꾸십시오.

> **보기** 요즘에는 아들보다 딸을 더 선호한다는 조사 결과가 있다.
> ➡ 조사 결과에 의하면 요즘에는 아들보다 딸을 더 선호한다고 한다.

❶ 다음 달에는 퇴원해도 된다고 의사 선생님이 말씀하셨다.

➡ ______________________ 다음 달에는 퇴원해도 된다고 한다.

❷ 올해 실업률이 20% 증가했다는 신문 기사가 있다.

➡ ______________________ 올해 실업률이 20% 증가했다고 한다.

❸ 두 사람이 오랜 전에 이혼했다는 소문이 있다.

➡ ______________________ 두 사람이 오래 전에 이혼했다고 한다.

❹ 두 사람이 사귄 지 1년이나 됐다고 친구가 말했다.

➡ ______________________ 두 사람이 사귄 지 1년이나 됐다고 한다.

❺ 낮잠은 기억력을 향상시킨다는 연구 결과가 있다.

➡ ______________________ 낮잠은 기억력을 향상시킨다고 한다.

02. 보기 와 같이 대화를 완성하십시오.

보기 가: 누가 그 사건의 범인이었대요?
나: 뉴스 보도에 의하면 남편이 범인이었다고 해요.

❶ 가: 취직 시험에서는 뭐가 중요하대요?
나: ______________________ 면접 시험이 제일 중요하대요.

❷ 가: 내일 여행을 가는데 날씨가 어떨지 걱정이에요.
나: ______________________ 이번 주까지는 맑을 거래요.

❸ 가: 리리 씨는 어렸을 때 어떤 아이였대요?
나: ______________________ 좀 까다로웠대요.

❹ 가: 당뇨병에 걸린 사람은 어떻게 건강 관리를 하는 게 좋대요?
나: ______________________ 적게 먹고 꾸준히 운동을 하는 게 좋대요.

❺ 가: 이번 수능 시험은 어떨 거래요?
나: ______________________ 이번 시험은 그렇게 어렵지 않을 거래요.

문법 2 -고 보니

동사에 붙어 어떠한 행위나 일이 일어나기 전에는 몰랐는데 그 일이 일어난 이후 그 결과로 뒤에 오는 내용을 새롭게 깨닫게 되었을 때 쓴다.

❶ 까맣게 잊고 있었는데 그러고 보니 오늘이 내 생일이네!

❷ 너무 다르게 생겨서 몰랐는데 알고 보니 두 사람이 형제였다.

❸ 막상 유학 생활을 시작하고 보니 생각하지 못한 어려움이 많다.

❹ 처음에는 몰랐는데 네 이야기를 듣고 보니 내가 잘못한 것 같다.

01. **보기** 와 같이 바꾸십시오.

보기 서둘러서 버스를 탔다. 그런데 잘못 탄 것을 알게 되었다.
➡ 서둘러서 버스를 탔는데 타고 보니 잘못 탔네요.

❶ 커피를 마셨다. 그런데 다시 보니 내 커피가 아니었다.

➡ ________________________________.

❷ 지하철에서 졸다가 서둘러서 내렸다. 그런데 내가 내릴 역이 아니었다.

➡ ________________________________.

❸ 홈쇼핑에서 물건을 샀다. 그런데 집에 똑같은 것이 하나 더 있었다.

➡ ________________________________.

❹ 아이를 심하게 야단쳤다. 그런데 좀 후회가 된다.

➡ ________________________________.

❺ 친구에게 농담을 했다. 그런데 실수를 한 것 같다.

➡ ________________________________.

02. 다음 대화를 완성하십시오.

동료1: 결혼 축하해요. 처음 남편을 만났을 때 그렇게 싫다고 하더니 결국 결혼까지 하셨네요.

동료2: 그러게 말이에요. 처음 남편을 만났을 때는 몰랐는데 **보기** 사귀고 보니 좋은 사람인 것 같아서 결혼까지 하게 되었어요.

동료1: 결혼해 보니까 어때요?

동료2: 아직 잘은 모르겠지만 ❶ ____________ 생각했던 것보다 좋은 점도 많아요.

동료1: 그런데 신혼집 이사는 다 끝내셨어요?

동료2: 네, 이사를 하기는 했는데 ❷ ____________ 회사에서 너무 먼 곳으로 이사한 것 같아서 좀 후회가 돼요. 집에서 회사까지 2시간이나 걸려서 아침 6시에는 집에서 나와야 해요.

동료1: 이야기를 ❸ ____________ 정말 힘들겠네요. 저도 전에는 집이 멀었는데 회사 근처로 집을 ❹ ____________ 잘 한 것 같다는 생각이 들어요. 나중에 이 근처로 집을 옮기는 게 어때요?

동료2: 네, 나중에 생각해 볼게요.

동료1: 집은 예쁘게 꾸몄어요?

동료2: ❺ ____________ 커튼 색깔이 너무 어두워서 다시 바꿔야 할 것 같아요.

활동 전에는 몰랐는데 어떤 정보를 듣고 새로운 사실을 알게 되었습니다. 다음 보기 와 같이 대화를 완성하십시오.

경험 후의 생각	정보를 준 사람	알려 준 사실
보기 병원에 입원했는데 독감 때문에 입원한 사람이 많다는 것을 알게 되었다.	의사 선생님	요즘 독감으로 입원하는 사람이 늘었다.
아이에게 너무 일찍 영어를 가르친 것 같아서 걱정이 된다.	교육 전문가	너무 일찍 영어를 가르치면 오히려 아이에게 혼란을 일으킬 수도 있다.
미선이에게 살쪘다고 농담을 했는데 후회가 된다.	옆 반 친구	내가 한 말 때문에 미선이가 상처를 받았다고 한다.

보기 가: 감기로 병원에 입원을 하셨다면서요?
나: 네, 병원에 입원하고 보니 독감 때문에 입원한 사람이 많던데요. 의사 선생님 말씀에 의하면 요즘 독감으로 입원하는 사람이 많이 늘었다고 해요.

제 9 과

환경

01 젊어서 고생은 사서도 한다고 나한테는 의미 있는 여행이었어

02 창의적이고 기발한 제품들이 어찌나 많은지 깜짝 놀랐어요

03 대책을 서둘러 마련하지 않고서는 재앙을 피할 수 없을 겁니다

04 이 습지마저 없어지면 안 되겠습니다

01 젊어서 고생은 사서도 한다고 나한테는 의미 있는 여행이었어

학습 목표 공정 여행 관련 어휘를 익혀서 활용할 수 있다.
'대로', '-는다고[1]' 표현을 익혀서 활용할 수 있다.

리에 방학 때 좀 특별한 여행을 했다면서? 어떤 여행이야?

미선 공정 여행이라고 현지인들의 생활에 도움도 주고 환경 보호에도 도움이 되는 여행이야. 교통수단을 거의 이용하지 않고 주로 걸어서 다녔어. 일회용품 사용도 최대한 줄이고. 아, 여행하다가 나무도 심었어.

리에 뭐? 나라면 그런 여행은 안 할 거 같은데. 그 동안 쌓인 스트레스와 피로를 풀거나 즐기기 위해서 가는 게 여행 아니니? 그런데 돈은 돈대로 쓰고 고생은 고생대로 하고 그게 무슨 여행이야?

미선 젊어서 고생은 사서도 한다고 나한테는 의미 있는 여행이었어. 좀 고생스럽기는 했지만 내가 쓴 돈과 시간이 현지인들한테 조금이라도 보탬이 된다고 생각하니까 뿌듯하더라. 한마디로 즐거운 불편이지.

새 어휘

공정	판사는 법에 따라 공정하게 재판을 해야 합니다. 공정 무역에서는 생산자에게 되도록 공정한 값을 지불하려고 노력한다.
현지인	그 지역을 조사하기 위해서 현지인 직원을 뽑았어요. 여기는 현지인들보다 여행객들에게 더 인기가 많은 식당입니다.
일회용품	자연 환경을 위해서 일회용품의 사용을 줄여야 합니다. 일회용품의 소비가 증가함에 따라 쓰레기의 양도 많이 늘어났다.
최대한	주어진 기회를 최대한 이용해야 합니다. 우리가 맡은 일을 실수 없이 끝내려고 최대한 노력하고 있다.
심다	할머니 댁 마당에 꽃과 나무를 많이 심었어요. 이번 식목일에도 나무를 심기 위해 많은 사람들이 산을 찾았다.
보탬	오랫동안 저금한 돈이 유학을 갈 때 큰 보탬이 되었어요. 조금이라도 부모님께 보탬을 드리려고 아르바이트를 하고 있다.
뿌듯하다	첫 월급을 탄 돈으로 어머니의 생신 선물을 사서 뿌듯했어요. 올라갈 때는 힘들어서 포기하고 싶었는데 막상 정상에 오르니까 가슴이 뿌듯했다.
한마디	선생님의 따뜻한 말 한마디가 학생들에게 큰 힘이 됩니다. 그렇게 오랫동안 함께 지냈는데 그 사람은 나한테 한마디 말도 없이 떠났다.

01. 빈칸에 알맞은 말을 쓰십시오.

보기 이 콘서트의 수익금은 교육 환경 개선에 ___보탬이___ ~~이/가~~ 될 것입니다.

❶ 여행을 하면서 __________ 들의 도움을 많이 받았어요.
❷ 어렵게 부탁을 했는데 __________ 으로/로 거절을 당했습니다.
❸ 이것은 종이컵, 나무젓가락 등의 __________ 을/를 재활용해서 만든 것입니다.
❹ 아르바이트를 하면서 힘들게 다닌 학교를 졸업할 때 가슴이 __________ 었다/았다/였다.

02. 빈칸에 알맞은 말을 쓰십시오.

가: 저 운동화 어때? 디자인이 괜찮지 않니?
나: 예쁜데. 어? 저 운동화 회사는 생산자에게 **보기** ___공정___ 한 이익을 돌려주는 기업으로 유명한데. 또 ❶ __________ 자연 환경을 보호하면서 운동화를 생산한다고 하더라.
가: 그래? 그럼, 저 운동화로 해야겠다. 마음에 드는 운동화도 사고 환경 보호에도 ❷ __________ 을/를 주고.
나: ❸ __________ 으로/로 일석이조네.
가: 좋은 일을 한다고 생각하니까 마음도 ❹ __________ 는데/은데/ㄴ데.

주제 어휘

공정 여행	• 개발하다	• 파괴하다	• 훼손하다	• 보호하다
	• 보존하다	• 규제하다	• 환경친화	• 자연친화

01. 알맞게 연결하십시오.

보기 환경을 최대한 보호하면서 이용한다. ———— 환경친화

❶ 자연과 어울리는 삶이나 행동 • • 보호하다

❷ 외부로부터 잘 막아서 지켜준다. • • 자연친화

❸ 잘 지켜서 유지한다. • • 파괴하다

❹ 때려 부수거나 깨뜨려서 망가뜨리다. • • 보존하다

02. 빈칸에 알맞은 말을 쓰십시오.

100여년이 된 한옥을 **보기** 보존하 느냐, 마느냐를 놓고 서울시와 지역 주민들이 갈등을 겪고 있다. 이는 한옥을 다른 곳으로 옮기고 아파트를 짓겠다는 주민들의 계획을 서울시에서 막고 있기 때문이다. 지금까지 주민들은 연탄을 사용하는 등 어려운 환경에서 생활해 왔기 때문에 더 이상은 ❶ ________ 는/은/ㄴ 것을 미룰 수 없다고 주장한다. 반면에 서울시는 한옥을 다른 곳으로 옮기는 것은 문화 유산을 ❷ ________ 는/은/ㄴ 것이라고 주장하고 있다. 이와 같이 보존과 개발의 문제에 놓여 있는 한옥은 서울에 10,000여 채 정도 되는데 단순히 개발을 ❸ ________ 기만 해서는 문제가 해결되지 않을 것이다. 이제는 문화 유산을 ❹ ________ 으면서/면서 주민들의 생활에도 도움을 줄 수 있는 방법을 마련해야 한다.

문법 1 대로

보통 앞에 '은/는'과 함께 쓰여서 그것과 따로따로 구별되어 다른 특성이 있음을 나타낸다.

❶ 병은 병대로 종이는 종이대로 따로 버려야 한다.

❷ 너는 너대로 나는 나대로 서로 신경 쓰지 말고 생활하자.

❸ 항상 행복해 보여도 그 사람은 그 사람대로 고민이 있어요.

❹ 배낭여행은 배낭여행대로 단체 여행은 단체 여행대로 좋은 점이 있어요.

01. 다음을 읽고 보기 와 같이 문장을 완성하십시오.

정부 "노인 인구 증가와 청년 취업률 감소 문제를 해결하려고 노력합니다."
국민 "취직하기 위해서 열심히 노력합니다."

보기 정부는 정부대로 국민은 국민대로 노력하고 있습니다.

❶ 식당 주인 "고기와 채소 등 음식 재료 값이 올라서 힘들어요."
손님 "식당 밥값이 올라서 힘들어요."

➡ ______________________ 물가가 올라서 힘들어해요.

❷ 백화점은 시설이 좋고 구경하기가 편해서 좋아요.
시장은 값도 싸고 깎을 수 있어서 좋아요.

➡ ______________________ 좋은 점이 있어요.

❸ 환자 "계속 누워서 다른 사람의 도움을 받아야 하니까 힘들어요."
환자 가족 "회사에 갔다 온 후에 병원에서 환자를 돌봐야 하니까 힘들어요."

➡ ______________________ 힘든 점이 많아요.

❹ 부모 "아이들 교육비와 생활비 때문에 고민이 많아요."
아이들 "시험, 친구 문제로 고민이 많아요."

➡ ______________________ 고민이 많아요.

❺ 마리아 "저는 농담을 잘 하고 잘 웃는 남자가 좋아요."
리에 "저는 키가 크고 양복이 잘 어울리는 남자가 좋아요."

➡ ______________________ 좋아하는 스타일이 있어요.

02. 보기 와 같이 대화를 완성하십시오.

보기 가: 화를 낼 사람은 난데 왜 리에가 더 화를 냈는지 모르겠어.
나: 리에는 리에대로 무슨 이유가 있었을 거예요.

❶ 가: 이메일이 훨씬 편리한데 아직도 편지를 보내는 사람들이 있네.
나: 이메일이 편리하기는 하지만 ______________________.

❷ 가: 영수는 잘생기지도 않았는데 정말 인기가 많다.
나: 왜? 영수가 어때서? ______________________.

❸ 가: 리에는 한국말을 잘하니까 한국 생활이 그렇게 힘들지 않을 것 같아.
나: 한국말을 잘한다고 해서 고민이 하나도 없겠니? ______________________.

❹ 가: 웨이는 걱정이 없을 것 같아. 키도 크고 얼굴도 잘 생긴 데다가 회사에서 월급도 많이 받으니까 무슨 걱정이 있겠어?
나: 겉만 보고 그 사람의 마음을 어떻게 알아? ______________________.

❺ 가: 미선아, 넌 연극을 자주 보러 다니는구나. 난 연극은 지루해서 싫던데.
나: ______________________. 괜찮은 연극이 나오면 알려 줄게. 다음에 나하고 같이 보러 가자.

문법 2 -는다고[1]

속담, 사자성어, 다른 사람의 말 등을 인용하여 하고 싶은 말을 하려고 할 때 쓴다.

❶ 다다익선이라고 친구는 많으면 많을수록 좋다.
❷ 금강산도 식후경이라고 밥부터 먹고 일을 시작합시다.
❸ 빈 수레가 요란하다고 저 사람은 전문가도 아니면서 아는 척을 하는군요.
❹ 친구 따라 강남 간다고 친구가 유학을 간다고 하니까 자기도 따라가겠다고 하네요.

01. 알맞게 연결하고 보기 와 같이 쓰십시오.

보기 이심전심	말하지 않아도 그 사람이 무슨 생각을 하는지 알 것 같아요.
❶ 유비무환	옷을 잘 차려 입으니까 정말 멋있어 보여요.
❷ 옷이 날개	급할 때를 위해서 미리 저금을 해 두어야 해요.
❸ 윗물이 맑아야 아랫물이 맑다	계속 남의 물건을 훔치더니 결국 잡혔군요.
❹ 꼬리가 길면 밟힌다	부모가 항상 규칙을 안 지키니까 그 아이들도 똑같이 하는군요.
❺ 고생 끝에 낙이 온다	조금만 더 참으면 좋은 날이 올 거예요.

보기 이심전심이라고 말하지 않아도 그 사람이 무슨 생각을 하는지 알 것 같아요.

❶ ______________________.

❷ ______________________.

❸ ______________________.

❹ ______________________.

❺ ______________________.

02. 알맞은 것을 골라 보기 와 같이 대화를 완성하십시오.

시작이 반	시간이 약	작심삼일	대기만성
배보다 배꼽이 크다		세 살 적 버릇 여든까지 간다	

보기 가: 이 화가의 그림이 요즘 아주 비싸게 팔린다면서?
나: 응, 대기만성이라고 그 화가는 50살이 넘은 후부터 사람들의 관심을 받기 시작했대.

❶ 가: ________________ 담배를 끊은 지 이틀도 안 지나서 또 담배를 피우니?
나: 좀 참아 보려고 했는데 도저히 안 되겠어. 그냥 피울래.

❷ 가: 지금 시간이 몇 시인데 아직도 자고 있니? 빨리 일어나. 이러다가 회사에 늦겠다.
나: 엄마, 저 5분만 더 잘게요.
가: 뭐? ________________ 학교 다닐 때도 항상 늦게 일어나더니 회사에 들어가서도 그러니? 어서 일어나.

❸ 가: 리에하고 처음 헤어졌을 때에는 조금 시원하기도 했는데 시간이 갈수록 리에 생각만 나고 너무 괴로워.
나: 너 여자 친구하고 헤어진 지 아직 일주일도 안 지났잖아.
________________ 시간이 좀 더 지나면 괜찮아질 거야.

❹ 가: 다음 주에 발표를 해야 해서 빨리 준비를 해야 되는데 뭘 어떻게 해야 할지 전혀 모르겠어. 그냥 다음 주에 학교에 가지 말까?
나: ________________ 먼저 무슨 이야기를 하면 좋을지 한번 생각해 봐. 그럼, 하나 둘씩 생각이 더 날거야.

❺ 가: 리에야, 네가 생일 선물로 밥을 사 줬으니까 커피는 내가 살게.
나: 고마워. 어? 근데 ________________ 커피 값이 밥값보다 훨씬 많이 나왔는데. 네 생일인데 오히려 내가 너한테 얻어먹은 게 됐다.

활동 어머니와 어머니의 친구가 되어 보기 와 같이 가족을 걱정하는 대화를 만드십시오.

	어머니가 본 가족의 행동	어머니가 가족에게 하고 싶은 말
아들 영수	보기 노력하지 않으면서 시험을 잘 보기를 바란다.	세상에 공짜는 없다.
	아버지를 닮아 운동하는 것을 싫어한다.	부전자전이다.
딸 미선	동생에게 화를 자주 낸다.	가는 말이 고와야 오는 말이 곱다.

보기 어 머 니: 시험이 내일인데 영수가 또 밖에 나갔어요. 세상에 공짜는 없다고 노력을 해야 점수가 나올 텐데 이렇게 해서 어디 시험을 볼 수 있겠어요?

어머니 친구: 너무 걱정하지 마세요. 영수는 영수대로 시험 준비를 했을 거예요. 내일 시험을 보는데 미리 공부를 했겠지요.

02 창의적이고 기발한 제품들이 어찌나 많은지 깜짝 놀랐어요

학습 목표 환경 파괴와 쓰레기 관련 어휘를 익혀서 활용할 수 있다.
'어찌나 -는지', '이며' 표현을 익혀서 활용할 수 있다.

제임스 어제 디자인 전시회에 다녀왔는데 창의적이고 기발한 제품들이 어찌나 많은지 깜짝 놀랐어요. 트럭 방수포로 만든 가방이며 폐지로 만든 구두며 다 실용적이면서도 아름다운 제품들이더군요. 그런 제품들을 업사이클링(up-cycling) 제품이라고 한대요.

미 선 업사이클링이요? 저에겐 생소한 용어인데요. 무슨 뜻이에요?

제임스 버리는 물건을 단순히 재활용하는 차원을 넘어서 디자인과 활용성을 더해 더 높은 가치를 지닌 새로운 상품으로 만드는 것을 말해요.

미 선 그러고 보니 얼마 전에 디자인 잡지에서 안 쓰는 컴퓨터와 자동차 유리를 활용해서 멋진 커피 테이블을 만든 것을 본 적이 있어요.

제임스 그런 제품들은 친환경적인 데다가 디자인도 독특해서 젊은 소비자들에게 아주 인기가 많다고 해요.

새 어휘

창의적	요즘 회사에서는 창의적으로 사고할 수 있는 인재를 원한다. 창의적인 사람들은 호기심이 많고 새로운 경험을 두려워하지 않는다고 해요.
기발하다	가전제품 박람회에 독특하고 기발한 물건이 많았다. 서울시의 주차 문제를 해결할 수 있는 기발한 아이디어가 없을까요?
방수포	쌓아 놓은 상품이 비에 젖지 않게 방수포를 덮었다. 방수포를 재활용해서 만든 가방은 물에 젖지 않아서 좋아요.
폐지	우리 옆집 할머니는 폐지를 모아 판 돈으로 생활하신다. 폐지를 재활용해 만든 쓰레기통이 디자인 대회에서 상을 받았어요.
생소하다	지난주에 배운 단어인데도 생소해 보인다. 길이 생소해서 어디가 어딘지 알 수가 없어요.
용어	전문 용어가 많은 책은 일반인들이 이해하기가 쉽지 않아요. 제대한 지 얼마 안 된 내 친구는 군대 용어를 많이 섞어서 말한다.
차원	엉뚱한 말을 하는 사람을 4차원이라고 놀려요. 박사들끼리 하는 토론을 들어 보니까 우리의 좌담회하고는 차원이 달랐다.
친환경적	요즘에 친환경적으로 설계한 아파트가 인기가 많다. 안전하고 친환경적인 전기차를 운전하고 싶어하는 사람들이 많대요.

01. 빈칸에 알맞은 말을 쓰십시오.

보기 우뇌가 발달한 사람은 창의적 인 편이라고 해요.

❶ 좋은 광고를 만들기 위해서는 실제로 광고를 기획하고 제작해 보는 경험도 중요하지만 ＿＿＿＿＿＿는/은/ㄴ 광고를 보면서 분석해 보는 것도 도움이 돼요.

❷ 신문 기사에 인용된 의학 관련 ＿＿＿＿＿＿을/를 이해하기가 어려웠어요.

❸ 캠핑을 가면 텐트 바닥에 ＿＿＿＿＿＿을/를 깔고 주무세요.

❹ 외국에 나가면 처음에는 그 나라 사람들과 언어도 안 통하고 주위 환경이 ＿＿＿＿＿＿어서/아서/여서 외로움을 느끼게 된다.

02. 빈칸에 알맞은 말을 쓰십시오.

저개발 국가에는 아직도 책상이나 의자가 없어서 바닥에 엎드려 공부를 하는 아이들이 많다고 한다. 이런 아이들을 위해서 국가적인 **보기** 차원 에서 책상을 만들어 주는 '헬프 데스크'라는 새롭고 ❶ ＿＿＿＿＿＿인 프로젝트가 시행되고 있다. 이 프로젝트에서는 상자를 포장할 때 쓰는 두꺼운 종이로 책상을 만들어 주는데 버려지는 ❷ ＿＿＿＿＿＿을/를 재활용하기 때문에 ❸ ＿＿＿＿＿＿이라고/라고 할 수 있다. 그런데 이 책상은 접으면 가방으로도 사용할 수 있다고 하니까 참 ❹ ＿＿＿＿＿＿는/은/ㄴ 물건이다. 이 '헬프 데스크' 덕분에 아이들은 편한 자세로 공부할 수 있게 되었고 책을 가방에 넣어 다닐 수 있게 되었다고 한다.

주제 어휘

환경 파괴와 쓰레기	•폐수 •폐기물 •수질 오염 •대기 오염 •토양 오염 •분리하다 •배출하다 •수거하다 •재활용하다

01. 빈칸에 알맞은 말을 쓰십시오.

보기 산업 ___폐기물을___ ~~을/를~~ 건축 재료로 재활용하여 사용하면 환경 오염을 줄일 수 있습니다.

❶ ______________ 으로/로 한꺼번에 많은 물고기가 죽었다.

❷ 계속되는 자동차 수의 증가로 ______________ 이/가 점점 심각해지고 있다.

❸ 지나친 농약 사용으로 ______________ 이/가 점점 심각해지고 있다.

❹ 공장의 ______________ 을/를 강물에 흘려보낸 공장 사장이 경찰에 잡혔다.

02. 빈칸에 알맞은 말을 쓰십시오.

아파트 관리 사무소에서 알려 드립니다.

우리 아파트에서는 월요일에 재활용 쓰레기를 **보기** ___수거해___ ~~어/아/여~~ 가니까 다른 요일에는 재활용 쓰레기를 버리시면 안 됩니다. 재활용 쓰레기를 버리실 때는 페트병, 플라스틱, 비닐류, 캔류, 종이팩, 유리로 ❶ ______________ 어서/아서/여서 ❷ ______________ 어야/아야/여야 합니다. ❸ ______________ 을/ㄹ 수 없는 물건들은 같이 버리시면 안 됩니다. 가구, 침구류 같은 대형 ❹ ______________ 을/를 버리실 때는 스티커를 사서 붙인 후 정해진 장소에 버리셔야 합니다.

문법 1 어찌나 -는지

동사, 형용사에 붙어 앞의 행위나 상태를 강조하면서 그로 인해 뒤의 결과가 나타났을 때 쓴다. 동사와 쓸 때는 '많이', '자주' 등과 같은 정도 부사와 함께 쓰인다.

❶ 친구가 어찌나 많이 우는지 아무 말도 할 수 없었어요.

❷ 어찌나 값이 비싼지 사는 사람이 한 명도 없어요.

❸ 여주인공 배우가 어찌나 예쁜지 마치 인형 같았어요.

❹ 영수가 어찌나 공부를 열심히 했는지 성적이 10점이나 올랐어요.

01. 알맞게 연결하고 보기 와 같이 쓰십시오.

보기 우리 회사는 일이 아주 많다	—	화장실에 갈 시간도 없어요.
❶ 광고 전화가 너무 자주 온다		한 문제도 못 풀었어요.
❷ 두 사람이 아주 많이 닮았다		입에서 불이 나는 줄 알았어.
❸ 시험이 너무 어렵다		귀찮아 죽겠어.
❹ 돌잔치 집에서 아주 많이 먹었다		배가 터질 것 같아요.
❺ 음식이 너무 맵다		다들 형제인 줄 알아요.

보기 우리 회사는 일이 어찌나 많은지 화장실에 갈 시간도 없어요.

❶ ______________________________.

❷ ______________________________.

❸ ______________________________.

❹ ______________________________.

❺ ______________________________.

02. 다음 글을 읽고 이야기를 완성하십시오.

흰 눈이 쌓인 겨울 산을 보고 싶어서 설악산으로 여행을 갔다. 옷을 두껍게 입고 갔지만 산을 오르는데 **보기** 날씨가 어찌나 추운지 얼어 죽을 것 같았다. ❶ ________________ 가도 가도 끝이 없는 것 같았다. 산 정상에 올랐을 때 ❷ ________________ 서 있을 수가 없었다. 하지만 ❸ ________________ 이 세상의 모습이 아닌 것만 같았다. 산에서 내려오면서 다람쥐를 봤는데 ❹ ________________ 한 번 만져 보고 싶었다. 등산을 마치고 유명한 식당에 가서 순두부를 먹었는데 ❺ ________________ 둘이 먹다가 하나가 죽어도 모를 것 같았다.

문법 2 이며

명사에 붙어 둘 이상을 나열할 때 쓴다. '이며/며'를 여러 번 겹쳐서 쓸 수도 있다.

❶ 민수 씨는 공부며 운동이며 못하는 게 없다.

❷ 지갑 안에는 운전면허증이며 주민등록증이며 다 들어 있었어요.

❸ 사무실이며 집이며 다 찾아보았지만 어디에도 휴대전화가 없었다.

❹ 저는 야채며 고기며 다 잘 먹으니까 아무 음식이나 준비하셔도 돼요.

01. 보기 와 같이 대화를 완성하십시오.

보기 가: 학교 앞 카페에 자주 가시나 봐요.
나: 네, 커피 맛이며 분위기며 다 좋아서 자주 가요.

❶ 가: 부산 국제 영화제에 사람들이 많이 왔어요?
나: 네, ______________________ 영화계 사람들이 많이 왔어요.

❷ 가: 미선 씨는 무슨 과목을 잘해요?
나: 다 잘해요. ______________________ 못하는 과목이 없어요.

❸ 가: 무슨 음악을 좋아하세요?
나: 다 좋아해요. ______________________.

❹ 가: 편의점에 가면 뭘 살 수 있어요?
나: ______________________.

❺ 가: 무슨 음식을 배달시켜 먹을 수 있어요?
나: ______________________.

02. 다음 대화를 완성하십시오.

리에: 새 집으로 이사하셨다면서요? **보기** 가구며 가전제품이며 다 새로 사실 거예요?

미선: 아니에요, 전 재활용 센터에 가서 싸게 구입할 거예요. 거기에 가면 ❶ ______________________ 없는 게 없어요.

리에: 그래요? 그런 재활용 센터는 대도시에만 있어요?

미선: 아니에요, ❷ ______________________ 어디에나 다 있어요.

리에: 그렇군요. 그럼 거기에서는 구입만 할 수 있어요?

미선: 아니에요, 중고품을 팔 수도 있어요. 저도 이사 가기 전에 ❸ ______________________ 안 쓰는 물건을 다 팔고 갔어요.

리에: 그럼 미선 씨는 옷도 거기에서 사요?

미선: 저는 벼룩시장에 가서 사요. 벼룩시장에 가면 ❹ ______________________ 없는 옷이 없어요. 가끔은 아주 좋은 옷도 살 수 있어요.

리에: 그래요? 벼룩시장은 어디에서 열려요?

미선: ❺ ______________________ 시내 여기저기에서 열려요.

활동 다음 일기를 읽고 파티 음식, 파티에 온 유명인, 파티에 온 사람들에 대해 보기 와 같이 이야기하십시오.

11월 11일 맑음

오늘 백화점 VIP 고객인 친구를 따라 '백화점 우수 고객을 위한 파티'에 갔다. 파티는 시내에 있는 고급 호텔에서 열렸다. 음식은 뷔페식이었는데 음식 종류가 너무 다양해서 깜짝 놀랐다. 한식, 중식, 양식, 일식 등 없는 음식이 없었다. 유명 여배우 전지연 씨도 봤는데 너무 예뻐서 이 세상의 사람 같지가 않았다. 눈, 코, 입 등 안 예쁜 곳이 없었다. 또 돈 많은 여자들이 너무 많아서 부러워 죽을 것 같았다. 가방, 옷, 구두 등 명품 아닌 것이 없었다.

보기

가: 어제 무슨 파티에 다녀왔다면서요? 맛있는 음식도 많이 있었어요?

나: 네, 친구를 따라서 '백화점 우수 고객을 위한 파티'에 갔어요. 호텔에서 뷔페식으로 먹었는데 음식 종류가 어찌나 많은지 깜짝 놀랐어요. 한식이며 양식이며 없는 음식이 없었어요.

03 대책을 서둘러 마련하지 않고서는 재앙을 피할 수 없을 겁니다

학습 목표 환경 오염 및 자연재해 관련 어휘를 익혀서 활용할 수 있다.
'-는 게 틀림없다', '-고서는' 표현을 익혀서 활용할 수 있다.

북극곰은 걷고 싶다

지구온난화로 삶의 터전을 잃은
북극곰을 살려 주세요

사회자 최근 지구 온난화가 지구에 미칠 부정적인 영향에 대해 우려하는 목소리를 자주 접하게 되는데요. 전문가를 모시고 말씀을 들어 보겠습니다.

연구원 현재 지구 온난화로 인한 기온 상승은 심각한 수준으로, 지난 2007년에 북극의 얼음 약 250만km^2가 사라졌다고 합니다. 이것은 남북한을 합한 면적의 11배에 가까운 수치이지요.

사회자 큰일이네요. 그렇다면 그러한 변화가 급격한 해수면 상승으로 이어질 게 틀림없는데 계속 이런 식으로 가다가는 지구 전체가 물속에 잠기는 거 아닙니까?

연구원 최악의 상황을 가정한다면 그럴 수도 있겠지요. 2040년 여름쯤에는 북극해에서 얼음을 볼 수 없을지도 모른다고 하니까요. 지구 온난화에 대한 대책을 서둘러 마련하지 않고서는 미래에 닥칠 재앙을 피할 수 없을 겁니다.

새 어휘

우려하다	시민들은 이번 세금 인상에 대해 상당히 우려하고 있습니다. 물가 상승을 우려하여 정부는 올해 공공요금을 인상하지 않기로 했다.
접하다	부산은 도시의 3분의 1이 바다와 접해 있는 우리나라의 대표적 해양 도시이다. 저는 해외여행을 하는 동안에도 인터넷 뉴스로 우리나라의 소식을 접할 수 있었어요.
면적	우리나라는 면적에 비해 인구 수가 많은 편이에요. 환경 오염으로 사막의 면적이 점점 넓어지고 있다.
급격하다	현대 사회는 급격히 변화하고 있다. 최근의 급격한 사회적, 경제적 발전은 우리들의 생활에 많은 영향을 주고 있습니다.
해수면	해수면에 떠다니는 쓰레기를 치우는 작업이 시작되었습니다. 19세기 말부터 현재까지 해수면이 약 20cm쯤 상승했다고 한다.
잠기다	비가 많이 오는 바람에 길이 모두 물에 잠겼다. 나는 생각에 잠겨 있다가 어머니가 부르는 소리를 전혀 듣지 못했어요.
가정하다	최악의 상황을 가정하고 해결책을 세워야 한다. 만일 하늘에 태양이 없다고 가정한다면 지구는 어떤 모습일까요?
닥치다	시험이 코앞에 닥쳤다. 어떤 어려움이 닥쳐도 우리는 이겨 낼 수 있을 거예요.
재앙	전통적으로 빨간색에는 재앙을 막아 준다는 의미가 담겨 있다. 그 지역에는 지진, 홍수 등 여러 재앙이 끊이지 않고 있습니다.

01. 빈칸에 알맞은 말을 쓰십시오.

보기 만일 공기가 없다고 <u>가정해</u> ~~어/아/여~~ 봅시다.

❶ 지금은 못 할 것 같은 일도 눈앞에 ___________으면/면 할 수 있다.

❷ 밤새 내린 비에 다리가 물에 ___________었다/았다/였다.

❸ 기름값이 빠르게 오름에 따라 물가도 ___________게 올랐다.

❹ 낯선 문화를 ___________어/아/여 보는 것도 좋은 경험이 될 것이다.

02. 빈칸에 알맞은 말을 쓰십시오.

지금까지는 기후 변화가 인간의 생애 주기에 비해서 훨씬 천천히 진행되었기 때문에 그다지 큰 관심을 끌지 못했지만 최근 온난화 속도가 **보기** <u>급격하</u> 게 빨라지면서 기후 변화에 대한 관심이 커지고 있다. 지난 한 세기 동안 바닷물의 온도는 지구 표면의 평균 온도보다 5배나 빠르게 올라갔고 ❶ ___________은/는 평균 10~20cm가 높아졌다. 그 결과 섬과 지대가 낮은 국가들이 물에 ❷ ___________어서/아서/여서 그 국토 ❸ ___________이/가 점점 줄어들고 있다. 앞으로 이러한 변화가 계속 된다면 틀림없이 인간에게 큰 ❹ ___________이/가 될 것이다.

주제 어휘

환경 오염 및 자연재해	
	• 오존층 파괴 • 온실 효과 • 이상 기후 • 미세 먼지 • 산성비 • 지진이 나다 • 홍수가 나다 • 가뭄이 들다 • 해일이 일어나다 • 화산이 폭발하다

01. 알맞게 연결하십시오.

보기 땅 속의 가스가 땅 위로 터져 나오다 ———— 화산이 폭발하다

❶ 비가 많이 와서 강물 등이 갑자기 많이 늘어나다 • • 홍수가 나다

❷ 땅이 갑자기 흔들리며 움직이다 • • 가뭄이 들다

❸ 오랫동안 계속하여 비가 오지 않다 • • 지진이 나다

❹ 바닷물이 갑자기 크게 일어나 육지로 넘쳐 들어오다 • • 해일이 일어나다

02. 빈칸에 알맞은 단어를 넣으십시오.

냉장고나 에어컨 등에 들어 있는 프레온 가스는 보기 오존층 파괴 의 원인이 된다. 이렇게 되면 우리는 햇빛을 직접 받게 되어 아주 심각한 눈병이나 피부병에 걸릴 수도 있다. 이런 오염 물질이 수증기와 섞여 비가 되어 내리면 ❶ ________ 이/가 되는데 이 비를 맞으면 우리의 머리카락이 빠지고 건물이 약해질 수도 있다.

이렇게 다양한 오염 물질이 지구를 온실처럼 감싸서 온도가 필요 이상으로 올라가기 때문에 ❷ ________ 이/가 나타나게 되는데 이렇게 해서 발생하는 날씨의 이상 현상을 ❸ ________ 이라고/라고 말한다. 봄철에는 건강에 해를 끼치는 아주 작은 물질이 ❹ ________ 이/가 되어 황사와 함께 우리나라에 다량으로 전달되기도 한다.

문법 1 -는 게 틀림없다

명사, 형용사, 동사에 붙어 '-인 것이 분명하다', '틀림없이 그렇다'의 의미로 쓰인다.

❶ 쉬는 시간마다 교실에 찾아오는 걸 보면 너를 좋아하는 게 틀림없어.

❷ 물어봐도 대답을 안 하는 걸 보면 검사 결과가 나쁜 게 틀림없다.

❸ 교복을 입고 있는 걸 보니 학생인 게 틀림없다.

❹ 표정이 어두운 걸 보니 무슨 일이 생긴 게 틀림없다.

01. 알맞게 연결하고 보기 와 같이 쓰십시오.

보기 손님이 많다	음식이 맛있다
❶ 이 학원은 학생이 많다	잘 가르치다
❷ 친구가 많다	시험에 나올 것이다
❸ 서로 말을 안 한다	싸웠다
❹ 선생님이 중요하다고 계속 말씀하신다	무슨 일이 생겼다
❺ 전화를 계속 안 받는다	성격이 좋다

보기 손님이 많은 걸 보면 음식이 맛있는 게 틀림없다.

❶ ______________________.

❷ ______________________.

❸ ______________________.

❹ ______________________.

❺ ______________________.

02. 다음을 읽고 대화를 완성하십시오.

집에 돌아와 보니 대문이 열려 있고 옷장 문도 열려 있다. 분명히 도둑이 들어온 것이다. 또 창문이 열려 있는 걸 보니 분명히 창문으로 들어온 것이다. 방바닥에 나 있는 발자국이 큰 걸로 봐서는 남자라는 생각이 든다. 없어진 물건이 있는지 살펴봤는데 비싼 물건만 골라서 가져간 걸 보니 경험이 많은 것이다. 꼭 경찰서에 신고해야겠다. 신고하지 않으면 또 범행을 저지를 것이기 때문이다. 경찰에서 CCTV만 확인하면 금방 잡힐 것이다.

리리: 무슨 일이 있어요?

웨이: 대문하고 방문이 활짝 열려 있잖아요. **보기** 도둑이 들어온 게 틀림없어요 ~~어요/아요/여요~~. 창문이 열려 있는 걸 보니 ❶ ____________________ 어요/아요/여요. 발자국도 큰 걸 보면 ❷ ____________________ 고요.

리리: 없어진 건 없어요?

웨이: 잠깐만요. 살펴보니까 비싼 물건만 골라서 가지고 간 걸 보니 이 사람이 ❸ ____________________ 어요/아요/여요.

리리: 빨리 경찰에 신고하세요.

웨이: 네, 그럴게요. 신고하지 않으면 ❹ ____________________ 으니까요/니까요.

리리: 도둑이 잡힐까요?

웨이: 경찰에서 CCTV만 확인하면 곧 ❺ ____________________ 어요/아요/여요.

문법 2 -고서는

동사에 붙어 '행위가 끝난 후 그리고서는'의 뜻으로 앞 문장과 뒤 문장의 행위 사이에는 시간적 선후 관계가 있다. 또한 '앞 문장의 상태를 유지한 그대로'의 의미를 나타낸다.

❶ 신발을 신고서는 방에 들어갈 수 없습니다.

❷ 커피를 들고서는 공연장에 들어갈 수 없어요.

❸ 한국어를 모르고서는 한국 회사에 들어가기가 힘들다.

❹ 불면증 때문에 수면제를 먹지 않고서는 잠을 잘 수 없다.

01. 보기 와 같이 바꾸십시오.

보기 높은 신발을 신으면 등산을 할 수 없다.
➡ 높은 신발을 신고서는 등산을 할 수 없다.

❶ 그 유적지는 반바지를 입으면 입장할 수 없다.
➡ ______________________________.

❷ 1년 이상 사귀지 않으면 그 사람을 제대로 알 수 없다.
➡ ______________________________.

❸ 가계부를 쓰지 않으면 돈을 절약하기가 어렵다.
➡ ______________________________.

❹ 내비게이션을 켜지 않으면 길을 찾아갈 수가 없다.
➡ ______________________________.

❺ 동아리 활동을 하지 않으면 재미있는 대학 생활을 하기가 어렵다.
➡ ______________________________.

02. 궁금한 것을 문의하는 손님과 공항 직원의 대화입니다. 여러분이 공항 직원이 되어 다음 대화를 완성하십시오.

출국 안내 시 주의사항

보기 출발 2시간 전에는 공항에 도착해야 비행기 탑승 시간 전에 출국 심사를 마칠 수 있다.

1. 적어도 출발 1시간 전까지 탑승 수속을 끝내야 한다.
2. 출국 심사를 받을 때는 선글라스를 벗어야 한다.
3. 비행기 탑승 시 100ml 이상의 화장품을 휴대할 수 없다.
4. 칼이나 가위 등도 휴대하고 탑승할 수 없다.
5. 면세점 이용을 위해서는 반드시 여권을 소지해야 한다.

보기 손　　님: 얼마나 일찍 공항에 도착해야 하나요?
공항직원: 2시간 전까지 공항에 도착하지 않고서는 출국 심사를 마칠 수 없습니다.

❶ 손님: 아침에 일이 있어서 좀 늦게 도착할 것 같은데 큰일이네요.
직원: ______________________________.

❷ 손님: 눈병에 걸렸는데요. 출국 심사 때 선글라스를 쓰면 안 되나요?
직원: ______________________________.

❸ 손님: 화장품이 좀 많은데 가지고 타도 되나요?
직원: ______________________________.

❹ 손님: 미용 가위나 칼도 가지고 탈 수 없나요?
직원: ______________________________.

❺ 손님: 여행사에서 출국 수속이 끝나면 여권을 맡기라고 하던데 여권이 없어도 면세점을 이용할 수 있나요?
직원: ______________________________.

활동 수미 씨가 준비하지 못한 것이 있어서 리리 씨와 이야기를 나누고 있습니다. 이런 고민에 대해 직원은 어떤 대답을 할까요? 대화를 완성하십시오.

상황	직원의 대답
보기 미리 허락을 받지 않았기 때문에 게시판에 광고물을 못 붙이게 할 것이다.	"미리 허락을 받지 않으면 광고물을 붙이실 수 없습니다."
명절에 고향에 돌아갈 기차표를 못 샀는데 이미 표가 매진되었을 것이다.	"아침 일찍부터 줄을 서지 않으면 표를 사실 수가 없습니다."
할인 쿠폰을 집에 놓고 왔다. 할인을 못 받을 것이다.	"할인 쿠폰을 소지하지 않으면 할인을 받으실 수 없습니다."

보기 **수미**: 미리 허락을 받지 않았는데 게시판에 광고물을 붙일 수 있을까?
리리: 못 붙이게 할 게 틀림없어. 그래도 혹시 모르니까 한 번 물어보자.
(직원에게)
실례지만, 이 광고물을 게시판에 붙여도 될까요?
직원: 안됩니다. 미리 허락을 받지 않고서는 게시판에 광고물을 붙일 수 없습니다.

04 이 습지마저 없어지면 안 되겠습니다

학습 목표 생태 및 지형 관련 어휘를 익혀서 활용할 수 있다.
'마저', '-으며' 표현을 익혀서 활용할 수 있다.

사회자 인간과 자연의 공존을 위해 습지가 잘 보전돼야 한다는 얘기를 많이 들으셨을 겁니다. 오늘은 김영진 교수님을 모시고 서울의 습지를 소개해 드리도록 하겠습니다.

김 교수 현재 서울에는 개발로 인해 습지가 많이 없어지고 몇 개 정도밖에 남지 않았습니다. 이 습지는 그 중의 하나인데 그래도 생태계가 잘 보전되어 있어서 도심에서는 보기 힘든 동식물이 쉽게 발견됩니다.

사회자 정말 생태계가 잘 보전되어 있네요. 서울에 습지가 몇 개밖에 없다고 하니까 이마저 없어지면 안 되겠는데요. 그리고 습지가 환경에 미치는 영향이 크다고 하던데 어떤 영향을 주는지 말씀해 주시겠습니까?

김 교수 습지는 물과 공기를 정화하고 여름에는 땅의 열을 식히며 비가 많이 올 때는 물을 저장해서 홍수를 막아 주는 역할도 합니다.

사회자 습지가 생태계 보전뿐만 아니라 이런 다양한 역할을 한다니 놀랍네요. 이런 습지를 보전하기 위해서 우리가 노력을 게을리하면 안 되겠습니다.

새 어휘

공존	세계 평화와 공존의 시대가 열리기를 바란다. 북촌에 가면 고전과 현대가 공존하고 있는 느낌이 들어요.
습지	강변에는 습지가 발달하게 마련이다. 습지는 1년 중 일정 기간 동안 물에 잠겨 있는 곳을 말해요.
생태계	이번 기름 유출 사고로 생태계가 많이 파괴되었다고 해요. 자연을 개발의 대상으로만 생각하면 생태계를 잘 보전할 수 없다.
도심	도심은 늘 교통이 복잡하다. 시골에서 살던 사람은 도심 속의 생활에 잘 적응하지 못할 거예요.
정화하다	식물은 오염된 공기를 정화하는 작용을 한다. 가끔 자연 속에서 몸과 마음을 정화해야 해요.
식히다	국이 뜨거우니까 조금 식혀서 드세요. 한낮에 쏟아진 소나기가 더위를 식혀 주었다.
게을리하다	학생은 공부를 게을리하면 안 된다. 일을 그렇게 게을리하다가는 오늘 안에 일을 끝내지 못할 거예요.

01. 빈칸에 알맞은 말을 쓰십시오.

보기 서울 __도심__ 에 이렇게 경치 좋은 곳이 있을 거라고는 생각하지 못했어요.

❶ 시원한 맥주 한 잔 마시면서 더위 좀 ________자.

❷ 요즘 운동을 ________었더니/았더니/였더니 살이 좀 쪘다.

❸ 이번 사진 전시회의 주제는 도시와 자연의 ________입니다.

❹ 이 공원은 ________을/를 중심으로 만들어진 공원이어서 자연 학습을 위해 찾아오는 초등학생들로 늘 붐빈다.

02. 빈칸에 알맞은 말을 쓰십시오.

저희 자연 교육원에서는 교육원 뒤에 있는 논을 이용해서 **보기** __습지를__ 을/를 만드는 프로젝트를 진행합니다. 자연을 배울 수 있는 좋은 야외 학습장을 만들어서 인간과 자연의 ❶ ________이/가 어떻게 이루어지는지 청소년들이 직접 체험할 수 있는 다양한 프로그램을 준비하고 있으니 참여를 원하는 학생이나 단체는 5월 1일부터 신청해 주시기 바랍니다.

· 교육 내용 ·

1. 습지가 만들어지는 과정 중에 어떻게 식물과 생물이 생겨서 ❷ ________이/가 형성되는지 학생들이 직접 관찰할 수 있습니다.
2. 비가 많이 올 때는 습지가 얼마나 물을 저장하는지 관찰할 수 있습니다.
3. 뜨거운 여름날에는 습지가 얼마나 땅의 열을 ❸ ________어/아/여 주는지 확인할 수 있습니다.
4. 습지가 어떻게 오염 물질을 ❹ ________는지/은지/ㄴ지 직접 실험할 수 있습니다.

주제 어휘

생태 및 지형					
	• 사막	• 해안	• 계곡	• 반도	• 대륙
	• 서식하다	• 진화하다	• 적응하다	• 멸종하다	

01. 다음 문장을 읽고 관계있는 말을 쓰십시오.

보기 바다와 육지가 만나는 부분이에요. (해안)

❶ 아주 아주 넓은 땅으로 세계에 7개가 있어요. ( )

❷ 산과 산 사이로 그 사이에는 보통 물이 흘러요. ( )

❸ 섬은 아니고 세 면이 바다로 둘러싸여 있어요. ( )

❹ 모래가 끝없이 펼쳐져 있고 한낮에는 햇빛이 아주 뜨거워요. ( )

02. 빈칸에 알맞은 말을 쓰십시오.

생물은 살아남기 위해 잠시도 멈추지 않고 환경에 **보기** 적응하려고 ~~으려고/려고~~ 노력한다. 그리고 이렇게 오랜 시간 노력하다가 보면 생물의 몸은 환경의 변화에 따라 ❶ ________ 게 된다. 그러나 환경 적응에 실패하면 ❷ ________ 게 된다.

한국에는 고양이와 비슷하게 생긴 '살쾡이'라는 동물이 있는데 이 동물도 점점 사라지고 있는 동물 중의 하나이다. 그런데 얼마 전 어느 관광객이 새벽 일출을 구경하려고 서해안을 찾았는데 생선을 먹기 위해 나타난 살쾡이를 발견했다고 한다. 멸종 위기에 있는 살쾡이가 바닷가에서 ❸ ________ 고 있음을 확인한 것은 반가운 일이나 주로 산 속의 ❹ ________ 에서 사는 살쾡이가 먹이를 찾으러 바다까지 내려온 것은 안타까운 일이다.

문법 1 마저

명사에 붙어 이미 어떤 것이 포함되고 그 위에 더함의 뜻을 나타내거나 하나 남은 마지막임을 나타낸다.

❶ 마지막 남은 희망마저 사라졌다.

❷ 믿었던 친구마저 나의 부탁을 거절했다.

❸ 영수와 나는 서로 바빠서 만나지 못하다가 소식마저 끊기고 말았다.

❹ 우리 아이는 우는 모습마저 귀엽다.

01. 보기 와 같이 쓰십시오.

보기 막내딸도 결혼하면 이제 아내와 나만 남는다.
➡ 막내딸마저 결혼하면 이제 아내와 나만 남는다.

❶ 그 배우는 그림자도 멋있다.

➡ ______________________.

❷ 아버지는 물론 어머니도 내 유학을 반대해서 섭섭했다.

➡ ______________________.

❸ 어머니께서 돌아가신 지 1년 만에 아버지도 돌아가셨다.

➡ ______________________.

❹ 학생들 대부분이 그 문제를 틀릴 거라고 예상했지만 우리 반 1등도 틀릴 거라고는 예상하지 못했다.

➡ ______________________
______________________.

❺ 30년 만에 만난 쌍둥이 자매는 머리 모양, 취미 등 많은 것이 같았는데 놀랍게도 남편의 직업도 같았다.

➡ ______________________
______________________.

02. 다음을 읽고 이야기를 완성하십시오.

첫 번째 이야기

오늘은 내 생일이었다. 아침에 일어나서 엄마가 끓여 주시는 미역국을 먹고 가족들의 축하를 받을 거라 생각했는데……. 다른 가족들뿐만 아니라 **보기** 엄마마저 내 생일을 잊어버리셨다.

대신 저녁에 친구들을 만나서 저녁이라도 먹으려고 했는데 전화하는 친구들마다 모두 약속이 있다고 했다. 내 제일 친한 친구 영수는 내 생일을 기억하고 있을 거라고 기대했는데……. ❶ ______________ 오늘 만날 수 없다고 해서 너무 실망스러웠다.

할 수 없이 친구들과 저녁도 먹지 못하고 집에 돌아왔는데……. 우리 집 강아지라도 나를 반가워해줄 거라 기대했지만 ❷ ______________ 나를 반가워해 주지 않았다.

두 번째 이야기

여자 친구를 처음 만나서 사랑에 빠졌을 때 그녀의 모든 모습이 사랑스러웠다. 웃는 모습, 밥 먹는 모습, 음악을 듣는 모습 등등. 처음에 데이트할 때는 ❸ ______________ 사랑스러워서 일부러 여자 친구를 화나게 만들곤 했다.

하지만 직장 때문에 여자 친구가 지방으로 내려가게 되면서 우리 사이는 점점 멀어졌다. 자주 만나지 못하는 생활을 계속 하다가 결국 여자 친구는 내 ❹ ______________ 잊어버리고 말았다. 생일날 여자 친구의 연락을 기다리다가 쓸쓸하게 술만 마셨던 그 날은 정말 다시는 기억하고 싶지 않다.

누가 헤어지자는 말도 없이 우리는 만나지 않게 되었는데 어느 날 우연히 어느 남자의 팔짱을 끼고 활짝 웃으면서 길을 걸어가는 그녀를 봤다. 그 순간 나는 그녀와 행복했던 모든 추억들이 떠올랐고, 바로 그때 그녀와 행복했던 모든 ❺ ______________ 지워야 할 때가 왔다는 것을 알게 됐다.

문법 2 -으며

동사나 형용사, 명사에 붙어 두 가지 이상의 동작이나 상태를 동등하게 나열함을 나타낸다.

❶ 면접시험은 10시부터 시작되며 결과는 다음 주 중에 발표될 예정입니다.

❷ 최근에 작고 가벼우며 접을 수도 있는 소형 자전거가 나왔다고 한다.

❸ 과거는 가정하는 것이 아니고 미래는 확신하는 것이 아니며 현재는 고민하는 것이 아니다.

❹ 세미나에 누가 참석했으며 몇 명이 참석했는지 확인해서 알려 주시기 바랍니다.

01. 알맞게 연결하고 보기 와 같이 쓰십시오.

보기 그 학생은 어휘력이 풍부한 편이다	발음도 정확한 편이다.
❶ 텔레비전은 아이들의 사고력을 떨어뜨리다	늦게 출발한 사람이 꼭 지는 것도 아니다.
❷ 인생에서 일찍 출발한 사람이 꼭 이기는 것도 아니다	조사 방법은 전화로 진행되었다.
❸ 케냐에는 경치가 아름다운 국립공원이 있다	가족들과의 대화 시간을 빼앗는다.
❹ 이번 조사는 20대 남녀 100명을 대상으로 실시되었다	그 다음으로 많이 쓰는 언어는 스페인어이다.
❺ 중국어가 세계에서 가장 많은 사람들이 사용하는 언어이다	사자나 코끼리 같은 동물들도 볼 수 있다.

보기 그 학생은 어휘력이 풍부한 편이며 발음도 정확한 편이다.

❶ ______________________________.

❷ ______________________________.

❸ ______________________________.

❹ ______________________________.

❺ ______________________________.

02. 표를 보고 다음을 소개하는 문장을 완성하십시오.

소개 대상	소개 내용
보기 우리 학교 도서관	두 개의 건물로 지어졌다. 150만 권 정도의 책이 있다.
우리 학교 한국어 프로그램	1년 과정이다. 한 학기는 일주일에 30시간씩 총 210시간이다.
한국어 교과서	10과로 이루어져 있다. 한 과가 끝날 때마다 연습 문제가 있다.
우리 학교 축제	사흘 동안 진행될 예정이다. 체육대회와 가요제 등 다양한 행사가 마련되어 있다.
다큐멘터리	수요일에 편성되었다. 한 회당 60분씩 방송될 예정이다.
영화	한국과 중국이 공동으로 제작했다. 제작비는 100억이 들었다.

보기 우리 학교 도서관은 두 개의 건물로 지어졌으며 150만 권의 책이 있다.

❶ 우리 학교 한국어 프로그램은 ______________________________

______________________________.

❷ 이 한국어 교과서는 ______________________________

______________________________.

❸ 우리 학교 축제는 ______________________________

______________________________.

❹ 이 다큐멘터리는 ______________________________

______________________________.

❺ 이 영화는 ______________________________

______________________________.

활동 다음과 같은 상황에 대해서 보기 와 같이 쓰십시오.

상황	구체적인 예	
보기 치매에 걸린 아버지는 가족들의 이름을 잊어버리기 시작하셨다.	처음에	우리 형제들의 이름을 잊어버리셨다.
	그 다음에	어머니의 이름을 잊어버리셨다.
	마지막에	당신 이름을 잊어버리셨다.
아버지 사업이 어려워지니까 어머니는 생활비를 마련하기 위해 보석을 팔기 시작하셨다.	처음에	우리 돌잔치 때 받았던 금반지를 파셨다.
	그 다음에	아버지께 선물로 받은 보석을 파셨다.
	마지막에	결혼반지를 팔아 버리셨다.
내 친구는 화가 나면 물건을 정리하는 습관이 있다. 오늘은 정말 화가 나는 일이 있었나 보다.	처음에	책을 크기에 따라 정리했다.
	그 다음에	옷을 종류에 따라 정리했다.
	마지막에	음료수를 크기에 따라 정리했다.

보기 치매에 걸린 아버지는 가족들의 이름을 잊어버리기 시작하셨다. 처음에는 우리 형제들의 이름을 잊어버리셨고 그 다음에는 어머니의 이름을 잊어버리셨으며 마지막에는 당신 이름마저 잊어버리셨다.

제 10 과 직업

01 적성을 고려해서 직장을 신중하게 선택할걸 그랬어

02 저는 신입 사원 모집에 지원하고자 몇 해 전부터 취업 준비를 해 온 대학생입니다

03 연봉도 연봉이지만 기업 문화 때문에 이직을 많이 하는 것 같아

04 앞으로 다양한 정보를 참고해 가면서 미래를 준비하세요

01 적성을 고려해서 직장을 신중하게 선택할걸 그랬어

학습 목표 일에 대한 가치관 관련 어휘를 익혀서 활용할 수 있다.
'-으라고', '-을걸 그랬다' 표현을 익혀서 활용할 수 있다.

선배 증명사진 찍은 걸 보니 어디 지원서라도 내는 모양이지? 합격하라고 찹쌀떡이라도 사줘야겠구나.

후배 요즘 취업하기도 힘들잖아요. 그래서 여기저기 입사원서를 내고 있는데 만만하지 않네요. 아무 데라도 좋으니 합격만 했으면 좋겠어요.

선배 나도 조급한 마음에 적성을 고려하지 않고 아무 데나 입사했더니 관심도 없고 재미도 없어서 일 할 맛이 안 나. 좀 더 신중하게 선택할걸 그랬어.

후배 저도 어디든지 합격만 하면 입사할 생각이었는데 선배 말을 듣고 보니 제가 원하는 일이 뭔지 좀 더 생각해 봐야겠어요.

선배 현실도 무시할 수는 없지만 현실과 타협해서 단지 돈벌이만을 위해서 일을 한다면 결코 행복해질 수 없을 거야. 자신이 하는 일에서 의미를 찾고 스스로 만족할 수 있는 직업을 찾아야 하지 않을까?

새 어휘

증명사진	주민등록증을 만들려면 증명사진이 필요해요. 영수는 이력서에 증명사진을 붙여서 회사에 제출했다.
만만하다	다음 경기에서 만나게 될 선수는 만만한 상대가 아니다. 박 과장은 제가 나이가 어려서 그런지 저를 만만하게 보는 것 같아요.
조급하다	마음이 조급하면 실수를 하게 마련이다. 시험 시간이 10분밖에 남지 않아서 마음이 너무 조급해요.
타협하다	집주인이 고집이 세서 타협하기가 쉽지 않았어요. 서로 상대방의 말에 귀 기울이고 양보하면 타협하지 못할 일이 없다.
단지	이건 단지 제 상상일 뿐이에요. 그는 단지 같은 고향 사람이라는 이유로 나를 많이 도와주었다.
돈벌이	이 일은 내가 원하는 일이 아니라 단지 돈벌이일 뿐이에요. 직업을 돈벌이를 위한 수단으로만 본다면 일이 재미없을 것이다.
결코	나는 결코 거짓말을 하지 않았다. 우리의 만남이 결코 우연이라고 할 수는 없을 거예요.

01. 빈칸에 알맞은 말을 쓰십시오.

보기 날마다 운동을 하는 것은 <u>결코</u> 쉬운 일이 아니에요.

❶ 적성에도 맞고 ____________으로도/로도 괜찮은 일을 할 수 있으면 정말 좋을 텐데…….

❷ 근무 조건 개선에 대해 ____________기 위해 노동자 대표와 회사 대표가 만날 예정이다.

❸ 미선이와 나는 ____________ 집이 가깝다는 이유로 친구가 되었다.

❹ 그렇게 ____________게 서두르다가는 중요한 걸 놓치는 수가 있어.

02. 빈칸에 알맞은 말을 쓰십시오.

스티브 잡스가 "사랑하는 사람을 찾듯이 사랑하는 일을 찾아라!"고 한 말을 아십니까? 정말 멋지고 정확한 말 같습니다. 우리는 살면서 많은 선택의 순간에 부딪칩니다. 특히 앞으로 **보기** <u>돈벌이를</u> 을/를 위한 수단이 되어 줄 직업을 선택해야 하는 20대가 되면 고민해야 할 것은 많은데 이상은 높고 현실은 ❶ ____________ 지 않기 때문에 선택을 할 때도 신중하게 해야만 합니다.

요즘 청년들이 무직 상태로 있는 기간이 평균 9개월 정도라고 하는데 ❷ ____________ 짧지 않은 이 시간 동안 20대는 꿈과 현실 사이에서 고민하게 됩니다. 취업을 위해 면접 스터디에 들고, 자기 소개서를 쓰고, 인터넷을 찾아가며 ❸ ____________까지도 예쁘게 찍는 노하우를 찾아보는 20대. 그러나 스티브 잡스의 말처럼 꿈을 좇아가는 것이 맞는 것일까요? 아니면 직업을 찾기 위해 적당히 현실과 ❹ ____________는/은/ㄴ 것이 맞는 것일까요?

주제 어휘

일에 대한 가치관	• 명예 • 권력 • 부 • 소속감 • 보람 • 긍지 • 생계를 잇다 • 자아를 실현하다 • 능력을 발휘하다 • 가치를 추구하다

01. 빈칸에 알맞은 말을 쓰십시오.

보기 직원들이 소속감을 을/를 느낄 수 있게 체육대회를 열기로 했다.

❶ 어머니는 돌아가신 아버지를 대신해 남의 집 일을 도와 가면서 ________ 어/아/여 나가셨다.

❷ ________ 어서/아서/여서 이번 프로젝트를 성공적으로 끝냈다.

❸ 청소년기는 자신의 꿈과 ________ 기 위해서 스스로에 대해 끊임없이 고민하는 시기이다.

❹ 우리 회사는 정직한 ________ 는/은/ㄴ 기업입니다.

02. 빈칸에 알맞은 말을 넣으십시오.

나는 20년 가까운 긴 세월동안 대학에서 교수로 일하면서 내 직업에 대한 **보기** 긍지를 을/를 가져 왔다. 성장하고 발전해 가는 학생들을 보면서 많은 ❶ ________ 도 느꼈다. 처음부터 잘 먹고 잘 살겠다는 욕심, 다시 말해 ❷ ________ 과/와 세상에 내 이름을 알리겠다는 ❸ ________ 과/와 남을 내 뜻대로 움직일 수 있는 ❹ ________ 을/를 멀리하고 연구와 교육을 위해서만 힘쓰려고 노력해 왔다.

문법 1 -으라고

동사에 붙어 앞 문장의 사실이 이루어지기를 바라면서 뒤 문장의 행위를 함을 나타낸다.

❶ 더 예뻐지라고 여동생에게 화장품을 사 줬어요.
❷ 어머니께서 친구들하고 나눠 먹으라고 김밥을 싸 주셨어요.
❸ 늦게 일어나지 말라고 아침 일찍 친구에게 전화를 해 줬어요.
❸ 부모님께서 저에게 항상 웃으면서 살라고 '미소'라는 이름을 지어 주셨어요.

01. 알맞게 연결하고 보기 와 같이 쓰십시오.

보기 "급한 일이 있을 때 연락해." ———	아이에게 전화를 사 줬다.
❶ "필요할 때 써라."	이모가 용돈을 주셨다.
❷ "겨울을 따뜻하게 보내."	친구에게 커피를 사 줬다.
❸ "이겨라!"	장갑을 선물했다.
❹ "졸지 마."	만화책을 빌려 줬다.
❺ "심심할 때 읽어."	우리 팀을 열심히 응원했다.

보기 급한 일이 있을 때 연락하라고 아이에게 전화를 사 줬어요 .

❶ ______________________.

❷ ______________________.

❸ ______________________.

❹ ______________________.

❺ ______________________.

02. 보기 와 같이 대화를 완성하십시오.

보기 가: 이제 막 결혼한 신혼부부에게 왜 밤과 대추를 줬어요?
나: 아들 딸 많이 낳으라고 밤과 대추를 줬어요.

❶ 가: 결혼식에서는 왜 국수를 먹어요?
나: ______________________.

❷ 가: 대학 시험을 앞둔 동생에게 왜 찹쌀떡을 선물했어요?
나: ______________________.

❸ 가: 대학 시험을 앞둔 동생에게 왜 포크를 줬어요?
나: ______________________.

❹ 가: 왜 집들이에 갈 때 가루비누를 사 가지고 갔어요?
나: ______________________.

❺ 가: 왜 집들이에 갈 때 휴지를 사 가지고 갔어요?
나: ______________________.

문법 2 -을걸 그랬다

동사에 붙어 말하는 사람이 하지 않은 일이나 못한 일에 대한 후회나 아쉬움을 나타낼 때 쓴다.

❶ 금방 올 줄 알았으면 좀 더 기다릴걸 그랬네요.

❷ 그렇게 재미있을 줄 알았으면 저도 갈걸 그랬어요.

❸ 오늘 세일을 시작하는 줄 알았으면 사지 말걸 그랬어요.

❹ 이렇게 좋아하는 줄 알았으면 좀 더 일찍 사 줄걸 그랬어요.

01. 보기 와 같이 문장을 완성하십시오.

보기 이렇게 추울 줄 알았으면 두꺼운 옷을 입고 나올걸 그랬어요 .

❶ 비가 올 줄 알았으면 ____________________.

❷ 시험이 이렇게 어려울 줄 알았으면 ____________________.

❸ 이렇게 힘든 부탁인 줄 알았으면 ____________________.

❹ 그 영화가 재미없을 줄 알았으면 ____________________.

❺ 한국 생활이 이렇게 힘들 줄 알았으면 ____________________.

02. 다음 대화를 완성하십시오.

정희: 미선 씨, 어제 회식이 재미있었는데 왜 안 오셨어요?

미선: 기분이 안 좋아서 안 갔는데 **보기** 갈걸 그랬네요 .

정희: 어머, 무슨 일이 있었어요? 왜 기분이 안 좋았어요?

미선: 아침에 중요한 회의가 있었는데 지각을 해서 부장님께 좀 혼났어요. 이럴 줄 알았으면 아침에 버스를 타지 말고 ❶ ________________________________.

정희: 부장님께 전화라도 드리지 그랬어요?

미선: 너무 죄송해서 전화를 안 드렸는데 화를 내실 줄 알았으면 ❷ ________________________________.

정희: 요즘 미선 씨는 지각도 자주 하고 많이 힘들어 보여요. 무슨 문제가 있는 거 아니에요?

미선: 사실 회사 일이 적성에 안 맞아서 힘들어요. 이럴 줄 알았으면 ❸ ________________________________.

정희: 적성에 안 맞는 일을 하는 것은 여간 어려운 일이 아니지요. 회사에 들어오기 전에 신중하게 생각하고 결정하지 그러셨어요?

미선: 요즘은 취직하기도 워낙 힘든데 어렵게 취직이 돼서 깊이 생각하지 않고 결정했어요. 지금 생각해 보니 그때 ❹ ________________________________. 친구들도 다시 생각해 보라고 했는데 그때 ❺ ________________________________.

활동 심사숙고해서 선물을 했지만 결과가 좋지 않아 후회를 하고 있습니다. 다음 표를 보고 대화를 만드십시오.

바람	행동	결과	후회
보기 아이가 부자가 되면 좋겠다.	'부자'라는 이름을 지어 주었다.	반 친구들한테 놀림을 받는다.	평범한 이름을 지어 줄걸 그랬다.
동생이 배고플 때 먹으면 좋겠다.	빵을 사줬다.	오늘 소화가 안돼서 빵을 먹고 싶지 않다고 한다.	
할아버지께서 편하게 입으시면 좋겠다.	청바지를 사 드렸다.	청바지는 안 입으신다고 한다.	

보기 가: 왜 아이에게 '부자'라는 이름을 지어 주셨어요?
나: 부자가 되라고 그런 이름을 지어 주었는데 반 친구들한테 놀림을 받아서 속상해요. 평범한 이름을 지어 줄걸 그랬어요.

02 저는 신입 사원 모집에 지원하고자 몇 해 전부터 취업 준비를 해 온 대학생입니다

학습 목표 취업 관련 어휘를 익혀서 활용할 수 있다.
'-고자', '-으므로' 표현을 익혀서 활용할 수 있다.

기업 관계자 연세 기업 채용설명회에 오신 대학생 여러분을 환영합니다. 지금부터 신입 사원 채용과 관련하여 질문이 있으시면 해 주십시오.

대 학 생 1 안녕하십니까? 저는 이번 신입 사원 모집에 지원하고자 몇 해 전부터 취업 준비를 해 온 대학생입니다. 연세 기업에서 원하는 인재상에 대해서 말씀해 주시면 감사하겠습니다.

기업 관계자 저희 회사에서는 인재가 회사의 경쟁력이라는 경영 철학을 바탕으로 세계화 시대에 어울리는 창의성과 도전 정신이 있는 인재를 선호합니다.

대 학 생 2 그럼, 상대적으로 학벌, 학점, 외국어 점수 등은 중요시하지 않는다는 말씀이십니까?

기업 관계자 네. 그렇습니다. 그 부분에 대해서는 제한을 두지 않으므로 누구나 지원이 가능하니까 걱정하실 필요가 없습니다.

새 어휘

채용	이번 신입 사원 공개 채용에서 10대 1의 경쟁을 뚫고 합격했어요. 우리 회사에서는 학력과 경력보다 창의성이나 도전 정신 등을 채용 조건으로 내세웠다.
모집	아르바이트생 모집 광고를 냈다. 이번 신입생 모집 기간은 언제까지입니까?
인재상	회사마다 필요로 하는 인재상이 다르다. 우리 회사에서 원하는 인재상은 창의적인 사람입니다.
철학	사람들은 누구나 인생에 대해 자신만의 철학을 가지고 있다. 제 인생 철학은 언제 어디서나 최선을 다해야 한다는 것입니다.
바탕	영화 '어머니'는 실제 있었던 일을 바탕으로 제작했습니다. 우리는 고유 문화의 바탕 위에 외국 문화를 받아들여야 한다.
창의성	단순하고 반복적인 일에는 창의성이 필요하지 않습니다. 아이들에게 창의성을 길러 주기 위해서 다양한 경험을 시키는 것이 좋다.
학벌	학벌이 좋은 사람을 선호하는 회사들이 많아요. 학벌보다 능력을 중요하게 생각하는 사회적인 분위기가 만들어져야 한다.
중요시하다	한국 사회에서는 학벌을 중요시해요. 한국은 예로부터 가정교육의 역할을 중요시했다.

01. 빈칸에 알맞은 말을 쓰십시오.

보기 컴퓨터 바탕 화면에 내가 좋아하는 배우의 사진을 깔았다.

❶ ________은/는 모든 학문의 기초가 된다.

❷ 단순히 지식을 외우기만 해서는 ________을/를 키우기가 어렵다.

❸ 그 사람은 외모를 ________어서/아서/여서 겉모습만으로 사람을 평가한다.

❹ 우리 춤 사랑 동아리에서는 오는 3월 20일까지 신입 회원을 ________합니다.

02. 빈칸에 알맞은 말을 쓰십시오.

사회가 변화하면서 기업이 원하는 보기 인재상 도 예전과 많이 달라졌다. 이는 다양한 방법으로 신입 사원을 ❶ ________하는 면접 방식의 변화를 통해서도 알 수 있다. 예전에는 사무실에서 짧은 시간에 지원자의 ❷ ________, 학점, 외국어 점수 등을 통해 겉으로 드러난 결과만을 ❸ ________었다/았다/였다. 그러나 요즘에는 사무실이 아닌 카페, 식당 같은 곳에서 지원자들과 자연스럽게 대화를 나누는 방식으로 면접을 진행하거나 일반 사원들이 지원자와 함께 요리, 등산, 토론 등을 하면서 지원자들의 일에 대한 열정과 새로운 것을 생각해 내는 ❹ ________ 등을 높이 평가한다.

주제 어휘

취업				
취업	• 구직하다 • 근무하다	• 지원하다 • 이직하다	• 면접하다 • 실직하다	• 취업하다 • 퇴직하다

01. 빈칸에 알맞은 말을 쓰십시오.

보기 우리 아버지는 35년 동안 근무하신 직장에서 얼마 전에 __퇴직했다__ 었다/았다/였다.

❶ 월급이나 근무 환경 등이 더 나은 조건에서 일하기 위해 ______________ 는/은/ㄴ 사람들이 늘어나고 있다.

❷ 경기가 나빠지면서 40 · 50대에 갑자기 ______________ 는/은/ㄴ 사람들이 늘어나 사회적인 문제가 되고 있다.

❸ 전 세계적으로 경제가 어려워지면서 전보다 __________ 기가 어려워졌다.

❹ 내 동생은 대학을 졸업한 후에 고향에서 한국어 선생으로 __________ 고 있다.

02. 빈칸에 알맞은 말을 쓰십시오.

보기 (구직하다)	직업소개소, 구인 광고, 공개 모집 등을 통해 직업을 구하는 활동
⬇	
❶ ( )	이력서, 자기소개서 등의 필요한 서류를 제출하고 그 곳의 직원이 되고자 하는 것
⬇	
❷ ( )	그 사람이 함께 일하기에 적당한 사람인지 아닌지 알아보기 위해서 직접 만나서 이야기하는 것
⬇	
❸ ( )	직장에서 자신이 맡은 일을 하는 것
⬇	
❹ ( )	일을 그만두기 위해 직장에서 나오는 것

문법 1 -고자

동사에 붙어 주어의 의도를 나타낼 때 쓴다. '-으려고' 보다 공식적이고 문어체적인 표현이다. 명령형, 청유형 종결어미와 같이 쓸 수 없다.

❶ 변경된 회의 시간을 알려 드리고자 전화를 드렸습니다.

❷ 지금부터 대학생들의 여가 생활에 대해 발표하고자 합니다.

❸ 오늘 이 자리는 신입생들을 환영하고자 선배들이 마련했습니다.

❹ 이번 시간에는 현대인들의 소비 성향에 대해서 살펴보고자 합니다.

01. 보기 와 같이 바꾸십시오.

보기 지금부터 동물 실험에 대해 토론하려고 합니다.
➡ 지금부터 동물 실험에 대해 토론하고자 합니다.

❶ 한국인의 취미 생활에 대해 조사하려고 합니다.
➡ ______________________.

❷ 지금부터 지난번 조사 결과에 대해 알려 드리려고 합니다.
➡ ______________________.

❸ 신제품에 대한 소비자들의 반응을 알아보려고 설문 조사를 했습니다.
➡ ______________________.

❹ 이 문제에 대해 전문가들의 의견을 들어 보려고 여러 교수님들을 이 자리에 모셨습니다.
➡ ______________________.

❺ 출퇴근 시간의 복잡한 교통 문제를 해결하려고 버스 전용 차선을 만들었습니다.
➡ ______________________.

02. 다음 표를 보고 대화를 완성하십시오.

목적	활동
보기 학생 기자가 도서관 앞에 나온 목적	국제 센터에 대해 학생들에게 알려 주기 위해
❶ 국제 센터를 설립한 목적	우리 대학에서 공부하는 외국인 유학생들의 한국 생활을 돕기 위해
❷ 한국어 보고서 쓰기 수업을 시작한 목적	유학생들의 글쓰기 실력을 높이기 위해
❸ 한국인 가정을 체험하게 하는 목적	유학생들이 낯선 한국 생활에 빨리 익숙해지게 하기 위해
❹ 상담실을 운영하는 목적	유학생들의 문제 해결을 돕기 위해
❺ 1년에 한 번 축제를 여는 목적	여러 나라 학생들과 친해질 수 있는 기회를 제공하기 위해

학생 기자: 오늘은 여러분들께 보기 국제 센터에 대해 알려 드리고자 도서관 앞에 나와 있습니다. 먼저, 국제 센터는 어떤 곳인지 좀 간단하게 말씀해 주시겠습니까?

직　　원: 도서관 2층에 있는 국제 센터는 지난 10월 1일에 세워졌는데요. ❶ ________________ 설립되었습니다.

학생 기자: 구체적으로 어떤 방법으로 유학생들을 돕고 있습니까?

직　　원: 주로 유학생들의 학업과 생활을 돕기 위한 프로그램들이 있는데요. 먼저, 학업과 관련하여 ❷ ________________.

학생 기자: 외국인 유학생들 중에는 한국어로 보고서를 쓰는 것에 어려움을 느끼는 학생들이 많은데 그런 학생들에게 큰 도움이 되겠군요.

직　　원: 네. 그리고 유학생들이 낯선 한국 생활에 ❸ ________________.

또 한국 생활을 하다가 보면 다양한 문제가 생길 수도 있지요. 그래서 ❹ ________________.

학생 기자: 말씀을 듣고 보니 외국에서 혼자 생활하는 유학생들에게는 꼭 필요한 프로그램일 것 같은데요. 이외에 혹시 다른 프로그램도 있습니까?

직　　원: 네, 하나가 더 있습니다. 한국 문화에 익숙해지는 것도 필요하지만 자신과 같은 상황에 있는 다른 나라에서 온 친구들과 만나는 것도 유학생들한테는 필요한 일입니다. 그래서 국제 센터에서는 ❺ ________________.

문법 2 -으므로

명사, 동사, 형용사에 붙어 뒤에 오는 문장의 원인이나 이유, 근거를 나타낸다.

❶ 곧 공연이 시작되므로 자리에 앉아 주시기 바랍니다.

❷ 성적이 우수하므로 이 상을 드립니다.

❸ 공사 중이므로 다른 길을 이용하시기 바랍니다.

❹ 시험을 보지 않았으므로 졸업할 수 없습니다.

01. 알맞게 연결하고 보기 와 같이 쓰십시오.

보기 요즘은 일교차가 크다	감기 조심하시기 바랍니다.
❶ 기차가 곧 출발하다	자리에 앉아 주시기 바랍니다.
❷ 요즘 전화 사기로 피해를 입은 사람들이 많다	꽃값이 올랐을 것입니다.
❸ 요즘 졸업식을 하는 학교가 많다	길이 많이 막힐 것입니다.
❹ 지금 옆방에서 중요한 회의 중이다	조용히 해야 합니다.
❺ 시내에 큰 교통사고가 났다	모르는 번호로 걸려 오는 전화는 안 받는 것이 좋습니다.

보기 요즘은 일교차가 크므로 감기 조심하시기 바랍니다.

❶ ______________________________.

❷ ______________________________.

❸ ______________________________.

❹ ______________________________.

❺ ______________________________.

02. 표를 보고 일기예보를 완성하십시오.

일기예보	
보기 내일은 전국적으로 황사가 심하다.	➡ 가능하면 외출을 안 하는 것이 좋겠다.
❶ 오전 8시부터 황사와 미세 먼지가 심할 것으로 예상된다.	➡ 운전할 때 조심해야 한다.
❷ 습도도 높다.	➡ 빨래를 안 하는 것이 좋겠다.
❸ 저녁에는 인천 지역에 비가 내린다.	➡ 우산을 가지고 나가는 것이 좋겠다.
❹ 비가 온 후에 날씨가 쌀쌀해진다.	➡ 실내 온도를 높이는 것이 좋겠다.
❺ 앞으로 며칠 동안 오늘과 비슷한 날씨가 계속된다.	➡ 외출할 때 항상 마스크를 가지고 다니는 것이 좋겠다.

안녕하십니까?

날씨를 알려 드리겠습니다. 보기 내일은 전국적으로 황사가 심하므로 가능하면 외출을 안 하시는 것이 좋겠습니다. 특히, 출퇴근 시간인 오전 8시부터 ❶ ________________ 운전할 때 조심하셔야 합니다. 또한 ❷ ________________ 내일은 빨래를 안 하는 것이 좋습니다. 그리고 저녁에는 인천 지역을 중심으로 ❸ ________________. 비가 온 후에는 기온이 많이 떨어질 것으로 예상됩니다. ❹ ________________.

내일과 같이 황사, 미세 먼지 등이 심한 날씨는 앞으로 며칠 동안 ❺ ________________.

활동

보기 와 같이 사람들에게 알리는 글을 써 보십시오.

누구에게 알립니까?	무엇을 알립니까?	무엇에 유의해야 합니까?
보기 연세 주차장 이용자	다음 주부터 공사 시작 (주차장을 넓히기 위해)	주차장을 다음 달까지 사용할 수 없음.
아파트 주민	이번 주 금요일에 단수를 함 (물탱크를 청소하기 위해)	금요일 오전 9시부터 오후 7시까지 물이 나오지 않음.
연세대 학생들	수업 후 학생회관에서 바자회를 엶(가정환경이 어려운 학생들을 돕기 위해)	헌 옷이나 가방 등을 기부받음.

보기 연세 주차장을 이용하시는 분들께.
주차장을 넓히고자 다음 주부터 공사를 시작합니다.
연세 주차장을 다음 달까지 사용할 수 없으므로 다른 주차장을 이용하시기 바랍니다.

03 연봉도 연봉이지만 기업 문화 때문에 이직을 많이 하는 것 같아

학습 목표 임금 관련 어휘를 익혀서 활용할 수 있다.
'도 이지만', '-는다고[2]' 표현을 익혀서 활용할 수 있다.

후배 선배, 먼저 와 계셨네요. 이렇게 제 취재에 응해 주시고 시간 내 주셔서 정말 고마워요. 그런데 아까부터 뭘 그렇게 유심히 보고 계세요?

선배 아, 이거? 이직할 생각이 있으면 연락하라고 조금 전에 예전 회사 동료가 주고 간 명함이야. 이직 준비할 때 도움을 많이 받은 사람이래.

후배 명함을 그렇게 유심히 보고 계신 걸 보니 선배도 이직할 생각이 있으신가 봐요. 그런데 요즘 부쩍 이직하는 사람들이 늘었다고 들었는데 보통 연봉 때문에 이직을 많이 하나요?

선배 연봉도 연봉이지만 기업 문화가 권위적이고 보수적이어서 이직하는 경우가 많은 것 같아. 아! 참, 네가 우리 회사 기업 문화에 대해 취재한다고 왔지?

후배 네, 우리 학교 취업 준비생들에게 각 회사의 기업 문화를 소개하는 기획 기사를 준비하고 있거든요. 아까 그 얘기 좀 더 해 주시겠어요?

새 어휘

취재	사건 현장을 취재한 후에 바로 기사를 써서 보내겠습니다. 금메달을 딴 선수들을 취재하기 위해 기자들이 몰려들었다.
응하다	함께 일해 보자는 친구의 제안에 응할 생각이다. 설문 조사에 응해 주신 학생 여러분께 진심으로 감사드립니다.
유심히	나는 전시관 안에 있는 그림들을 모두 하나하나 유심히 보았다. 뭐 이상한 점이라도 있어요? 왜 그렇게 그 사람 옷차림을 유심히 보세요?
부쩍	못 본 사이에 아이가 부쩍 자랐다. 아침저녁으로 날씨가 추워져서 감기 환자가 부쩍 늘었어요.
연봉	선수들 중에서 누가 최고 연봉을 받나요? 작년에 비해서 연봉이 많이 오르지 않았다.
권위적	사장님의 권위적인 말투 때문에 가끔 기분이 나빠진다. 권위적인 분위기에서는 말을 하고 싶지 않게 마련이에요.
보수적	나이가 많다고 해서 모두 보수적인 건 아니에요. 보수적인 사람들은 사회가 빠르게 변화하는 걸 바라지 않는다.

01. 빈칸에 알맞은 말을 쓰십시오.

보기 제 아버지는 좀 __권위적__ 인 분이시라서 제 의견을 듣기보다 아버지가 원하시는 것을 저에게 시키셨어요.

❶ 민수는 결혼한 후에 ____________ 살이 찐 것 같다.

❷ 보통 나이 많은 사람들이 젊은 사람들에 비해 ______________이다.

❸ 말투나 행동을 ____________ 살펴보면 대충 그 사람의 성격을 알 수 있다.

❹ 그 사람이 파티에 초대했는데 초대에 ____________을지/ㄹ지 말지 생각 중이다.

02. 빈칸에 알맞은 말을 쓰십시오.

오늘 연세 야구팀에 보기 __취재를__ 을/를 가서 선수들을 인터뷰했다. 그 중에 제일 먼저 내 인터뷰에 ❶ ______________는/은/ㄴ 선수는 김진철 선수였다. 김 선수는 몇 년 사이에 실력이 ❷ ______________ 늘어서 올해 10억 이상의 ❸ ____________을/를 받고 연세 야구팀으로 옮긴 선수이다. 김 선수에게 연세 야구팀의 분위기에 대해 질문했더니 다른 팀과 달리 분위기가 자유롭고 ❹ ____________이지 않아서 좋다고 대답했다.

주제 어휘

임금	• 보수	• 급여	• 임금	• 월급
	• 수당	• 상여금	• 퇴직금	• 연금

01. 빈칸에 알맞은 말을 쓰십시오.

보기 비행기를 자주 타야 하는 항공사 승무원들은 위험 __수당을__ 을/를 받는대요.

❶ 저희 아버지께서는 퇴직하신 후에 매달 __________ 으로/로 생활하고 계세요.

❷ 올해 직장인들의 설날 __________ 은/는 평균 80만 원인 것으로 조사됐다.

❸ __________ 을/를 바라고 한 일은 아니지만 회사에서 내 노력을 인정해 주지 않으니까 좀 섭섭하다.

❹ 아버지는 퇴직하신 후 받으신 __________ 으로/로 사업을 시작하셨는데 1년도 되지 않아서 사업이 망하고 말았다.

02. 빈칸에 알맞은 말을 쓰십시오.

김 대리: 내년에 우리 **보기** __임금은__ ~~은/는~~ 물가 상승률만큼은 오르겠지?

이 대리: 그만큼 오르기는 하겠지만 올해 물가상승률이 높지 않아서 많이 오르지는 않을 것 같아.

김 대리: 아, 참! 오늘이 25일이니까 ❶ __________ 날이다!

이 대리: 어, 그러네? 인터넷으로 이번 달 ❷ __________ 명세서 좀 확인해 볼까?

김 대리: 어? 이번 달은 다른 달에 비해서 많이 들어왔는데?

이 대리: 다음 주에 추석이어서 명절 ❸ __________ 이/가 들어왔을 거야.

김 대리: 아, 그렇구나. 게다가 나는 지난달에 야근한 ❹ __________ 도 나와서 다른 때보다 많아.

이 대리: 우리 같은 직장인은 이런 맛에 직장 다니지!

문법 1 도 이지만

'언급된 것이 해당하는 것은 물론이고 그 외에도'의 뜻을 나타낸다. 명사 뒤에는 '도 이지만'을 쓰고 형용사나 동사 뒤에는 '-기도 하지만'을 쓴다.

❶ 돈도 돈이지만 시간을 많이 낭비했다.

❷ 몸도 몸이지만 정신적으로 너무 힘들다.

❸ 내 여자 친구는 예쁘기도 하지만 마음이 정말 착해.

❹ 귀찮기도 하지만 날씨가 너무 추우니까 밖에 나가기 싫다.

01. 보기 와 같이 쓰십시오.

보기 그 영화는 내용이 좋다. 하지만 그것보다 배우들의 연기가 더 좋다.
➡ 그 영화는 내용도 내용이지만 배우들의 연기가 좋다 .

❶ 돈을 잃어버려서 속상하다. 하지만 그것보다 신분증을 잃어버려서 더 속상하다.

➡ ______________________________.

❷ 디자인이 좋아야 물건이 잘 팔린다. 하지만 그것보다 질이 좋아야 물건이 더 잘 팔린다.

➡ ______________________________.

❸ 음식이 값이 싸서 좋다. 하지만 그것보다 맛있어서 더 좋다.

➡ ______________________________.

❹ 일이 힘들어서 그만둘 생각이다. 하지만 그것보다 내 적성에 안 맞아서 그만둘 생각이다.

➡ ______________________________.

❺ 새로 구한 집은 교통이 편리해서 마음에 든다. 하지만 그것보다 주변 환경이 깨끗해서 더 마음에 든다.

➡ ______________________________.

02. 다음 표를 보고 직장인들의 어려움에 대해서 보기 와 같이 대화를 완성하십시오.

보기 혼자 일하는 프리랜서	외롭다 < 일이 일정하지 않다
❶ 신입 사원	업무 < 회사 분위기
❷ 중소기업 사장	경기가 나쁘다 < 이직하는 직원이 많다
❸ 이직을 고민하는 직장인	근무 조건 < 변화가 필요한 때
❹ 스트레스가 쌓인 직장인	일 < 동료와의 갈등
❺ 어린 자녀를 둔 직장 여성	회식 < 갑자기 아이가 아파서 출근하지 못할 때

보기 가: 혼자 일해야 하니까 외로우시겠어요.
나: 외롭기도 하지만 일이 일정하지 않아서 힘들어요 .

❶ 가: 요즘 업무를 배우느라 정신이 없으시겠어요.
나: ______________________________.

❷ 가: 요즘 경기가 나빠서 힘드시죠?
나: ______________________________.

❸ 가: 근무 조건이 나빠서 이직하려고 하세요?
나: ______________________________.

❹ 가: 요즘 해야 할 일이 많아서 스트레스가 쌓이시지요?
나: ______________________________.

❺ 가: 아이 때문에 회식에 참석하지 못할 때 제일 마음이 불편하세요?
나: ______________________________.

문법 2 -는다고

동사, 형용사, 명사에 붙어 원인이나 이유를 나타낸다.

❶ 동생은 책을 읽는다고 텔레비전을 껐다.

❷ 아이가 이 책은 이미 읽은 책이라고 보려고 하지 않네요.

❸ 영수가 간식을 많이 먹었다고 저녁을 먹지 않아요.

❹ 영희는 배우가 되겠다고 연기학원에 다니고 있어요.

01. 보기 와 같이 쓰십시오.

> 보기 제임스: "카페가 조용해서 공부하기 좋아."
> 제임스의 행동: 늘 카페에서 공부한다.
> ➡ 제임스는 카페가 조용하다고 늘 카페에서 공부한다 .

❶ 영수: "머리가 너무 아파."
영수의 행동: 병원에 갔다.
➡ ______________________________.

❷ 친구: "미안해."
친구의 행동: 나에게 사과를 줬다.
➡ ______________________________.

❸ 영희: "치과 가기 싫어."
영희의 행동: 치과 가는 걸 계속 미루고 있다.
➡ ______________________________.

❹ 리리: "칠판이 잘 안 보여."
리리의 행동: 교실 앞자리로 옮겼다.
➡ ______________________________.

❺ 직원: "환불 기간이 지났습니다."
직원의 행동: 환불해 주지 않았다.
➡ ______________________________.

02. 다음 표는 비서가 직원들에게서 들은 이야기입니다. 표를 보고 사장과 비서의 대화를 완성하십시오.

보기 김민수 사원	"어머니가 교통사고를 당하셔서 일찍 퇴근하겠습니다."
이현진 대리	"건강이 나빠져서 휴직을 신청했습니다."
박수철 부장	"아이의 대학 등록금이 필요해서 대출을 신청했습니다."
인사부 부장	"이번에 인사부에서는 김미선 과장을 해외 연수자로 선발했습니다. 지난번에 큰 계약을 성공시켰으니까요."
김소연 대리	"사장님께 청첩장을 드리려고 왔습니다."
기획부 부장	"내일 중요한 회의가 있어서 기획부 직원들은 오늘 야근을 할 겁니다."

사장: 제 방에 올라오다가 김민수 대리가 퇴근하는 걸 봤는데 무슨 일이 있나요?
비서: 보기 어머니가 교통사고를 당하셨다고 오늘 일찍 퇴근했습니다.
사장: 아, 그렇군요. 그리고 이현진 대리가 휴직을 신청했다면서요?
비서: 네, ❶ ________________ 신청했습니다.
사장: 그렇군요. 박수철 부장은 회사에 대출을 신청했다고 하던데요?
비서: 이번에 아이가 대학에 들어간답니다. 그래서 ❷ ________________ 대출을 신청했습니다.
사장: 박 부장 아이가 벌써 대학생이 됐군요. 그건 그렇고 이번에 해외 연수자는 누가 됐지요?
비서: 김미선 과장이 ❸ ________________ 인사부에서 김 과장을 선발했습니다.
사장: 그렇군요. 김 과장이 지난번에 큰일을 성공시켰지요.

(똑똑똑)

비서: 사장님, 김소연 대리가 ❹ ________________ 찾아왔습니다.
사장: 들어오라고 하세요.

(저녁 8시에 기획부 사무실을 지나면서)

사장: 아니, 기획부 직원들은 무슨 일로 모두 야근을 하고 있지요?
비서: ❺ ________________ 모두 남아서 야근을 하고 있습니다.

활동 다음 표를 보고 대화를 완성하십시오.

이유	전에 했던 말과 행동
보기 중국어를 그만두는 이유: 어렵다 < 시간이 없다	**말:** "중국어를 집중적으로 공부할 거야." **행동:** 아르바이트를 그만뒀다.
휴가를 안 가는 이유: 일이 바쁘다 < 돈이 부족하다	**말:** "휴가 때 해외여행 가야지!" **행동:** 열심히 돈을 모았다.
남자 친구 생일 파티를 식당에서 하는 이유: 음식 만들기 귀찮다 < 집이 좀 좁다	**말:** "집이 좁아." **행동:** 좀 큰 집으로 이사했다.

보기
가: 중국어 공부를 그만둘까 봐.
나: 왜? 너무 어려워?
가: 어렵기도 하지만 요즘 공부할 시간이 없어.
나: 중국어를 집중적으로 공부하겠다고 아르바이트도 그만뒀잖아.
가: 나 다른 아르바이트 시작했거든.

04 앞으로 다양한 정보를 참고해 가면서 미래를 준비하세요

학습 목표 직종 관련 어휘를 익혀서 활용할 수 있다.
'-는가 하면', '-어 가면서' 표현을 익혀서 활용할 수 있다.

사 회 자 인기가 있는 직업도 시대의 변화에 따라 달라지는데요, 1970년대에는 무역업 종사자나 엔지니어가 인기가 있었는가 하면 1980년대에는 금융 관련 직업이 인기가 있었지요. 그렇다면 미래에 가장 유망한 직업은 뭘까요?

직업전문가 요즘에는 기후 변화나 환경, 재생 에너지와 관련된 전문가라든가 생명 공학자, 로봇 제작자 같은 첨단 기술과 관련된 일, 그리고 국제화 시대에 필요한 국제 변리사, 국제회의 전문가 등이 떠오르는 직업이라고 할 수 있습니다.

사 회 자 아, 그렇습니까? 그런데 그런 직업들은 기술이나 자격증이 없는 사람들이 선택하기에는 좀 거리감이 느껴지는데요, 보통 사람들도 쉽게 선택할 수 있는 유망한 직업은 없을까요?

직업전문가 요즘에 점점 삶의 질에 대한 관심이 높아지고 있으니까 여가나 교육, 노인 복지와 관련된 일도 전망이 좋습니다.

사 회 자 그렇군요. 우리 젊은이들이 앞으로 다양한 자료나 정보를 참고해 가면서 미래를 준비했으면 좋겠습니다.

새 어휘

종사자	이 동네는 전문 경영인, 벤처 기업가, 전문직 종사자, 연예인들이 주로 모여 살아요. 장시간 서서 일하는 서비스업 종사자들은 무릎과 허리에 문제가 생기는 경우가 많다.
유망하다	장래성이 유망한 학과에 지원하는 게 좋다. 신랑 김영수 군은 앞길이 유망한 청년입니다.
재생 에너지	태양열, 풍력 같은 재생 에너지가 최근 세계적으로 관심을 받고 있어요. 재생 에너지들은 깨끗할 뿐만 아니라 자연으로부터 무제한으로 얻을 수 있다는 장점이 있다.
생명 공학	생명 공학, 나노 공학 등은 앞으로 수십 년간 기술 개발의 중심이 될 거예요. 생명 공학 분야의 연구가 발전되면 인간의 수명을 더 늘리고 불치병을 치료할 수 있을 것이다.
변리사	변리사가 되기 위해서는 기술에 대한 이해가 필요하기 때문에 이공계 전공을 한 사람들이 유리하다. 변리사는 새로운 아이디어나 기술을 특허권으로 만들어 보호 받게 해 주거나 이 것을 활용하도록 도와주는 전문가예요.
떠오르다	동쪽 하늘에서 해가 떠오르기 시작했어요. 고등학교 때 자주 듣던 음악을 들으니 그때의 기억이 떠오른다.
참고하다	논문을 쓸 때는 참고한 자료를 꼭 표시해야 해요. 우리 회사에 지원하시려면 회사 홈페이지를 참고하세요.

01. 빈칸에 알맞은 말을 쓰십시오.

보기 ___생명공학을___ ~~을/를~~ 전공하면 제약 회사나 식품 회사에서 연구원으로 일할 수 있다.

❶ 영수는 도서관에 있는 여러 책을 ______________ 어서/아서/여서 보고서를 썼다.
❷ 그 영화의 여주인공으로 요즘 ______________ 고 있는 신인 여배우가 뽑혔다.
❸ 그 회사는 특허 기술이 많아서 장래가 ______________ 는/은/ㄴ 기업이다.
❹ 세계 각국에서는 환경과 인체에 해롭지 않은 ______________ 개발을 위해 노력하고 있다.

02. 빈칸에 알맞은 말을 쓰십시오.

영　　수: 선생님, 장래에 **보기** ___유망한___ ~~는/은/ㄴ~~ 직업을 추천해 주세요.

상담교사: 학생은 무엇을 전공하고 있어요?

영　　수: 저는 전자 공학을 전공하고 있습니다.

상담교사: 이과 전공이군요. 그럼 ❶ ______________ 은/는 어떨까요?

영　　수: 글쎄요, 저는 한 번도 생각해 본 적이 없었는데요.

교　　수: 21세기는 지식 사회라고 하고 이러한 지식 재산이 세계 경제의 핵심으로 ❷ ______________ 고 있으니까 유망한 직업이라고 할 수 있지요. 게다가 변호사, 의사, 회계사 같은 전문직 ❸ ______________ 들 중에서도 최고의 소득을 올리는 것으로 알려져 있어요.

영　　수: 그래요? 그럼 어떻게 준비를 해야 될까요?

교　　수: 여기 관련 자료들이 많이 있으니까 한번 ❹ ______________ 어/아/여 보세요.

주제 어휘

직종	• 사무직	• 생산직	• 기술직	• 영업직	• 전문직
	• 서비스직	• 교직	• 연구직	• 성직	

01. 아래 직업과 관계가 있는 직종을 쓰십시오.

보기 자동차 공장 노동자, 화장품 공장 노동자 (생산직)

❶ 의사, 변호사 ( )

❷ 비서, 은행원 ( )

❸ 목사, 신부 ( )

❹ 비행기 승무원, 여행 안내원 ( )

02. 빈칸에 알맞은 말을 쓰십시오.

미국의 심리학자 홀랜드(John L. Holland, 1919~2008)의 인성 이론에서는 사람의 성격을 6가지로 분류하고 적합한 직업을 제시하고 있다. 성실하고 단순한 성격을 가진 현실적 유형은 체계적으로 조작하는 활동이나 신체적인 기술을 좋아하는데 기술자, 조종사 같은 **보기** 기술직이 ~~이/가~~ 잘 맞는다. 논리적이고 지적 호기심이 많은 탐구적 유형은 과학자, 연구원 같은 ❶ ________ 이/가 어울린다. 다른 사람들과 어울리기를 좋아하는 사회적 유형은 친절하고 이해심이 많으므로 교사 등의 ❷ ________ 이나/나 종교 지도자 같은 ❸ ________ 이/가 잘 맞는다. 말을 잘 하고 외향적인 진취적 유형은 영업사원, 보험판매원 같은 ❹ ________ 이/가 어울린다. 감정과 상상력이 풍부한 예술적 유형은 예술가의 길을 가면 좋고 정확하고 변화를 좋아하지 않는 관습적 유형은 공무원, 회계사 같은 직업이 어울린다.

문법 2 -는가 하면

동사나 형용사에 붙어 앞 문장과 뒤 문장의 내용이 상대적이거나 앞 문장의 내용에 뒤 문장의 사실을 덧붙여서 말할 때 쓴다.

❶ 어떤 사람들은 인터넷으로 정보를 얻는가 하면 어떤 사람들은 책에서 정보를 얻는다.

❷ 어떤 사람은 발음이 나쁜가 하면 어떤 사람은 억양이 자연스럽지 않아요.

❸ 더위를 많이 타는 사람이 있는가 하면 추위를 더 타는 사람도 있다.

❹ 이 세상에는 나쁜 사람이 있는가 하면 반대로 착하게 살아가는 사람도 있어요.

01. 보기 와 같이 쓰십시오.

보기 아침에 밥을 먹는 사람	아침에 빵을 먹는 사람
❶ 근력을 키우기에 좋은 운동	지구력을 키우기에 좋은 운동
❷ 손을 흔들면서 인사하는 나라	포옹하면서 인사하는 나라
❸ 색이 아름다운 도자기	형태가 아름다운 도자기
❹ 입맛이 까다로운 아이	뭐든지 잘 먹는 아이
❺ 고기 요리에 어울리는 와인	생선 요리에 어울리는 와인

보기 아침에 어떤 사람은 밥을 먹는가 하면 어떤 사람은 빵을 먹어요.

❶ ______________________________.

❷ ______________________________.

❸ ______________________________.

❹ ______________________________.

❺ ______________________________.

02. 다음 대화를 완성하십시오.

리에: 한국 학생들의 진학과 진로에 대해 궁금한 게 많아요. 한국 학생들은 중학교를 마치고 어떤 고등학교에 가게 돼요?

미선: **보기** 어떤 학생들은 인문계 고등학교에 가는가 하면 어떤 학생들은 실업계 고등학교에 가요. 일반적으로 인문계 고등학교를 마치면 대학교에 가고 실업계 고등학교를 마치면 취직하게 되지요.

리에: 그럼 인문계 고등학교에서는 다 똑같이 공부하나요?

미선: 1학년 때까지는 같이 공부하지만 2학년 때부터는 문과와 이과 중에서 원하는 과정을 선택해서 공부해요. ❶ ______________________________.

리에: 그렇군요. 그럼 실업계 고등학교에서 공부하는 학생들은 고등학교를 졸업한 후에 다 바로 취직하나요?

미선: 요즘에는 그렇지도 않아요. ❷ ______________________________. 실업계 고등학생들도 요즘에는 대학교에 많이 가요.

리에: 그래요? 한국 남자들은 다 군대에 가야 한다고 들었는데 남자 대학생들은 대학교를 졸업한 후에 가나요?

미선: 아니에요, ❸ ______________________________. 요즘에는 대학교 1, 2학년쯤에 빨리 군대에 가려는 학생들이 많은 것 같아요.

리에: 그렇군요. 그럼 대학교를 졸업하고 대학원에 진학하는 경우 바로 대학원에 가서 공부하게 되나요?

미선: 그건 사람마다 달라요. ❹ ______________________________. 보통 일반 대학원 학생들은 대학원에 바로 들어가고 MBA 같은 전문 대학원 학생들은 직장 생활을 하다가 대학원에 들어가요.

리에: 아, 그래요? 그럼 회사에 들어가는 학생들은 대학교를 졸업하고 바로 회사에 취직해요?

미선: 그것도 경우에 따라 달라요. ❺ ______________________________. 졸업 후 바로 취직하는 사람은 일반 회사에 들어가는 경우가 많고 전문직 자격증을 준비하는 사람들은 몇 년씩 공부하기도 해요.

문법 2 -어 가면서

동사에 붙어 뒤의 행동을 하는 동안 중간 중간에 앞의 행동을 함을 나타낸다.

❶ 일의 진행을 봐 가면서 다음 계획을 세웁시다.
❷ 간이 짜지지 않도록 맛을 봐 가면서 찌개를 끓였어요.
❸ 취미 생활도 해 가면서 살아야 인생을 즐겁게 살 수 있어요.
❹ 저는 책의 내용을 잊어버리지 않으려고 중요한 문장은 적어 가면서 읽어요.

01. 알맞게 연결하고 보기 와 같이 쓰십시오.

보기 모르는 단어는 사전을 찾다 •	• 읽으면 도움이 될 거예요.
❶ 물을 마시다 •	• 기계의 사용법을 배우면 기능을 자세히 알 수 있다.
❷ 설명서를 읽다 •	• 시험 문제를 풀어야 주어진 시간 안에 모든 문제를 풀 수 있어요.
❸ 써 온 걸 보다 •	• 삶은 계란을 먹어야 목이 막히지 않을 거예요.
❹ 시계를 보다 •	• 장거리 운전을 하세요.
❺ 휴게소에서 쉬다 •	• 발표하면 도움이 돼요.

보기 모르는 단어는 사전을 찾아 가면서 읽으면 도움이 될 거예요.

❶ ______________________________.

❷ ______________________________.

❸ ______________________________.

❹ ______________________________.

❺ ______________________________.

02. 다음과 같은 사람에게 어떤 충고를 해 주고 싶습니까? **보기** 와 같이 문장을 완성하십시오.

보기 쉬지 않고 열심히 일만 하는 사람	" 가끔 쉬어 가면서 일하도록 하세요."
❶ 아무 것도 먹지 않고 다이어트를 하는 사람	"______ 다이어트를 하세요."
❷ 상대방 말을 듣지 않고 자기 말만 하는 사람	"______ 대화를 하세요."
❸ 모르는 길을 묻지 않고 약도만 보는 사람	"______ 길을 찾으세요."
❹ 맛은 보지 않고 요리 책만 보면서 국을 끓이는 사람	"______ 국을 끓이세요."
❺ 회의 시간에 중요한 내용을 쓰지 않고 듣기만 하는 사람	"______ 회의 시간에 들으세요."

활동

다음과 같은 상황에 대해서 **보기** 와 같이 쓰십시오

상황	사람들의 반응	바람직한 것
보기 옆 차선의 차가 끼어들 때	양보해 주는 사람/ 양보해 주지 않는 사람	서로 양보한다.
어려운 문제가 있을 때	혼자서 해결하는 사람/ 주변 사람들과 의논하는 사람	여러 사람들과 의논한다.
발표할 때	이야기만 하는 사람/ 시각 자료를 보여 주는 사람	시각 자료를 보여 준다.

보기 운전할 때 보면 옆 차선의 차가 끼어들 때가 있다. 이때 양보해 주는 사람이 있는가 하면 절대 양보해 주지 않는 사람도 있다. 서로 양보해 가면서 운전해야 교통사고가 일어나지 않을 것이다.

부록

01 모범 답안
02 어휘 색인
03 문법 색인

제1과 성격

01 모르는 사람에게 말을 걸어 보는 연습을 했더니 효과가 있었어요

새 어휘

01 1) 극복하는　2) 경계하
3) 예민해서　4) 인정받아서
02 1) 눈치를 보면서　2) 소심한
3) 극복하　4) 간절하

주제 어휘

01 1) 남이 실수를 해도 금방 잊어버리고 화를 내는 일이 별로 없어요.
2) 백화점 여직원이 웃으며 친절하게 대해 주었어요.
3) 결정을 쉽게 하지 못해요.
4) 우리 사장님은 직원들의 생일도 잊지 않고 챙겨 주세요.
02 1) 느긋한　2) 덜렁거려서
3) 자상한　4) 대범한

문법1

01 1) 많이 걸었더니 다리가 아프다
2) 어젯밤에 라면을 먹고 잤더니 얼굴이 부었다
3) 약을 먹었더니 감기가 나았다
4) 이메일을 보냈더니 금방 답장이 왔다
5) 아이스크림을 많이 먹었더니 배가 아프다
02 1) 커피를 많이 마셨더니
2) 따뜻한 우유를 마셨더니
3) 발표를 끝냈더니
4) 강아지를 키웠더니
5) 사랑을 줬더니

문법2

01 1) 세상에 공짜는 없는 법이에요
2) 시간이 지나면 잊혀지는 법이에요
3) 오랫동안 같이 지내면 마음이 통하는 법이잖아
4) 인연이 있으면 결국 만나는 법이에요
5) 기다리면 때가 오는 법이에요
02 1) 앉아만 있으면 살이 찌는 법이에요
2) 서둘러서 일을 하면 실수하는 법이에요
3) 자리가 높으면 책임도 큰 법이에요
4) 좋아하는 음식도 날마다 먹으면 싫어지는 법이에요
5) 뭐든지 계속하면 실력이 좋아지는 법이에요

활동

1) 가: 주차 문제로 옆집 사람과 다투다가 화가 나서 크게 소리를 질렀더니 옆집 사람이 나한테 심한 말을 했어요.
나: 가는 말이 고와야 오는 말이 고운 법이니까 항상 조심해서 말을 해야 해요.
2) 가: 여자 친구에게 거짓말을 했더니 마음이 불편해요.
나: 진실은 밝혀지는 법이니까 지금이라도 사실대로 말하고 사과하는 게 좋을 것 같아요.

02 성격 형성은 환경에 달려 있다고 보는 사람들도 있어요

새 어휘

01 1) 영향을 미친다　2) 까다로워서
3) 기질이　4) 사교적이어서
02 1) 형성　2) 책임감이
3) 순응하는　4) 원만하다고

주제 어휘

01 1) 너그럽다　2) 인정이 많다
3) 붙임성이 있다　4) 여성스럽다
02 1) 애교가 많아서　2) 인정이 많은
3) 붙임성(이) 있　4) 싫증을 잘 냈잖아

문법1

01 1) 오늘 아침 뉴스에 따르면 인천 공항 근처에 있는 공장에서 불이 났대요
2) 의사 선생님의 말씀에 따르면 할아버지 건강이 많이 좋아지셨대요

3) 하버드 대학 보고서에 따르면 대인 관계가 행복에 가장 큰 영향을 미친대요
4) 조사 결과에 따르면 요즘에는 아들보다 딸을 더 선호한대요
5) 통계청 발표에 따르면 지난해 36.4%의 국민이 기부 활동에 참여했대요

02 1) 오스트리아 심리학자 프로이트의 말에 따르면 어렸을 때의 경험이 성격 형성에 중요하다고 했어요
2) 한국의 관상 이론에 따르면 얼굴과 체형에 따라 성격이 다르다고 해요
3) 한 신문 기사에 따르면 이란의 샴 쌍둥이 자매가 "우리는 얼굴은 같지만 생각, 성격이 모두 다르다"면서 분리 수술을 받고 싶어했대요
4) 미국 정신과 의사의 연구 결과에 따르면 어렸을 때 기질이 커서도 크게 변하지 않았다고 해요
5) 행동학자 스키너의 설명에 따르면 인간의 행동은 학습되는 것이고 조건에 따라 변화된다고 했어요

문법2

01 1) 노년의 행복은 건강에 달려 있다
2) 한 나라의 미래는 젊은이들에게 달려 있다
3) 신제품의 성공은 마케팅에 달려 있다
4) 환경 보호는 국민들의 의식에 달려 있다
5) 행복한 결혼생활은 서로 감사하는 마음에 달려 있다

02 1) 공부하는 방법에 달려 있어요
2) 시간 관리에 달려 있는 것 같아요
3) 자신감에 달려 있다고 생각해요
4) 그날의 컨디션에 달려 있는 것 같아요
5) 운에 달려 있어요

활동

1) 가: 어떻게 하면 건강이 빨리 회복될 수 있을까요?
나: 의사 선생님의 말씀에 따르면 건강의 회복은 본인의 의지에 달려 있대요. 그러니까 빨리 나아야겠다는 긍정적인 마음을 갖는 게 중요한 것 같아요.

2) 가: 어떻게 하면 우리 아이를 잘 키울 수 있을까요?
나: 교육학자의 말에 따르면 아이의 미래는 부모의 교육에 달려 있다고 합니다. 그러니까 아이를 잘 교육시키기 위해 늘 고민해야 합니다.

03 새로운 일에 도전하는 걸 좋아하다가 보니 다양한 활동에 참여하는 편이에요

새 어휘

01 1) 개방적 2) 도전한다고
3) 성향이 4) 구체적

02 1) 목표를 2) 구체적으로
3) 철저하 4) 받아들이는

주제 어휘

01 1) 폐쇄적 2) 열정적
3) 낙관적 4) 충동적

02 1) 비관적 2) 현실적
3) 이상적 4) 냉소적으로
5) 진취적

문법1

01 1) 오래 사귀다가 보니 처음에는 몰랐던 그 사람의 단점도 알게 됐어요
2) 매일 한국 뉴스를 듣다가 보니 듣기 실력이 좋아졌어요
3) 매운 음식을 자주 먹다가 보니 이제 매운 음식을 잘 먹게 됐어요
4) 퇴근한 후에 자주 술을 마시다가 보니 건강이 나빠진 것 같아요
5) 오랜 시간 앉아서 컴퓨터를 하다가 보니 어깨와 허리가 많이 아파요

02 1) 아침에 늦게 일어나다가 보니 아침을 먹을 시간도 없어
2) 아침을 자주 굶다가 보니 위가 안 좋아진 것 같아
3) 일을 빨리 처리해야 할 때 일에 집중하지 못하다가 보니 과장님께 혼날 때가 많아
4) 과장님께 자주 혼나다가 보니 스트레스가 쌓이

게 돼

5) 퇴근 후에 자주 술을 마시다가 보니 집에 늦게 올 때가 많아

문법2

01 1) 밥을 굶기보다 운동을 하면서 다이어트를 하는 게 좋아요.

2) 머리를 자르기보다 좀 더 기르는 게 어떨까요?

3) 목이 마르면 음료수를 마시기보다 물을 마시는 게 어때요?

4) 요즘 사람들은 전화로 연락하기보다 문자메시지로 연락하는 편이에요.

5) 아이가 어려워할 때마다 도와주기보다 스스로 할 수 있게 해야 해요.

02 1) 횡단보도의 녹색 신호등이 깜빡거릴 때 바로 뛰기보다 다음 신호 때까지 기다려요

2) 여러 사람과 만나는 모임에서 다른 사람의 말을 듣기보다 내 이야기를 많이 해요

3) 첫 데이트 후에 먼저 연락을 하기보다 연락이 올 때까지 기다려요

4) 남자(여자) 친구에게 전화를 했는데 받지 않을 때 남자(여자) 친구에게서 연락이 올 때까지 기다리기보다 전화를 받을 때까지 계속 전화를 걸어요

5) 생각하지 않았던 돈이 생겼을 때 써 버리기보다 저축해요

활동

1) 가: 저는 좀 충동적으로 행동하는 편이에요. 그래서 하고 싶은 일이 생길 때마다 바로 행동으로 옮기다가 보니 나중에 후회할 때가 많아요.

나: 그럼 하고 싶은 일이 생길 때마다 무조건 행동으로 옮기기보다 며칠 생각을 해 보고 행동으로 옮길지 결정하세요.

2) 가: 저는 솔직하게 말하는 편이에요. 그래서 언제든지 솔직하게 내 생각을 말하다가 보니 가끔 내 말에 상처를 입는 사람이 생겨요.

나: 그럼 무조건 솔직하게 자기 생각을 말하기보다 말하기 전에 깊이 생각해 본 후에 말하세요.

04 성격 검사 결과로 봐서는 학자나 은행원이 잘 맞을 것 같군요

새 어휘

01 1) 조직을 2) 안정적

3) 논리적 4) 협력적

02 1) 경력으로 2) 금융기관

3) 단조로운 4) 안정적

5) 조직

주제 어휘

01 1) 독창성이 2) 성실성을

3) 판단력이 4) 적극성을

02 1) 창의력 2) 추진력

3) 결단력 4) 친화력이

문법1

01 1) 통장도 만들 겸 전화 요금도 낼 겸

2) 친구도 만날 겸 서점에도 갈 겸

3) 살도 뺄 겸 운동도 할 겸

4) 한국어 듣기도 연습할 겸 한국 문화도 배울 겸

5) 발표 준비도 할 겸 밀린 숙제도 할 겸

02 1) 친구도 만날 겸 쇼핑도 할 겸

2) 밀린 숙제도 할 겸 예습도 할 겸 일찍 학교에 왔어요

3) 노래 연습도 할 겸 스트레스도 풀 겸 노래방에 자주 가요

4) 도시락 반찬도 만들 겸 집들이 음식 준비도 할 겸 장을 많이 봤어요

5) 아름다운 경치도 구경할 겸 기분전환도 할 겸

문법2

01 1) 외모로 봐서는 2) 디자인으로 봐서는

3) 표정으로 봐서는 4) 기능으로 봐서는

5) 나이로 봐서는

02 1) 지금 성적으로 봐서는 한국 대학교에 들어가기 어려울 것 같아요

2) 색깔로 봐서는 하얀색 가방을 선물하는 게 좋을 것 같아요

3) 말투로 봐서는 일본 사람인 것 같아요
4) 옷차림으로 봐서는 학생인 것 같아요
5) 얼굴형으로 봐서는 짧은 머리가 어울릴 것 같아요

활동

1) 가: 이번 방학에 용돈도 벌 겸 사회 경험도 할 겸 아르바이트를 하려고 하는데 이 두 곳 중에서 어디가 더 괜찮을까?
   나: 글쎄, 보수로 봐서는 식당 아르바이트가 괜찮을 것 같은데 근무 시간으로 봐서는 주말에 쉴 수 있는 편의점 아르바이트가 더 좋을 것 같아.
2) 가: 이번 방학에 용돈도 벌 겸 부모님도 도와드릴 겸 아르바이트를 하려고 하는데 이 두 곳 중에서 어디가 더 좋을까?
   나: 글쎄, 교통편으로 봐서는 식당 아르바이트가 더 좋을 것 같은데 걸리는 시간으로 봐서는 편의점 아르바이트가 더 괜찮을 것 같아.

제2과 전통

01 예전에 비하면 장을 사다 먹는 사람들이 많아졌어요

새 어휘

01 1) 좌우할 2) 숙성된
3) 안타깝다 4) 고유
02 1) 장독대로 2) 발효를
3) 숙성돼서 4) 가옥

주제 어휘

01 1) 매콤하다 2) 구수하다
3) 떫다 4) 비리다
02 1) 달콤한 2) 얼큰한
3) 새콤한 4) 느끼한

문법1

01 1) 켜 두 2) 세워 두세요
3) 기억해 둬야 4) 자 둬야겠다
5) 담가 둔다
02 1) 씻어 두세요 2) 담가 두세요
3) 불려 두세요 4) 썰어 두세요
5) 볶아 두세요

문법2

01 1) 품질에 비하면 2) 하는 일에 비하면
3) 예전 제품에 비하면 4) 노력에 비하면
5) 연세에 비하면
02 1) 1950년대에 비하면 1960년대에는 라면, 빵 등이 새롭게 개발되어 밀가루 음식을 많이 먹게 됐어요
2) 1970년대에는 예전에 비하면 농업기술이 발전되어 쌀 생산이 늘어났어요
3) 예전에 비하면 1980년대에는 막걸리 소비가 줄고 맥주 소비가 늘어났어요
4) 옛날에 비하면 1990년대에는 패스트푸드 소비가 늘어났어요
5) 이전 시대에 비하면 2000년대에는 채식, 유기농 건강식에 대한 관심이 높아졌어요

활동

1) 가: 3급에 비하면 4급은 배우는 단어가 많고 어려워요.
   나: 고급으로 올라갈수록 단어가 점점 어려워지니까 미리 예습해 두세요.
2) 가: 한 달 전에 비하면 달러 환율이 많이 올랐어요.
   나: 앞으로 더 오른다고 하니까 유학을 가기 전에 달러를 환전해 두도록 하세요.

02 전통 예술이 원래의 모습을 잃지 않을까 싶은데요

새 어휘

01 1) 아무래도 2) 거리감이 3) 고급화되 4) 대중화하려면

02 1) 발굴하 2) 계승 3) 거리감 4) 기획하

주제 어휘

01 1) 풍물놀이는 2) 사물놀이는 3) 보존해서 4) 발전하, 발전해야

02 1) 판소리 2) 탈춤 3) 사물놀이 4) 풍물놀이

문법1

01 1) 몸이 아프면 마음도 약해지게 마련이에요
2) 사랑을 하면 모든 것이 아름다워 보이게 마련이에요
3) 공부를 열심히 하지 않으면 성적이 떨어지게 마련이에요
4) 이기적인 행동을 많이 하면 인간관계가 나빠지게 마련이에요
5) 이익만 생각하고 일을 하면 여러 가지 문제가 생기게 마련이에요

02 1) 갑자기 무리한 운동을 하면 몸살이 나게 마련이에요
2) 좋아하는 음식도 자주 먹으면 싫증이 나게 마련이에요
3) 음식이 맛있으면 손님이 많게 마련이니까
4) 외국어는 쓰지 않으면 잊어버리게 마련이에요
5) 무슨 일이든 성실하게 하면 좋은 결과가 있게 마련이에요

문법2

01 1) 민철이가 발표 연습을 충분히 하지 않았는데 잘 할 수 있을까 싶다
2) 이렇게 무조건 단어를 외우는 게 한국어 실력 향상에 도움이 될까 싶다
3) 한국의 대표적인 음식 하면 제일 먼저 생각나는 것이 김치가 아닐까 싶다
4) 문화를 체험하면서 한국말을 배울 수 있는 프로그램을 더 늘려야 하지 않을까 싶다
5) 국악 관련 공연이 많아져야 사람들이 전통 예술에 대해 더 관심을 가지지 않을까 싶다

02 1) 되지 않을까 싶습니다
2) 들지 않을까 싶은데요
3) 좋지 않을까 싶습니다
4) 보러 오지 않을까 싶
5) 알아봐야 하지 않을까 싶습니다

활동

1) 가: 남자 친구하고 헤어진 후 마음이 너무 아파서 힘들어요.
나: 세월이 가면 아픔도 잊혀지게 마련이에요. 시간이 약이라는 말처럼 시간이 가면 점점 괜찮아지지 않을까 싶은데요. 서둘러 괜찮아지려고 하기보다 그냥 조금 아파도 그 시간을 보내면 점점 괜찮아질 거예요.

2) 가: 대학에서 여자 친구를 사귄 후 늘 여자 친구와 붙어 다녔어요. 그런데 여자 친구가 이제 데이트할 때만 만나고 각자 따로 자기 생활을 하재요. 좀 당황스러워서 어떻게 해야 할지 모르겠어요.
나: 사랑하는 사람도 늘 같이 있으면 지루해지게 마련이에요. 오히려 가끔 만나야 설레는 마음이 생기지 않을까 싶은데요. 혼자 있는 시간도 배려해 주면 두 사람의 관계가 더 좋아질 거예요.

03 옛날 사람들은 후손의 미래가 조상의 무덤 자리에 의해 결정된다고 믿었어요

새 어휘

01 1) 지형이다 2) 여긴다 3) 통해서 4) 고려해야

02 1) 지형과 2) 풍수지리 3) 배산임수 4) 여겼습니다 5) 무덤

주제 어휘

01 1) 안방 2) 마루
3) 건넌방 4) 마당

02 1) 기와집 2) 초가집을
3) 처마라고 4) 천장이라고

문법1

01 1) 소고기는 국내산을 최고로 칩니다.
2) 몇 사람의 의견을 다수의 의견으로 간주했다.
3) 사고가 났지만 다치지 않은 것을 다행으로 여긴다.
4) 나를 배신한 그 사람을 더 이상 친구로 생각하지 않는다.
5) 그 사람은 회사에서 일어난 모든 일을 자신의 일로 생각한다.

02 1) 동생으로 생각하는/ 후배로 여기는
2) 박 씨를 범인으로 보
3) 햇빛이 잘 들고 시원한 남향집을 좋은 집으로 생각합니다
4) 실수로 여기
5) 다 이해한 것으로 간주하겠어요

문법2

01 1) 순서에 의해 2) 바이러스에 의해
3) 상상력에 의해 4) 노력에 의해
5) 만드는 사람에 의해

02 1) 풍수지리에 의해 정해졌습니다
2) 회사 규칙에 의해 팀 전체가 책임을 지기로 했습니다
3) 학생회장은 투표에 의해 뽑혔습니다
4) 한 사람의 노력에 의해 유지되는 관계는 오래 가지 못해
5) 사람의 성격은 환경에 의해 결정된다고 생각합니다

활동

1) 가: 한 사람의 성공은 무엇에 의해 결정된다고 생각하세요?
나: 저는 운이나 집안 환경보다 노력에 의해 결정된다고 생각합니다. 어려운 환경에서 태어났지만 스스로 열심히 노력해서 성공하는 사람들이 많이 있으니까요. 이런 점으로 볼 때 한 사람의 성공에 가장 큰 영향을 끼치는 것은 그 사람의 노력으로 생각됩니다.

2) 가: 언어의 변화에 가장 큰 영향을 미치는 것은 무엇이라고 생각하세요?
나: 나라에서 정한 규칙이나 방송 매체 등의 영향도 큽니다. 그렇지만 저는 무엇보다도 언어를 사용하는 사람들에 의해 언어가 달라진다고 생각합니다. 나라에서 언어 규칙을 정해도 사용하는 사람들이 그것을 따르지 않는 경우가 많습니다. 또, 사람들이 사용하는 언어에 맞춰서 언어 규칙이 달라지는 경우도 있습니다. 따라서 언어의 변화에 가장 큰 영향을 미치는 것은 언어를 사용하는 사람들로 생각됩니다.

04 마치 보름달을 보는 것처럼 푸근하고 넉넉한 느낌이었어요

새 어휘

01 1) 걸쳐서 2) 자자손손
3) 푸근하 4) 넉넉한

02 1) 가업을 2) 장인
3) 평을 받 4) 이어

주제 어휘

01 1) 나라에서 보호하는 귀중한 문화재. 남대문.
2) 역사적, 예술적인 가치가 크고 형태가 있는 중요한 문화재. 도자기.
3) 역사적, 예술적으로 가치가 있고, 형체가 없는 중요한 문화재. 탈춤.
4) 보호할 가치가 있는 자연 환경. 제주도 거문오름.

02 1) 유지하 2) 맥을 이을
3) 국보 4) 복원하는

문법1

01 1) 어린이날이라기에 조카에게 줄 선물을 샀어요
2) 그 학원이 잘 가르친다기에 그 학원에 등록했

어요
3) 밖에 나가서 놀겠다기에 잠깐만 놀고 오라고 했어요
4) 친구가 이사했다기에 선물을 사 가지고 갔어요
5) 내일 비가 올 거라기에 우산을 준비해 가지고 나왔어요

02 1) 길을 모른다기에
2) 숙제를 다음 주까지 내도 된다기에
3) 인삼차를 마시면 좋다기에
4) 인삼이 안 좋다기에
5) 친구가 같이 공부하자기에

문법2

01 1) 외국이지만 한국에 오래 살아서 마치 고향에 사는 것처럼 편안하게 느껴져요
2) 오늘 모두들 마치 약속이라도 한 것처럼 일찍 왔어요
3) 처음 만났는데도 마치 예전부터 알고 지내 온 것처럼 편하게 느껴졌어요
4) 하숙집 아주머니가 우리를 마치 가족처럼 따뜻하게 대해 주세요
5) 영상통화를 하면 그 사람이 마치 옆에 있는 것처럼 가깝게 느껴져요

02 1) 마치 한 폭의 그림을 보는 것처럼
2) 마치 꿈을 꾸는 것처럼
3) 마치 구름 위에 누워 있는 것처럼
4) 마치 어린아이가 된 것처럼
5) 마치 아무 일도 없었던 것처럼

활동

1) 가: 지난 주말을 어떻게 보내셨어요?
나: 이번 달 내내 밤에도 경복궁을 연다기에 경복궁에 다녀왔는데 경복궁의 야경이 마치 한 폭의 그림을 보는 것처럼 아름다웠어요.
2) 가: 어디로 여행을 다녀오셨어요?
나: 남이섬에 유명한 영화 촬영지가 있다기에 다녀왔는데 거기서 마치 영화 속의 주인공이 된 것처럼 사진도 찍고 재미있는 시간을 보내다가 왔어요.

제3과 변화

01 나이가 많다고 해서 다 결혼해야 하는 건 아니지요

새 어휘

01 1) 걱정이 이만저만이 아니다
2) 악영향을
3) 현상이 4) 필수

02 1) 세대 2) 경제력이
3) 현상이 4) 가속화되

주제 어휘

01 1) 미혼 2) 기혼
3) 이혼 4) 시집가다

02 1) 독신으로
2) 장가가려고(가정을 이루려고)
3) 재혼을 4) 초혼이니까

문법1

01 1) 아이큐가 높다고 해서 학교 공부를 잘 하는 건 아니에요.
2) 남자라고 해서 누구나 예쁜 여자를 좋아하지는 않아요.
3) 건강식품을 많이 먹는다고 해서 건강해지는 건 아닌 것 같아요.
4) 실력이 있다고 해서 좋은 회사에 취직할 수 있는 건 아니에요.
5) 한국 사람이라고 해서 누구나 한국어 문법을 잘 아는 건 아니에요.

02 1) 몸이 건강하다고 해서
2) 많이 배우고 많이 안다고 해서
3) 성공한다고 해서
4) 친구가 많은 사람이라고 해서
5) 행복한 가정을 이뤘다고 해서

문법2

01 1) 더운 날씨에 밖에 오래 서 있으면 쓰러지는 수가 있어요

2) 그렇게 앞을 잘 안 보고 뛰면 넘어지는 수가 있어요
3) 운전할 때 휴대전화를 사용하면 사고가 나는 수가 있어요
4) 음식을 냉장고에 넣지 않으면 상하는 수가 있어요
5) 그렇게 지갑을 주머니에 넣고 다니면 잃어버리는 수가 있어요

02 1) 시력이 떨어지는 수가 있어
2) 학점을 잘 못 받는 수가 있어요
3) 실수하는 수가 있단다
4) 건강이 나빠지는 수가 있으니까
5) 체하는 수가 있어

활동

1) 가: 저는 물에 빨리 들어가고 싶어서 수영하기 전에 준비운동을 안 할 때가 많아요.
나: 물에 빨리 들어가고 싶다고 해서 준비운동을 안 하면 안 돼요. 그렇게 준비운동을 안 하고 물에 들어가면 심장마비에 걸리는 수가 있어요.
2) 가: 저는 일이 아주 바쁠 때는 친한 친구의 메일에 답장을 안 할 때가 있어요. 친한 친구니까 이해해 주겠지요?
나: 친한 친구라고 해서 메일에 답장을 안 하면 안 돼요. 그런 일이 자주 있다 보면 친구 사이가 멀어지는 수가 있어요.

02 두 분이 심사숙고해서 결정하신 만큼 잘 해 나가실 거라고 믿어

새 어휘

01 1) 조촐하 2) 치르
3) 주변 4) 시선이
02 1) 심사숙고해서 2) 주변
3) 편견이나 4) 시선

주제 어휘

01 1) 우리 가족은 할아버지, 할머니, 부모님과 형, 남동생, 그리고 저 모두 7명이에요. 우리는 모두 같이 살고 있어요.
2) 어머니하고 저, 두 사람만 같이 살아요.
3) 어머니는 한국 분이시고 아버지는 중국 분이세요.
4) 돌아가신 부모님을 대신해 할아버지, 할머니께서 저를 키워주고 계세요.
02 1) 비동거 가족이라고 2) 1인 가구라고
3) 조손 가족이라고 4) 공동체 가족이라고

문법1

01 1) 우리 아이가 날마다 가까이에서 TV를 보더니 눈이 나빠졌어요.
2) 내 친구가 열심히 공부하더니 장학금을 받았어요.
3) 언어 교환 친구를 만나러 간다더니 잘 만났어요?
4) 미선이는 어릴 때부터 예쁜 옷에 관심이 많더니 디자이너가 되었어요.
5) 내 친구는 평소에 돈을 열심히 모으더니 집을 샀어요.
02 1) 역사에 관심이 많더니
2) 자주 택시를 타고 학교에 오더니
3) 결혼을 하지 않겠다고 자주 말하더니
4) 음악대학에 들어가더니
5) 세계 여행을 하고 싶다더니

문법2

01 1) 중요한 회의인 만큼 꼭 참석해야 합니다
2) 이 물건은 깨지기 쉬운 만큼 포장을 잘 해야 합니다
3) 열심히 노력한 만큼 좋은 결과가 있을 거예요
4) 오랜만에 여행을 가는 만큼 기대가 됩니다
5) 일이 힘든 만큼 월급이 많아요
02 1) 값이 비싼 만큼
2) 첫 만남인 만큼
3) 최선을 다해 만든 만큼
4) 열심히 준비한 만큼
5) 경험이 많으신 만큼

활동

1) 가: 친구 분은 사업 잘 하고 있어요?
   나: 은행에서 돈을 많이 빌려서 무리하게 투자하더니 요즘 사업에 실패하고 말았어요. 저와 평생을 함께 한 소중한 친구인 만큼 이 친구를 더 많이 도와주고 싶어요.
2) 가: 고향 친구는 요즘 어떻게 지내요?
   나: 그 친구는 늘 한국으로 유학을 오고 싶어 하더니 지난달에 한국으로 유학을 왔어요. 이 친구보다는 제가 한국에서 더 오래 산 만큼 제가 친구를 도와줘야겠어요.

03 물질적으로 풍요로워짐에 따라 정신적인 가치를 중요하게 여기는 사람들이 늘고 있습니다

새 어휘

01 1) 풍요롭 2) 제값을 3) 대표적 4) 자체가
02 1) 가치를 2) 독특한 3) 상관하 4) 물질적으로

주제 어휘

01 1) 수입 2) 지출이 3) 생산자와 4) 절약할
02 1) 구매하는 2) 판매하 3) 저가 4) 고가

문법1

01 1) 값이 싸건 비싸건 꼭 살 거예요
2) 선배건 후배건 만나면 인사를 하세요
3) 내일 비가 오건 안 오건 여행을 갑시다
4) 재미가 있건 없건 날마다 숙제를 해야지요
5) 시험 기간이건 아니건 열심히 공부를 해야 돼요

02 1) 음료건 음식이건 먹는 것은 가지고 들어올 수 없습니다
2) 연필이건 볼펜이건 도서관 책에 아무 것도 쓰지 마십시오
3) 다른 사람이 있건 없건 도서관에서 시끄럽게 하면 안 됩니다
4) 빈자리가 많건 적건 혼자서 여러 자리를 사용하면 안 됩니다
5) 평일이건 주말이건 항상 12시까지 이용할 수 있습니다

문법2

01 1) 스마트폰이 대중화됨에 따라 인터넷을 사용하기가 편해졌어요
2) 환경오염이 심해짐에 따라 날씨가 점점 이상해졌어요
3) 근무 시간이 길어짐에 따라 가족과 대화하는 시간이 줄어들었어요
4) 시간이 흘러감에 따라 상처가 점점 없어졌어요
5) 자동차를 가진 사람이 늘어남에 따라 출퇴근 시간에 교통이 더 복잡해졌어요

02 1) 결혼하는 사람들이 줄어듦에 따라 출산율이 낮아졌습니다
2) 출산율이 낮아짐에 따라 고령화 사회가 됐습니다
3) 사회가 고령화됨에 따라 산업 인구가 감소됐습니다
4) 산업 인구가 감소됨에 따라 국민의 경제적 부담이 더 커졌습니다
5) 국민의 경제적 부담이 더 커짐에 따라 경제가 더욱 악화될 겁니다

활동

1) 가: 요즘에는 낮이건 밤이건 문을 여는 가게들이 많아졌어요. 이것 때문에 생긴 가장 큰 변화는 무엇일까요?
   나: 밤에도 문을 여는 가게들이 많아짐에 따라 늦게까지 시내를 다니는 버스가 생겼어요.
2) 가: 요즘에는 남자건 여자건 커피를 많이 마셔요. 이것 때문에 생긴 가장 큰 변화는 무엇일까요?
   나: 커피를 마시는 사람들이 늘어남에 따라 커피숍도 많아졌어요.
3) 가: 요즘에는 학생이건 직장인이건 다 바쁜 것 같아요. 이것 때문에 생긴 가장 큰 변화는 무엇일까요?
   나: 사람들이 바빠짐에 따라 음식을 배달하는

식당이 늘어났어요.

04 기술이 중요했던 예전 사회와 달리 지금은 지식과 정보의 중요성이 커졌습니다

새 어휘

01 1) 수출 2) 비중이
3) 그쳤다 4) 차지하
02 1) 차지했지만 2) 제조업과
3) 종사하는 4) 지적했다

주제 어휘

01 1) 축산업 2) 경공업
3) 중공업 4) 유통업(또는 상업)
02 1) 금융업 2) 통신업
3) 농업 4) 서비스업과

문법1

01 1) 예전과 달리 2) 평소와 달리
3) 기대와 달리 4) 마음과 달리
5) 결심과 달리
02 1) 신발을 벗고 들어가는 한국의 집과 달리 미국의 집은 신발을 벗지 않고 들어가요
2) 팁을 주지 않는 한국의 식당과 달리 미국의 식당은 팁을 줘요
3) 3월에 새 학기가 시작되는 한국의 대학과 달리 일본 대학은 4월에 새 학기가 시작돼요
4) 윗사람에게 고개를 숙여서 인사하는 한국의 예절과 달리 미국의 예절은 고개를 숙이지 않고 인사해요
5) 팥빙수를 비벼 먹는 한국 사람들과 달리 일본 사람들은 팥빙수를 비벼 먹지 않아요

문법2

01 1) 그 분은 암을 이겨 내고 건강을 회복하셨어요
2) 의사 선생님이 응급실에 온 환자를 살려 냈어요
3) 그 예술대학은 훌륭한 예술가들을 많이 길러 냈어요
4) 남대문은 화재로 없어진 것을 옛 모습 그대로 복원해 낸 거래요
5) 어머니는 이렇게 많은 음식을 30분 만에 어떻게 다 상에 차려 냈을까요?
02 1) 모든 어려움을 극복해 내는
2) 사장님과 약속한 대로 제품을 만들어 내지 못해서
3) 그것을 해결해 냈을 때
4) 아픔을 참아 내는 장면이
5) 옛 사랑과 약속한 장소를 기억해 내서

활동

1) 1960년대와 달리 1970년대는 중공업이 발달했다. 그래서 선진국으로 가는 기초를 만들어 냈다.
2) 1980년대와 달리 현재는 제조업 인구는 줄고 실업률이 높아지면서 경제가 나빠지고 있다. 그래서 이 문제를 해결할 방법을 찾아 냈다.

제4과 교육

01 장난꾸러기였던 아이가 점점 모범생으로 변하는 모습이 인상적이더라

새 어휘

01 1) 편은 2) 역효과가
3) 저지르면 4) 바람직하다고
02 1) 끌려고 2) 장난칠
3) 바람직한 4) 모범생으로

주제 어휘

01 1) 야단치 2) 타이르세요
3) 격려할 4) 체벌을 가해서
02 1) 매를 들어서 2) 무시하는
3) 칭찬해야 4) 평가하는

문법1

01 1) 교수님이 영수를 심하게 나무라시더라

2) 오늘 강의 내용은 이해하기가 어렵더라
3) 시험이 끝난 후에 친구들 표정이 모두 어둡더라
4) 시험 기간에는 도서관 열람실에서 빈자리를 찾기 어렵다고 하더라(어렵다더라)
5) 과 모임을 할 때 친구들이 모두 약속 시간을 어기고 늦게 와서 과대표가 화를 냈다고 하더라(냈다더라)

02 1) 지하철역이 있더라
2) 서울 곳곳으로 가는 버스도 많더라
3) 운동하기가 좋더라
4) 쇼핑몰도 많더라
5) 차 지나가는 소리 때문에 시끄럽더라

문법2

01 1) 남녀가 사귀다(가) 보면 말다툼을 할 때도 있어요
2) 직장생활을 하다(가) 보면 힘들 때도 있어요
3) 운동을 계속 하다(가) 체력이 좋아질 거예요
4) 대화를 계속 안 하다(가) 보면 오해가 생기는 수가 있어요
5) 처음에는 지루하겠지만 계속 읽다(가) 보면 재미를 느낄 거예요

02 1) 먹다(가) 보면 잘 먹게 될 거야
2) 계속 듣다(가) 보면 알아듣게 될 거야
3) 이야기하다(가) 보면 한국 친구를 사귀게 될 거야
4) 읽다(가) 보면 이해하게 될 거야
5) 쓰다(가) 보면 (리포트 쓸 때 걸리는) 시간이 점점 줄어들 거야

활동

1) 가: 새 동료하고 함께 일하기 시작했는데 그 동료는 말이 없고 무뚝뚝하더라. 그래서 같이 일할 때 불편해.
나: 나도 그 사람하고 처음 일할 때는 그렇게 느꼈어. 하지만 계속 같이 일하다가 보면 상냥한 사람이라는 걸 알게 될 거야.
2) 가: 요가를 시작했는데 동작을 따라 하기가 너무 힘들더라. 그래서 그만둘까 생각 중이야.
나: 나도 처음 배울 때는 정말 힘들었어. 하지만 너도 계속 하다가 보면 잘 따라 하게 될 거야.

02 인성 발달에 좋은 영향을 줄 리 없습니다

새 어휘

01 1) 작용한다 2) 일관된
3) 정책 4) 대비할

02 1) 대비하 2) 과열되
3) 인성 4) 소신이

주제 어휘

01 1) 영재 교육은 2) 조기 교육을
3) 주입식 교육은 4) 과외

02 1) 선행 학습을 2) 과외라도
3) 예체능 교육 4) 입시 위주 교육

문법1

01 1) 열심히 공부했으니까 떨어졌을 리가 없어요
2) 성실한 사람이니까 그런 나쁜 일을 했을 리가 없어요
3) 우리 부모님은 엄격하셔서 허락하실 리가 없어요
4) 성격이 좋으니까 친구들 사이에서 인기가 없을 리가 없어요
5) 부모님이 두 분 다 키가 크시니까 아이들도 작을 리가 없어요

02 1) 잊었을 리가 있겠어/ 잊을 리가 있겠어
2) 샀을 리가 없지 / 살 리가 없지
3) 안 샀을 리가 없지 / 안 살 리가 없지
4) 모를 리가 있겠어
5) 알 리가 없지

문법2

01 1) 한국 회사에 취직하자면 한국어를 잘 해야 해요
2) 회사 생활을 잘 하자면 동료들과 좋은 관계를 가져야 해요
3) 해외에서 공부하자면 돈이 많이 들 거예요
4) 좋은 대학교에 입학하자면 열심히 공부해야 해요
5) 한국말을 잘 하자면 한국 친구를 많이 사귀는 게 좋아요

02 1) 건강해지자면
2) 집중력을 높이자면

3) 입학하자면
4) 얻자면
5) 좋은 인상을 주자면

활동

1) 웨이: 선생님한테 추천서를 받아야 하는데 그동안 결석을 너무 많이 해서 써 주실지 모르겠어.
   리리: 그렇게 결석을 많이 했는데 써 주실 리가 없지. 선생님한테 추천서를 받자면 성적은 물론이고 출석도 좋아야 해.
2) 웨이: 나는 컴퓨터 공학과에 들어가고 싶은데 컴퓨터에 대해서 아는 것이 없어서 걱정이야. 합격할 수 있을까?
   리리: 컴퓨터를 모르는데 컴퓨터 공학과에 합격할 수 있을 리가 없지. 컴퓨터 공학과에 들어가자면 컴퓨터에 대해서 많이 알아야 해.

03 이번 학기에 공부를 너무 안 해서 낙제할 뻔했어요

새 어휘

01 1) 실습 2) 가치관
3) 회의를 4) 효율적으로
02 1) 낙제했다 2) 고졸
3) 현장 4) 실습을

주제 어휘

01 1) 학사 2) 석사
3) 박사 4) 대안학교
02 1) 국·공립학교 2) 사립학교로
3) 의무교육으로 4) 대안학교

문법1

01 1) 큰 불이 날 뻔했어요
2) 지갑을 못 찾을 뻔했어요
3) 감기에 걸릴 뻔했어요
4) 죽을 뻔했어요
5) 약속을 잊어버릴 뻔했어요
02 1) 못 일어날 뻔했어요
2) 체할 뻔했어요
3) 잊어버릴 뻔했어요/ 안 가지고 나올 뻔했어요
4) 사고가 날 뻔했어요
5) 다칠 뻔했어요

문법2

01 1) 자신감만으로는 성공할 수 없다
2) 사랑만으로는 결혼 생활을 잘 할 수 없다
3) 학교 수업을 잘 듣는 것만으로는 한국어 실력을 늘릴 수 없다
4) 운동만으로는 살을 뺄 수 없다
5) 많이 만나는 것만으로는 그 사람을 알 수 없다
02 1) 국내 학위만으로는
2) 영어 실력만으로는
3) 자격증만으로는
4) 인턴 경력만으로는
5) 논문 몇 편 쓴 것만으로는

활동

1) 저는 커피숍을 운영하는 것이 꿈이었습니다. 그래서 커피 만드는 연습을 열심히 하여 바리스타가 되었어요. 그런데 요즘에는 맛있는 커피를 만드는 것만으로는 커피숍이 잘 안 된다는 이야기를 듣고 학원에 다니며 빵, 과자, 케이크 만드는 것도 배웠어요. 실제로 커피숍을 운영해 보니까 대부분의 손님들이 커피만 마시기보다는 빵이나 케이크를 같이 먹습니다. 빵이나 케이크를 팔지 않았다면 커피숍이 잘 안 될 뻔했어요. 제빵, 제과 기술을 배워 두기를 얼마나 잘 했는지 모릅니다.
2) 저는 세계적인 피겨 스케이팅 선수가 되는 것이 꿈이었습니다. 그래서 스케이트를 열심히 타서 스케이팅 실력을 키웠어요. 그런데 스케이팅 실력만으로는 세계적인 선수가 될 수 없다는 이야기를 듣고 예술성을 높이기 위해서 발레도 배우고 좋은 음악도 많이 들었어요. 실제로 세계 대회에 나가 보니까 아름답게 스케이트를 타는 선수들이 얼마나 많았는지 몰라요. 발레도 배우지 않고 좋은 음악도 많이 듣지

않았다면 세계 대회에서 상을 받지 못할 뻔했어요. 이런 노력을 하기를 얼마나 잘 했는지 모릅니다.

04 설마 학점을 못 받게 되는 건 아니겠지?

새 어휘

01 1) 진작 2) 공개를
3) 정 4) 기초가
02 1) 기초 2) 공개
3) 제출하 4) 진행

주제 어휘

01 1) 평생 교육 2) 사이버 대학
3) 자기 주도적 학습 4) 학점은행제
02 1) 웹 기반 2) 전자 학습은
3) 모바일 학습은 4) 자기 주도적 학습을

문법1

01 1) 설마 음식이 부족한 건 아니겠지요?
2) 설마 시험에 떨어지는 건 아니겠지요?
3) 설마 집에 아무도 없는 건 아니겠지요?
4) 설마 그 사람이 약속을 잊어버린 건 아니겠지요?
5) 설마 약국 문을 벌써 닫은 건 아니겠지요?
02 1) 설마 약속을 잊어버린 건 아니겠지?
2) 설마 비행기가 출발 못 하는 건 아니겠지?
3) 설마 누가 가지고 간 건 아니겠지?
4) 설마 무슨 일이 생긴 건 아니겠지?
5) 설마 남자 친구하고 헤어진 건 아니겠지요?

문법2

01 1) 예매를 했더라면 그 영화를 봤을 거예요
2) 한국어를 잘했더라면 그 회사에 취직했을 거예요
3) 일이 일찍 끝났더라면 친구 생일 파티에 갔을 거예요
4) 비를 맞지 않았더라면 감기에 걸리지 않았을 거예요
5) 길이 막히지 않았더라면 기차를 탔을 거예요
02 1) 준비를 더 많이 했더라면 발표를 잘할 수 있었을 텐데요
2) 버스를 타지 않았더라면(지하철을 탔더라면) 늦지 않았을 텐데
3) 예약했더라면(좀 더 일찍 왔더라면) 여기에서 식사를 할 수 있었을 텐데요
4) 너도 왔더라면 좋았을 텐데
5) 진작 운동을 시작했더라면 더 좋았을 텐데

활동

1) 가: 대학교 면접시험을 봤는데 다른 지원자들보다 나는 한국어 점수가 안 좋았어. 면접시험 준비를 많이 했는데 설마 떨어지는 건 아니겠지?
나: 그 동안 열심히 준비했으니까 너무 걱정하지 마.
가: 한국어 공부를 더 열심히 했더라면 좋았을 텐데.
나: 시험 결과 발표가 아직 안 났으니까 너무 걱정하지 말고 좀 기다려 봐.
2) 가: 요즘 감기에 자주 걸려. 설마 무슨 병에 걸린 건 아니겠지?
나: 환절기라서 더 그런 게 아닐까? 집에서 푹 쉬면 좀 좋아질 거야.
가: 진작부터 운동을 했더라면 몸이 튼튼해져서 이런 걱정도 안 했을 텐데.
나: 그렇게 걱정이 되면 병원에 가 보는 게 어때?

제5과 소통

01 계속 이런 식이라면 그냥 헤어질까 봐요

새 어휘

01 1) 다투 2) 공감할
3) 하늘의 별따기예요 4) 언짢아하셨다
02 1) 언짢 2) 보편적

3) 공감해 4) 하늘의 별따기

주제 어휘

01 1) 한 귀로 듣고 한 귀로 흘린다는
2) 아 다르고 어 다르다는
3) 가는 말이 고와야 오는 말이 곱다는
4) 마이동풍이라고/ 쇠 귀에 경 읽기라고
02 1) 표현하
2) 전달할
3) 이해해
4) 말 한 마디로 천 냥 빚을 갚는다는

문법1

01 1) 그냥 포기할까 보다
2) 대학원에 갈까 보다
3) 기숙사로 옮길까 보다
4) 고향에 가지 말까 보다
5) 헌책을 살까 보다
02 1) 주변이 조용한 집을 찾아볼까 봐
2) 옮길까 봐
3) 혼자서 살까 봐
4) 부동산에 한번 가 볼까 봐
5) 빨리 계약을 할까 봐

문법2

01 1) 목소리만 크지 별로 무섭지 않아요
2) 자기 생각만 하지 남은 배려하지 않아요
3) 공부만 열심히 했지 연애는 한 번도 못했어요
4) 반가워서 웃었을 뿐이지 다른 의미는 없어요
5) 그냥 친구 사이일 뿐이지 그 이상은 아니에요
02 1) 비싸지 2) 일만 했지
3) 운동이지 4) 돈만 쓰지
5) 즐기는 여행이지

활동

1) 요금만 비싸지 이전 모델과 다른 점도 별로 없네. 그냥 싼 걸로 살까 보다.
2) 값만 싸지 품질은 별로 안 좋을 것 같네. 그냥 백화점에 가서 살까 보다.

02 혹시 교수님께서 많이 언짢아하시던가요?

새 어휘

01 1) 쳐다보는 2) 말대꾸를
3) 반성하는 4) 반항하는
02 1) 고개를 숙이 2) 행동했나
3) 쳐다보 4) 반항하는

주제 어휘

01 1) 몸짓 2) 손짓
3) 발짓 4) 눈짓
02 1) 눈살을 찌푸린다 2) 고개를 끄덕이는
3) 고개를 젓는 4) 고개를 갸우뚱하는

문법1

01 1) 약을 먹게요
2) 학교에 자주 안 오게요
3) 사람들이 모여 있게요
4) 답장을 안 보내게요
5) 날마다 김치찌개만 먹게요
02 1) 무슨 안 좋은 일이 생겼나? 표정이 안 좋게
2) 시험이 얼마 안 남았나? 하루 종일 공부만 하게
3) 누가 우리 집에 오나? 음식을 많이 준비하시게
4) 연락이 올 데가 있나? 계속 전화를 쳐다보게
5) 급한 일이 있나? 끝나자마자 나가게

문법2

01 1) 시간이 오래 걸리던가요?
2) 볼거리가 많던가요?
3) 여행한 곳의 음식은 어떻던가요?
4) 여행한 곳의 날씨는 괜찮던가요?
5) 물건 값은 비싸지 않던가요?
02 1) 나: 사람이 많던가요?
가: 네, 사람이 많던데요
2) 나: 신부가 예쁘던가요?
가: 네, 아주 예쁘던데요
3) 나: 맛있던가요?
가: 네, 맛있던데요

4) 나: 재미있던가요?
가: 네, 아주 재미있던데요
5) 나: 힘들지 않던가요?
가: 괜찮던데요

활동

1) 가: 영수 씨, 옷 샀어요? 못 보던 옷을 입고 있게요.
나: 네, 남대문 시장에서 옷을 좀 샀어요.
가: 그 옷이 영수 씨한테 아주 잘 어울리네요. 남대문 시장에 옷이 많던가요?
나: 네, 청바지, 티셔츠, 정장 등 없는 옷이 없던데요.
가: 아, 그래요? 옷값은 어떻던가요?
나: 옷값이 비싸지 않던데요.
2) 가: 영수 씨, 무슨 안 좋은 일 있었어요? 표정이 어둡게요.
나: 실은 어제 TOPIK 시험을 봤는데 잘 못 본 것 같아요.
가: 문제가 많이 어렵던가요?
나: 네, 좀 어렵던데요. 모르는 단어도 많았고요.
가: 시간은 모자라지 않던가요?
나: 모르는 게 많아서 시간도 좀 모자랐어요.

03 소통의 매체인 스마트폰이 오히려 소통을 단절시키는 도구가 된 셈이네

새 어휘

01 1) 돌리면 2) 매체는
3) 주범은 4) 내몰리
02 1) 단절시키 2) 주범이
3) 부재가 4) 씁쓸하다

주제 어휘

01 1) 은둔하 2) 귀를 기울여
3) 외톨이로 4) 경청해야
02 1) 왕따를 당하 2) 소외되어
3) 따돌림을 4) 틀어박혀

문법1

01 1) 1년에 10번 정도 출장을 가니까 한 달에 한 번 출장을 가는 셈이다
2) 올해도 며칠밖에 남지 않았으니까 한 해가 다 간 셈이다
3) 보통 사람들처럼 밥을 먹고 걸어 다닐 수 있으니까 건강이 거의 다 회복된 셈이다
4) 하루의 1/3은 자는 시간이니까 사람이 100년을 산다면 30년은 잠을 자는 셈이다
5) 일주일에 세 번 운동하는데 한 번 할 때 2시간 이상 하니까 하루에 1시간 정도 운동을 하는 셈이다
02 1) 내가 다 준비한 셈이야
2) 숙제를 다 한 셈이에요
3) 우리 팀이 이긴 셈이야
4) 그 영화를 다 본 셈이야
5) 사고를 낸 셈이야

문법2

01 1) 이어폰을 끼었다고 해도 그렇게 음악을 크게 들으면 안 돼요
2) 열심히 노력한다고 해도 결과가 좋아지지 않을 것 같아요
3) 이 일이 아무리 어렵다고 해도 포기하지 않고 끝까지 할 거예요
4) 그 사람이 먼저 사과한다고 해도 화해하지 않을 거예요
5) 네가 거짓말을 했다고 해도 나는 너를 믿을 거야
02 1) 감기에 걸렸다고 해도 전화를 드려야지
2) 집에서 잠만 잔다고 해도 먼지는 닦아야지
3) 빨래할 옷들이 많지 않다고 해도 자주 빨래를 해야지
4) 냉장고 안에 음료수밖에 없다고 해도 가끔 청소는 해야지
5) 아무리 가방이 예쁘다고 해도 사고 싶은 걸 바로 사 버리면 안 되지

활동

1) 가: 일 때문에 바빠서 결혼식 후에 여행을 가지는 못하고 대신 시내 호텔에서 이틀 정도 쉬었어요. 호텔에서 쉬면서 놀았으니까

신혼여행을 간 셈이에요.
나: 호텔에서 쉬면서 놀았다고 해도 그걸로 신혼여행을 갔다고 말할 수는 없지요. 이틀밖에 놀지 못했으니까 신혼여행을 가지 않은 거예요.
2) 가: 방 친구와 싸운 후에 먼저 사과한 사람은 없지만 아무 일 없었던 것처럼 지내요. 일상적인 생활을 잘 하고 있으니까 서로 화해한 셈이에요.
나: 일상적인 생활을 잘 하고 있다고 해도 그걸로 화해했다고 말할 수는 없지요. 아무도 사과하지 않았으니까 화해하지 않은 거예요.

04 잘 듣는다는 게 여간 어려운 일이 아니에요

새 어휘

01 1) 제대로 2) 펼치 3) 명확하 4) 따지
02 1) 일방적으로 2) 반박했다 3) 불쾌해하면서 4) 따지

주제 어휘

01 1) 지지해 2) 비판하 3) 공격했다 4) 방어하
02 1) 중재해 2) 문제를 제기하 3) 반대하 4) 찬성하

문법1

01 1) 화가 나면 참을 게 아니라 솔직하게 얘기하는 게 좋아요
2) 좋아하는 사람을 바라만 볼 게 아니라 좋아한다고 고백하세요
3) 살을 빼고 싶으면 무조건 안 먹을 게 아니라 운동을 같이 하면 좋아요
4) 한국 문화를 알고 싶으면 책만 읽을 게 아니라 직접 문화 체험 활동을 해 보세요
5) 한국말을 잘 하고 싶으면 단어만 많이 외울 게 아니라 한국 친구를 많이 사귀세요

02 1) 그냥 참고만 있을 게 아니라 옆집에 가서 직접 이야기해 보세요
2) 숙제만 할 게 아니라 한국말을 실제로 사용할 기회를 많이 만들면 좋을 것 같아요
3) 책을 읽을 게 아니라 스트레칭을 해 주면 잠이 잘 올 것 같아요
4) 성격이 안 맞는 친구와 계속 살 게 아니라 하숙집으로 옮기세요/ 옮겨 보세요
5) 학교를 그만둘 게 아니라 다른 전공으로 옮기세요/ 옮겨 보세요

문법2

01 1) 하루에 피아노 연습을 6시간 동안 하는 것은 여간 어려운 일이 아니에요
2) 도로에서 헬멧을 쓰지 않고 오토바이를 타는 것은 여간 위험하지 않아요
3) 외국 유학하는 것은 돈이 여간 많이 들지 않아요
4) 겨울에 우리 고향은 여간 춥지 않아요
5) 엄마의 잔소리를 듣는 것은 여간 피곤한 일이 아니에요
02 1) 이 수업에는 공대생들이 여간 많지 않았어요
2) 이 수업에서는 컴퓨터보다 심리학 분야를 많이 공부해서 처음에는 여간 어려운 게 아니었어요
3) 언어학 등 새로운 분야의 학문을 배울 수 있어서 여간 흥미롭지 않았어요
4) 학생들이 스스로 발표와 토론을 많이 해야 해서 여간 힘든 게 아니었어요
5) 스스로 생각하는 힘을 기르고 문제를 제기하는 능력을 키울 수 있어서 도움이 여간 많이 되지 않았어요

활동

1) 가: 회의에서 내가 논리적으로 근거를 들어 주장하는데도 나와 의견이 다른 사람을 설득하는 게 여간 어려운 일이 아니에요.
나: 자기의 의견을 강하게 주장만 할 게 아니라 그 사람의 의견을 먼저 잘 들어 주면 설득에 더 효과적일 것 같아요.
2) 가: 건강을 위해서 잠을 많이 자는데도 여간 피곤하지 않아요.
나: 잠만 잘 게 아니라 운동을 하는 게 어때요?

제6과 대중문화

01 아이돌 가수가 주인공이라던데 재미있어요?

새 어휘

01 1) 사회상을 2) 억지스러운
3) 한숨도 못 잤어요 4) 갈등을
02 1) 각색한 2) 갈등을
3) 반영해서 4) 시청률이

주제 어휘

01 1) 출연자 2) 주연
3) 조연 4) 시청자
02 1) 각색 2) 줄거리
3) 연출은 4) 주인공

문법1

01 1) 웨이 씨가 회사를 그만뒀다던데 다른 직장에 들어갔어요?
2) 중국 사람들은 추석에 특별한 음식을 먹는다던데 이름이 뭐예요?
3) 제주도 밤바다가 무척 아름답다던데 이번 휴가에는 거기로 갑시다.
4) 새로 나온 메뉴가 있다던데 한번 시켜 볼까요?
5) 오늘 오후에 비가 많이 올 거라던데 우산을 가지고 나가세요.
02 1) 요즘에 주말 드라마가 재미있다던데
2) 가수 ○○○가 나온다던데
3) 한국 대표 팀하고 일본 대표 팀하고 축구 경기를 한다던데
4) 대통령 후보자들이 나와서 토론을 한다던데
5) 오늘 눈이 많이 온다던데

문법2

01 1) 옆집 아이는 초등학생치고는 아는 게 많아요
2) 한국 호텔은 고급 호텔치고는 시설이 별로 좋지 않네요
3) 제 친구는 연습을 많이 안 한 것치고는 발음이 좋은 편이에요
4) 제 동생은 한 달 배운 것치고는 테니스를 잘 쳐요
5) 우리 집에 있는 컴퓨터는 오래 사용한 것치고는 상태가 좋은 편이에요
02 1) 기대한 것치고는
2) 제작비를 안 쓴 것치고는/ 저예산 영화치고는
3) 가수치고는
4) 공포 영화치고는
5) 광고를 안 한 것치고는

활동

1) 가: 제가 초보 운전이라서 아직 운전에 서투르니까 이해해 주세요.
나: 초보 운전자치고는 운전을 잘하네요. 요즘 운전면허 따기가 어렵다던데 얼마나 걸렸어요?
2) 가: 이거 동대문 시장에서 산 옷인데 괜찮아요?
나: 시장에서 산 옷치고는 고급스럽네요. 동대문 시장 옷값이 싸다던데 얼마 주고 샀어요?

02 전에는 공개 오디션 프로그램이 인기를 끌더니 이제는 그렇지 않은가 봐

새 어휘

01 1) 선발할 2) 수익을
3) 확보하 4) 정식으로
02 1) 데뷔하 2) 홍보할
3) 오디션을 4) 선발합니다

주제 어휘

01 1) 작사한 2) 활동을 중단했던
3) 편곡해서 4) 무대에 올라서
02 1) 작곡한 2) 음반을
3) 음원은 4) 활동할

문법1

01 1) 교수님이 갑자기 수업 시간을 바꾸는 바람에

그 수업을 듣지 못하게 되었어요
2) 갑자기 친구들이 집으로 놀러 오는 바람에 저녁에 하려고 했던 숙제를 하지 못했어요
3) 갑자기 바람이 세게 부는 바람에 문이 '쾅' 하고 닫혔어요
4) 휴대전화가 고장이 나는 바람에 연락을 하지 못했어요
5) 앞 차가 갑자기 서는 바람에 사고가 났어요

02 1) 늦게 일어나는 바람에 아침 먹을 시간이 없었다
2) 놓치는 바람에 회사에 지각했다
3) 쏟는 바람에 책상 위에 서류들이 다 젖고 말았다
4) 회의 자료를 주는 바람에 회의에 늦고 말았다
5) 넘어지는 바람에 바지가 찢어지고 말았다

문법2

01 1) 지난주에는 날씨가 덥더니 이번 주에는 날씨가 선선해졌어요
2) 정희가 고등학생 때는 뚱뚱하더니 지금은 아주 날씬해요
3) 예전에는 여기에 건물이 별로 없더니 지금은 건물이 많이 생겼어요
4) 제임스가 1년 전에는 한국말을 하나도 못하더니 이제는 한국말을 아주 잘해요
5) 영희가 중학생 때는 공부를 열심히 하지 않더니 고등학생이 된 후로는 열심히 공부해요

02 1) 오빠가 결혼하기 전에는 설거지를 별로 하지 않더니 결혼한 후에는 설거지를 자주 해요
2) 예전에는 공기가 깨끗하더니 요즘에는 공기가 많이 나빠졌어요
3) 예전에는 연예인들이 대부분 국내에서 활동하더니 요즘에는 해외에서 활동하는 사람들이 많아졌어요
4) 예전에는 화장하는 남자들이 없더니 요즘에는 화장하는 남자들도 있어요
5) 예전에는 어른들만 핸드폰을 쓰더니 요즘은 초등학생들도 핸드폰을 많이 써요

활동

1) 민철: 영수야, 평소에 늘 모임에 일찍 오더니 왜 오늘은 늦게 왔어?
영수: 올 때 사고가 나는 바람에 사고를 처리하느라 일찍 올 수 없었어.
2) 민철: 영수야, 늘 밥을 많이 먹더니 오늘은 왜 밥을 안 먹어?
영수: 어제 음식을 잘못 먹는 바람에 배탈이 나서 그래.

03 몇 년 전만 해도 웃음이나 경쟁을 중심으로 하는 오락 프로그램이 많았어요

새 어휘

01 1) 대리 만족을 2) 욕구
3) 가상 4) 때우려고
02 1) 때우 2) 가상
3) 충족하 4) 욕구를

주제 어휘

01 1) 홈쇼핑 2) 편성표를
3) 교양을 4) 시사
02 1) 연예 2) 스포츠
3) 제작진 4) 교양

문법1

01 1) 요즘 신입 사원을 많이 뽑는 회사가 늘었다. S 그룹만 해도 30% 더 뽑는다고 한다
2) 요즘 화장하는 남자들이 많아졌다. 우리 과만 해도 화장하는 남학생들이 있다
3) 커피숍이 많이 늘었다. 우리 집 주변만 해도 대형 커피숍이 5개도 넘는다
4) 한국어를 배우려는 외국인이 많이 늘었다. 우리 학교만 해도 한국어를 배우는 외국인 학생이 2000명 가까이 된다
5) 경제가 좋지 않아서 문을 닫는 가게들이 늘었다. 신촌만 해도 문을 닫은 가게가 많다

02 1) 배만 해도 30%나 줄었어요
2) 계란만 해도 10개에 5,000원이나 해요
3) 우리 과 친구들만 해도 반 이상 어학 연수를 갔어요
4) 서울만 해도 한 달에 100만 명이 방문한다고 해요

5) 2호선만 해도 서 있을 자리가 없을 정도예요

문법2

01 1) 스트레스가 쌓일 때는 노래방에 간다든가 찜질방에 간다든가 해요
2) 남자 친구를 만나면 영화를 본다든가 산책을 한다든가 해요
3) 추석에는 가족들과 모여서 이야기를 한다든가 전통 놀이를 한다든가 해요
4) 학생들이 모이면 반 친구들 이야기를 한다든가 선생님 이야기를 한다든가 해요
5) 모르는 단어가 있으면 사전을 찾는다든가 선생님한테 물어본다든가 해요

02 1) 커튼을 바꾼다든가 가구를 바꾼다든가 하면 실내 분위기가 달라질 수 있어요
2) 전화를 자주 드린다든가 용돈을 드린다든가 하면 부모님께서 좋아하세요
3) 친구가 약속 시간을 지키지 않는다든가 중요한 날을 잊어버린다든가 하는 경우에 화가 많이 나요
4) 텔레비전을 본다든가 책을 읽는다든가 해요
5) 가족과 같이 시간을 보낸다든가 좋아하는 음식을 먹는다든가 할 때 제일 행복해요

활동

1) 가: 나 때문에 친구가 화가 많이 난 것 같아서 걱정이에요. 오늘만 해도 나를 보고 모른 척하고 지나갔어요.
나: 먼저 인사를 한다든가 직접 만나서 사과를 한다든가 하는 게 좋을 것 같아요.
2) 가: 요리를 너무 못해서 고민이에요. 밥만 해도 물을 잘 맞추지 못해서 맛있게 되지 않을 때가 많아요.
나: 인터넷에서 요리법을 찾아서 순서대로 해 본다든가 요리 학원에 다닌다든가 하면 좋을 것 같아요.

04 한국 화장품이 외국인 관광객들한테 날개 돋친 듯이 팔린대

새 어휘

01 1) 날개가 돋친 2) 내국인은
3) 입간판을 4) 동경하는
02 1) 몰려나왔다 2) 눈에 띄었다
3) 열광하는 4) 발 디딜 틈이 없었다

주제 어휘

01 1) 키가 크고 시원스럽고 깨끗한 이미지가 있다
2) 코가 크고 높고 잘생겼다
3) 피부색이 우유 색처럼 하얗고 예쁘다
4) 눈, 코, 입, 귀가 크고 잘생겼다
02 1) 몸매가 좋 2) 얼굴이 갸름해
3) 쌍꺼풀이 져서 4) 이목구비가 뚜렷하

문법1

01 1) 쉬는 날인지 그 식당이 전화를 안 받아요
2) 밖의 날씨가 추운지 길에 사람이 별로 없어요
3) 운동을 열심히 하는지 살이 많이 빠졌어요
4) 에어컨이 고장이 났는지 교실이 더워요
5) 스트레스가 많이 쌓였는지 몸이 아파요
02 1) 수업을 시작했는지
2) 연락이 올 곳이 있는지/ 기다리는 전화가 있는지
3) 어제 밤에 잠을 못 잤는지/ 피곤한지
4) 예습을 했는지/ 미리 공부했는지
5) 무슨 일이 있는지

문법2

01 1) 난리가 난 듯이 시끄러웠어요
2) 대단한 사람이라도 된 듯이 잘난 척했어요
3) 죽일 듯이 쳐다봤어요
4) 땅이 꺼질 듯이 한숨을 쉬어요
5) 비가 곧 쏟아질 듯이 하늘이 어두워졌어요
02 1) 오랜 여행을 떠나는 듯이
2) 무슨 바쁜 일이 있는 듯이
3) 몸이 날 듯이
4) 화가 난 듯이

5) 일이 다 된 듯이 / 취직한 듯이

활동

1) 가: 제임스 씨가 주말에 소개팅을 했다고 들었는데 그 사람의 전화를 기다리는지 하루 종일 전화만 쳐다보고 있어요.
나: 아, 그래서 아까 계속 전화를 쳐다봤군요. 그리고 요즘에는 얼마 전에 헤어진 여자 친구를 벌써 다 잊은 듯이 기분이 아주 좋아 보이더군요.
2) 가: 웨이 씨와 리에 씨가 사귀는지 요즘 두 사람이 항상 같이 다녀요.
나: 안 그래도 저도 그 얘기를 하려고 했는데. 눈에 콩깍지가 씐 듯이 서로에게 푹 빠져 있는 것 같더라고요.

제7과 인터넷

01 중요한 소식을 놓칠까 봐 꺼 놓을 수가 있어야지요

새 어휘

01 1) 신속하 2) 상대적
3) 아예 4) 제약이
02 1) 미화된 2) 박탈감을
3) 게시물을 4) 압박감을

주제 어휘

01 1) 검색 2) 게시판
3) 네티즌 4) 접속
02 1) 가입 2) 글을 올릴
3) 댓글을 달 4) 탈퇴

문법1

01 1) 배가 너무 아파서 먹을 수가 있어야지요
2) 너무 화가 나서 참을 수가 있어야지요
3) 하숙집이 너무 시끄러워서 살 수가 있어야지요
4) 부탁을 너무 여러 번 해서 안 들어줄 수가 있어야지요
5) 아이가 사탕을 너무 좋아해서 안 사 줄 수가 있어야지요
02 1) 사이즈 설명이 잘 나와 있지 않아서 정확히 알 수가 있어야지요
2) 사진만으로는 믿을 수가 있어야지요
3) 직원이 친절해서 따질 수가 있어야지요
4) 더 깎아 준다고 해서 안 살 수가 있어야지요
5) 입은 후에 세탁해 보니까 물도 빠지고 옷도 줄어서 인터넷 사이트에 글을 안 올릴 수가 있어야지요

문법2

01 1) 저는 컴퓨터 게임을 했다 하면 으레 밤을 새워요
2) 제 동생은 화가 났다 하면 이틀 이상 말을 안 해요
3) 우리 회사에서는 회식을 했다 하면 항상 삼겹살집에 가요
4) 선거 기간이라서 사람들이 모였다 하면 정치에 대한 이야기를 해요
5) 제 친구는 입만 열었다 하면 거짓말을 해요
02 1) 책을 한번 들었다 하면 하루 종일 읽어요
2) 한번 운동을 했다 하면 7-8시간 이상 운동해요
3) 게임을 했다 하면 항상 이겼어요
4) 한번 핫도그를 먹었다 하면 으레 10개 이상 먹어요
5) 한번 노래 연습을 했다 하면 4-5시간 이상 하곤 했어요

활동

1) 기자: 게임을 얼마나 자주 하시나요?
게임중독자: 게임을 시작했다 하면 항상 10시간 이상 해요.
기자: 왜 그렇게 게임을 많이 하시나요?
게임중독자: 게임을 안 하면 불안해서 견딜 수가 있어야지요.
2) 기자: 좋아하는 가수를 어느 정도로 따라 다니세요?
팬 카페 회원: 한번 따라다니기 시작했다 하면 3박 4일 이상 따라 다녀요.

기자: 그럼 집에도 안 들어가세요?
게임중독자: 네, 그 사람의 모든 활동을 알고 싶어서 참을 수가 있어야지요.

02 내가 듣기로는 시민들의 위치와 정보 데이터를 수집하고 분석해서 버스 노선을 만들었다던데

새 어휘

01 1) 귀가해야 2) 자정
3) 시민 4) 심야
02 1) 분석해서 2) 패턴을
3) 예측해서 4) 유용한데

주제 어휘

01 1) 입력했다 2) 처리한다
3) 공유한다 4) 분석해
02 1) 데이터를 수집하다 2) 데이터를 저장하다
3) 데이터를 분석하다 4) 데이터를 활용하다

문법1

01 1) 입이 닳도록 이야기했어요
2) 신이 다 닳도록 돌아다녀요
3) 귀에 못이 박히도록 들었어요
4) 손이 발이 되도록 빌었어요
5) 검은 머리가 파뿌리가 되도록 오래 사세요
02 1) 죽도록
2) 배가 터지도록
3) 입에 침이 마르도록
4) 목이 빠지도록
5) 밤새도록 일했어요

문법2

01 1) 경제 전문가의 말로는 내년부터 경제가 좋아질 것이라고 하던데요
2) 신문 보도로는 이번 태풍 때문에 10명 이상이 죽었다던데요
3) 소문으로는 웨이 씨 아버지가 유명한 연예인이라던데요
4) 직장 동료의 말로는 다음 달부터 근무 시간이 연장된대요
5) 의사 선생님 말씀으로는 술을 끊어야 한대요
02 1) 검사 결과로는 2) 신문 보도로는
3) 현재 상황으로는 4) 친구들 말로는
5) 이 서류로는

활동

1) 가: 대학교를 졸업한 지 일 년이 다 되도록 취직이 안 돼서 걱정이에요.
나: 뉴스 보도로는 다음 달에 대기업들이 신입 사원을 뽑는대요. 한번 지원해 보세요.
2) 가: 주말에 코가 삐뚤어지도록 술을 많이 마셨어요.
나: 저도 술을 좋아하는데 요즘엔 못 마셔요. 의사 선생님 말씀으로는 술을 안 끊으면 안 된다고 했거든요.

03 지금 사전 등록을 하나 마나 전시회 무료 체험은 마감됐을 거야

새 어휘

01 1) 감지한다 2) 사전
3) 실시간으로 4) 작동하, 작동하
02 1) 사전 2) 제한
3) 책자를 4) 감지할

주제 어휘

01 1) 인공지능을 2) 인식해야
3) 조절된다 4) 스마트 기기가
02 1) 조작할 2) 조절됩니다
3) 인식할 4) 연동됩니다

문법1

01 1) 슈퍼에 가는 김에 맥주 좀 사다 줄래요?
2) 이 근처에 온 김에 잠깐 들렀어요.
3) 부엌을 청소하는 김에 화장실도 청소했어요.
4) 내 교과서를 사는 김에 친구 것도 샀어요.
5) 가족들이 모두 모인 김에 가족사진을 찍는 게

어때요?

02 1) 도서관 가는 김에 책 좀 하나 빌려 줄래?
2) 거실 청소를 하시는 김에 제 방도 좀 청소해 주실래요?
3) 라면 끓이는 김에 내 것도 같이 좀 끓여 줄래?
4) 일어나신 김에 창문 좀 닫아 주세요.
5) 누나 운동화를 빠는 김에 내 운동화도 빨아 줄래?

문법2

01 1) 켜나 마나예요
2) 입어 보나 마나
3) 먹어 보나 마나
4) 확인해 보나 마나
5) 알아보나 마나

02 1) 그 크림을 바르나 마나(발라 보나 마나) 여드름이 없어지지 않을 거예요
2) 그 다이어트 식품을 먹으나 마나(먹어 보나 마나) 살이 빠지지 않을 거예요
3) 그 렌즈를 끼나 마나(껴 보나 마나) 시력이 좋아지지 않을 거예요
4) 그 샴푸를 사용하나 마나(사용해 보나 마나) 머리카락이 나지 않을 거예요
5) 그 음악을 들으나 마나(들어 보나 마나) 잠이 오지 않을 거예요

활동

1) 가: 가수 '지수'에게 팬레터를 보내는 김에 선물도 같이 보낼까?
나: 그렇게 받는 선물이 너무 많아서 선물을 보내나 마나 열어 보지도 못할 거야.
2) 가: 영화 배우 '우정' 씨의 사인을 받는 김에 사진도 찍어 달라고 부탁할까?
나: 사인을 받으려는 사람이 너무 많아서 부탁해 보나 마나 안 찍어 줄 거야.

04 시스템 해킹으로 인해 사이버 범죄가 끊이지 않고 있습니다

새 어휘

01 1) 이득이　2) 취하는
3) 대책을　4) 혼란

02 1) 마련하　2) 사례
3) 보안　4) 침해

주제 어휘

01 1) 불법 다운로드　2) 악성 애플리케이션이
3) 악성 코드 감염　4) IP 추적을

02 1) 전자 금융 사기　2) 무단 도용
3) 저작권 침해　4) 사이버 수사대가

문법1

01 1) 이번 사건은 사소한 오해로 인해 발생했다
2) 이번 사고로 인해 사랑하는 가족을 잃은 사람들이 있다
3) 작년에 비해 경제적 사정으로 인해 휴학을 하는 학생이 늘었다
4) 편견으로 인해 힘들어하는 사람들이 없는지 주변을 잘 살펴봐야 한다
5) 욕심으로 인해 사람들 사이가 멀어지는 경우도 많다

02 1) 악성 코드 감염으로 인해 개인 정보 유출 사건이 발생했습니다
2) 불법 다운로드로 인해 음반 판매량이 많이 줄어들었습니다
3) 경제적 어려움으로 인해 최근 자살률이 높아지고 있다고 합니다
4) 과속으로 인해 사고가 났다고 합니다
5) 악성 댓글로 인해 정신적 피해를 입고 있는 연예인이 많습니다

문법2

01 1) 피자 1판은 10명이 먹기에는 너무 적어요
2) TOPIK Ⅱ 시험은 1급 학생이 보기에는 너무 어려워요

3) 뉴스는 아이가 보기에는 너무 지루해요
4) 초등학생은 해외로 유학 보내기에는 너무 어려요
5) 오늘 날씨는 반팔을 입기에는 추워요

02 1) 걸어가기에는　　2) 한국어를 배우기에는
3) 2명이 같이 쓰기에는　　4) 신기에는
5) 교환해 드리기에는

활동

1) 가: 선생님, 이건 제 수능 성적표입니다. 낮은 점수로 인해 제가 원하는 대학에 갈 수 있을지 걱정입니다.
나: 어디 봅시다. 원하는 대학을 가기에는 성적이 부족하군요. 원하는 대학에 가려면 아무래도 한 해 더 공부하는 게 좋겠습니다.
2) 가: 선생님, 이건 제 이력서입니다. 출산과 육아로 인해 몇 년간 일하지 못했습니다. 그래서 제가 바로 취직할 수 있을지 걱정입니다.
나: 어디 봅시다. 지금 바로 취직하기에는 일을 너무 오래 쉬었군요 취직하려면 몇개월 동안 취업 교육을 받는 게 좋겠습니다.

제8과 건강

01 슈퍼바이러스를 물리칠 수 있도록 우리 몸의 면역력을 키우는 것도 필요합니다

새 어휘

01 1) 강력해서　　2) 내성이
3) 남용하면　　4) 항생제는

02 1) 물리칠　　2) 일반적으로
3) 감염이　　4) 안심하

주제 어휘

01 1) 해열제　　2) 소화제
3) 수면제　　4) 지사제

02 1) 처방해　　2) 조제한
3) 지사제　　4) 오용하면

문법1

01 1) 그렇게 할 일을 미루다가는 문제가 생길 수 있어요
2) 저렇게 예의 없이 행동하다가는 다른 사람들에게 미움을 받을 거예요
3) 이렇게 담배를 많이 피우다가는 병에 걸릴 거예요
4) 이렇게 결석을 하다가는 성적이 떨어질 거예요
5) 이렇게 급하게 일을 하다가는 실수할 수 있어요

02 1) 다이어트를 자주 하다가는 건강이 나빠지겠다
2) 공부를 안 하다가는 성적이 더 떨어질 거야
3) 그렇게 중국말만 하다가는 한국어 실력이 늘지 않겠다
4) 그렇게 돈을 많이 쓰다가는 아빠한테 혼나겠다
5) 이렇게 계속 통화하다가는 못 내릴 것 같아요

문법2

01 1) 음식이 모자라지 않도록 넉넉하게 준비하는 게 좋겠어요
2) 다시는 이런 실수를 하지 않도록 조심하세요
3) 깨지지 않도록 포장을 잘 해 주세요
4) 많은 사람들이 살 수 있도록 값을 좀 내리세요
5) 친구들이 길을 잘 찾을 수 있도록 약도를 좀 그려 주세요

02 1) 아침에 일찍 일어날 수 있도록 밤에 좀 일찍 자는 게 좋겠어요
2) 체하지 않도록 천천히 먹을게요
3) 잊어버리지 않도록 메모를 해
4) 비를 맞지 않도록 우산을 가지고 가
5) 필요 없는 것을 사지 않도록 쇼핑하기 전에 계획을 세워 봐

활동

1) 가: 요리하기가 귀찮아서 요즘에 계속 인스턴트 음식만 먹어.
나: 그렇게 인스턴트 음식만 먹다가는 건강이 나빠지겠다. 건강이 나빠지지 않도록 몸에 좋은 음식을 좀 먹어.
2) 가: 컴퓨터 게임을 한 번 시작했다 하면 밤을 새우게 돼.
나: 그렇게 컴퓨터 게임을 오래 하다가는 눈이

나빠지겠다. 게임을 너무 오래 하지 않도록 게임하기 전에 시간을 좀 정해서 해.

02 작심삼일이라더니 온갖 간식거리가 다 있네요

새 어휘

01 1) 영양소가 2) 섭취하는
3) 당뇨병 4) 공복감
02 1) 뇌졸중 2) 유혹을
3) 뿌리치 4) 작심삼일이

주제 어휘

01 1) 단백질 2) 비타민
3) 지방 4) 탄수화물
02 1) 제철 음식을 2) 유기농 식품을
3) 발효 식품을 4) 저염식으로

문법1

01 1) 요즘 아이들은 집중을 못 한다더니 초등학생 조카가 30분 이상 공부를 못 해요
2) 지구 온난화가 심각하다더니 이번 겨울은 무척 따뜻하군요
3) 우유를 마시면 키가 커진다더니 어렸을 때부터 매일 우유를 1l 이상 마신 제 친구는 저보다 키가 훨씬 커요
4) 사랑을 하면 닮는다더니 그 부부는 남매처럼 비슷하게 생겼어요
5) 윗물이 맑아야 아랫물이 맑다더니 저 집 부모들이 인사를 안 하니까 아이들도 인사를 안 하는군요
02 1) 부전자전이라더니
2) 대기만성이라더니
3) 떡 줄 놈은 생각지도 않는데 김칫국부터 마신다더니
4) 호랑이도 제 말 하면 온다더니
5) 배보다 배꼽이 크다더니

문법2

01 1) 비빔밥을 비롯하여
2) 가방을 비롯하여
3) 대통령을 비롯하여
4) 인천 공항을 비롯하여
5) 가수를 비롯하여
02 1) 비만 전문 의사를 비롯하여
2) 학생을 비롯하여
3) 덴마크 다이어트를 비롯하여
4) 수영을 비롯하여
5) 두통을 비롯하여

활동

1) 대형 쇼핑몰을 비롯하여 대형 마트, 백화점 등 대기업에서 운영하는 매장들의 가격 경쟁이 심하다. 고래 싸움에 새우 등 터진다더니 이런 현상으로 인해 작은 가게들이 큰 어려움을 겪고 있다.
2) 오랜만에 바닷가에 회를 먹으러 갔다. 그런데 시장에 있는 생선 가게를 비롯하여 횟집 등이 다 문을 닫았다. 가는 날이 장날이라더니 나쁜 날씨 때문에 잡힌 생선이 없어서 회를 먹을 수 없었다.

03 제가 우울증에 걸린 건 아닌가 걱정이 되기도 해요

새 어휘

01 1) 방치하면 2) 시달려요
3) 유발할 4) 숙면을
02 1) 방치하면 2) 불면증으로
3) 식욕이 4) 불안 장애와

주제 어휘

01 1) 중독 2) 염려할
3) 우울해지네요 4) 대인기피증을
02 1) 초조한 2) 공황 장애
3) 공포증
4) 외상 후 스트레스 장애를

문법1

01 1) 이 영화는 웃기기도 하고 슬프기도 해요
2) 혼자 사는 게 편하기도 하고 외롭기도 해요
3) 친구가 결혼하니까 기쁘기도 하고 섭섭하기도 해요
4) 이 방은 우리 가족의 휴식을 위한 공간이기도 하고 소통을 위한 공간이기도 해요
5) 고등학생 때는 내 인생에서 가장 힘들었던 때이기도 하고 가장 행복했던 때이기도 해요

02 1) 보람을 느끼기도 합니다
2) 재미있기도 했습니다
3) 가볍기도 합니다
4) 설레기도 합니다
5) 사회적인 문제이기도 하

문법2

01 1) 몸에 좋은 약은 입에는 쓰나 몸에는 좋다
2) 그 둘은 한 부모 밑에서 자란 형제였으나 성격은 전혀 달랐다
3) 미선이와 나의 관계는 친구 이상의 관계이나 연인 관계라고 말할 수는 없다
4) 독도에 가서 동식물을 관찰하고 싶었으나 바람이 심하게 불어서 가지 못했다
5) 오늘 10시에 상품 발표회가 예정되어 있었으나 내일 10시로 연기되었다

02 1) 자려고 하나 자지 못함
2) 사귀고 싶어하나 사귀지 못함
3) 많이 했으나 잘 발표했다고
4) 술을 마셨으나 지금은 일주일에 한 번 정도 마심
5) 무서워했으나 지금은 새와 같이 있어도 무서워하지 않음

활동

1) 휴대 전화 사용으로 연락이 아주 쉬워졌으나 여기 저기 수시로 울리는 벨소리는 사람들에게 피해가 되기도 한다.
2) 건강에 대한 관심 증가로 사람들의 건강은 좋아졌으나 일부 사람들은 지나치게 건강을 염려하기도 한다.

04 조사에 의하면 우리 국민의 평균 수명이 80세가 넘었다고 합니다

새 어휘

01 1) 걸림돌이 되　2) 고통을
3) 실감하　4) 가중시키

02 1) 장수　2) 가중시키
3) 목돈　4) 부작용이

주제 어휘

01 1) 영·유아기　2) 아동기
3) 청소년기　4) 중년기

02 1) 성장을　2) 사망
3) 노년기　4) 청·장년기

문법1

01 1) 의사 선생님 말씀에 의하면
2) 신문 기사에 의하면
3) 소문에 의하면
4) 친구 말에 의하면
5) 연구 결과에 의하면

02 1) 선배들의 충고에 의하면
2) 일기예보에 의하면
3) 할머니(어머니) 말씀에 의하면
4) 의사 선생님 말씀에 의하면 / 신문의 건강 칼럼에 의하면
5) 입시 전문가의 말에 의하면

문법2

01 1) 커피를 마시고 보니 내 커피가 아니었다
2) 지하철에서 졸다가 서둘러서 내리고 보니 내가 내릴 역이 아니었다
3) 홈쇼핑에서 물건을 사고 보니 집에 똑같은 것이 하나 더 있었다
4) 아이를 심하게 야단치고 보니 좀 후회가 된다
5) 친구에게 농담을 하고 보니 실수를 한 것 같다

02 1) 결혼하고 보니
2) 이사를 하고 보니
3) 듣고 보니

4) 옮기고 보니
5) 꾸미고 보니

활동

1) 가: 아이가 일찍 영어 공부를 시작해서 영어 실력이 좋다면서요?
   나: 네, 그런데 아이에게 너무 일찍 영어를 가르치고 보니 걱정이 돼요. 교육 전문가의 말에 의하면 너무 일찍 영어를 가르치면 오히려 아이에게 혼란을 일으킬 수도 있다고 해요.
2) 가: 미선이한테 살쪘다고 농담을 했다면서?
   나: 응, 그렇게 말을 하고 보니 후회가 돼. 옆반 친구의 말에 의하면 내가 한 말 때문에 미선이가 상처를 받았대.

제9과 환경

01 젊어서 고생은 사서도 한다고 나한테는 의미 있는 여행이었어

새 어휘

01 1) 현지인 2) 한마디로
3) 일회용품을 4) 뿌듯했다
02 1) 최대한 2) 보탬을
3) 한마디로 4) 뿌듯한데

주제 어휘

01 1) 자연친화 2) 보호하다
3) 보존하다 4) 파괴하다
02 1) 개발하는 2) 훼손하는
3) 규제하 4) 보존하면서

문법1

01 1) 식당 주인은 식당 주인대로 손님은 손님대로
2) 백화점은 백화점대로 시장은 시장대로
3) 환자는 환자대로 환자 가족은 환자 가족대로
4) 부모는 부모대로 아이들은 아이들대로
5) 마리아는 마리아대로 리에는 리에대로
02 1) 편지는 편지대로 좋은 점이 있어요
2) 영수는 영수대로 매력이 있어
3) 리에는 리에대로 고민이 있을 거야
4) 웨이는 웨이대로 걱정이 있을 거야
5) 연극은 연극대로 재미가 있어

문법2

01 1) 유비무환이라고 급할 때를 위해서 미리 저금을 해 두어야 해요
2) 옷이 날개라고 옷을 잘 차려 입으니까 정말 멋있어 보여요
3) 윗물이 맑아야 아랫물이 맑다고 부모가 항상 규칙을 안 지키니까 그 아이들도 똑같이 하는군요
4) 꼬리가 길면 밟힌다고 계속 남의 물건을 훔치더니 결국 잡혔군요
5) 고생 끝에 낙이 온다고 조금만 더 참으면 좋은 날이 올 거예요
02 1) 작심삼일이라고
2) 세 살 적 버릇 여든까지 간다고
3) 시간이 약이라고
4) 시작이 반이라고
5) 배보다 배꼽이 크다고

활동

1) 어머니: 부전자전이라고 우리 영수는 아버지를 닮아서 운동하는 것을 싫어해요.
   어머니 친구: 영수는 영수대로 시간이 날 때마다 운동을 하겠지요. 너무 걱정하지 마세요.
2) 어머니: 우리 미선이는 왜 그렇게 동생한테 화를 자주 내는지 모르겠어요. 가는 말이 고와야 오는 말이 곱다고 자기가 먼저 동생한테 좋은 말을 해야 동생한테서 좋은 말을 들을 텐데…….
   어머니 친구: 아마 미선이는 미선이대로 동생과 잘 지내려고 노력할 거예요. 그러니까 너무 걱정하지 마세요.

02 창의적이고 기발한 제품들이 어찌나 많은지 깜짝 놀랐어요

새 어휘

01 1) 기발한 2) 용어를
3) 방수포를 4) 생소해서
02 1) 창의적 2) 폐지를
3) 친환경적이라고 4) 기발한

주제 어휘

01 1) 수질 오염으로 2) 대기 오염이
3) 토양 오염이 4) 폐수를
02 1) 분리해서 2) 배출해야
3) 재활용할 4) 폐기물을

문법1

01 1) 광고 전화가 어찌나 자주 오는지 귀찮아 죽겠어
2) 두 사람이 어찌나 많이 닮았는지 다들 형제인 줄 알아요
3) 시험이 어찌나 어려운지 한 문제도 못 풀었어요
4) 돌잔치 집에서 어찌나 많이 먹었는지 배가 터질 것 같아요
5) 음식이 어찌나 매운지 입에서 불이 나는 줄 알았어
02 1) 산 정상이 어찌나 먼지
2) 바람이 어찌나 세차게 부는지
3) 정상에서 보는 전망이 어찌나 아름다운지
4) 어찌나 귀여운지
5) 어찌나 맛있는지

문법2

01 1) 영화배우며 영화감독이며
2) 수학이며 영어며
3) 클래식 음악이며 록 음악이며 다 좋아해요
4) 음료수며 생활용품이며 다 살 수 있어요
5) 치킨이며 피자며 다 시켜 먹을 수가 있어요
02 1) 소파며 전자레인지며
2) 대도시며 중소 도시며
3) 의자며 그릇이며
4) 청바지며 운동복이며
5) 이태원이며 홍대며

활동

1) 가: 유명한 사람도 봤어요?
나: 네, 유명 여배우 전지연 씨도 봤는데 어찌나 예쁜지 이 세상의 사람 같지가 않았어요. 눈이며 코며 안 예쁜 곳이 없었어요.
2) 가: 파티에 온 사람들은 어땠어요?
나: 돈 많은 여자들이 어찌나 많은지 부러워 죽을 것 같았어요. 가지고 있는 가방이며 입고 있는 옷이며 명품 아닌 것이 없던데요.

03 대책을 서둘러 마련하지 않고서는 재앙을 피할 수 없을 겁니다

새 어휘

01 1) 닥치면 2) 잠겼다
3) 급격하 4) 접해
02 1) 해수면은 2) 잠겨서
3) 면적이 4) 재앙이

주제 어휘

01 1) 홍수가 나다 2) 지진이 나다
3) 가뭄이 들다 4) 해일이 일어나다
02 1) 산성비가 2) 온실 효과가
3) 이상 기후라고 4) 미세 먼지가

문법1

01 1) 이 학원은 학생이 많은 걸 보면 잘 가르치는 게 틀림없다
2) 친구가 많은 걸 보면 성격이 좋은 게 틀림없다
3) 서로 말을 안 하는 걸 보면 싸운 게 틀림없다
4) 선생님이 중요하다고 계속 말씀하시는 걸 보면 시험에 나올 게 틀림없다
5) 전화를 계속 안 받는 걸 보면 무슨 일이 생긴 게 틀림없다
02 1) 창문으로 들어온 게 틀림없어요
2) 남자인 게 틀림없
3) 경험이 많은 게 틀림없어요

4) 또 범행을 저지를 게 틀림없으니까요
5) 잡힐 게 틀림없어요

문법2

01 1) 그 유적지는 반바지를 입고서는 입장할 수 없다
2) 1년 이상 사귀지 않고서는 그 사람을 제대로 알 수 없다
3) 가계부를 쓰지 않고서는 돈을 절약하기가 어렵다
4) 내비게이션을 켜지 않고서는 길을 찾아갈 수가 없다
5) 동아리 활동을 하지 않고서는 재미있는 대학 생활을 하기가 어렵다

02 1) 적어도 출발 1시간 전까지 도착하지 않고서는 탑승 수속을 끝내기가 어렵습니다
2) 선글라스를 쓰고서는 출국 심사를 받을 수 없습니다
3) 100ml 이상의 화장품을 휴대하고서는 비행기에 탑승할 수 없습니다
4) 칼이나 가위 등을 휴대하고서는 비행기에 탑승할 수 없습니다
5) 여권을 소지하지 않고서는 면세점을 이용할 수 없습니다

활동

1) 수미: 내일이 추석인데 기차표를 못 샀어. 기차역에 가면 표를 살 수 있겠지?
리리: 벌써 표가 매진되었을 게 틀림없어. 그래도 혹시 모르니까 저 직원한테 한번 물어보자.
기차표를 예매하지 못했는데 명절날 기차역에 가면 표를 살 수 있을까요?
직원: 아침 일찍부터 줄을 서지 않고서는 표를 사실 수가 없습니다.

2) 수미: 할인 쿠폰을 집에 놓고 왔는데 할인을 받을 수 있을까?
리리: 할인 쿠폰이 없으면 할인을 못 받을 게 틀림없어. 그래도 혹시 모르니까 저 직원한테 한번 물어보자.
할인 쿠폰을 안 가지고 왔는데 핸드폰 번호 확인만으로 할인을 받을 수 있을까요?
직원: 할인 쿠폰을 소지하지 않고서는 할인을 받으실 수 없습니다.

04 이 습지마저 없어지면 안 되겠습니다

새 어휘

01 1) 식히 2) 게을리했더니
3) 공존 4) 습지를
02 1) 공존이 2) 생태계가
3) 식혀 4) 정화하는지

주제 어휘

01 1) 대륙 2) 계곡
3) 반도 4) 사막
02 1) 진화하 2) 멸종하
3) 서식하 4) 계곡

문법1

01 1) 그 배우는 그림자마저 멋있다
2) 아버지는 물론 엄마마저 내 유학을 반대해서 섭섭했다
3) 어머니께서 돌아가신 지 1년 만에 아버지마저 돌아가셨다
4) 학생들 대부분이 그 문제를 틀릴 거라고 예상했지만 우리 반 1등마저 틀릴 거라고는 예상하지 못했다
5) 30년 만에 만난 쌍둥이 자매는 머리 모양, 취미 등 많은 것이 같았는데 놀랍게도 남편의 직업마저 같았다

02 1) 가장 친한 친구마저
2) 강아지마저
3) 화내는 모습마저
4) 생일마저
5) 기억마저

문법2

01 1) 텔레비전은 아이들의 사고력을 떨어뜨리며 가족들과의 대화 시간을 빼앗는다
2) 인생에서 일찍 출발한 사람이 꼭 이기는 것도 아니며 늦게 출발한 사람이 꼭 지는 것도 아니다

3) 케냐에는 경치가 아름다운 국립공원이 있으며 사자나 코끼리 같은 동물들도 볼 수 있다
4) 이번 조사는 20대 남녀 100명을 대상으로 실시되었으며 조사 방법은 전화로 진행되었다
5) 중국어가 세계에서 가장 많은 사람들이 사용하는 언어이며 그 다음으로 많이 쓰는 언어는 스페인어이다

02 1) 1년 과정이며 한 학기는 일주일에 30시간씩 총 210시간이다
2) 10과로 이루어져 있으며 한 과가 끝날 때마다 연습 문제가 있다
3) 사흘 동안 진행될 예정이며 체육대회와 가요제 등 다양한 행사가 마련되어 있다
4) 수요일에 편성되었으며 한 회당 60분씩 방송될 예정이다
5) 한국과 중국이 공동으로 제작했으며 제작비는 100억이 들었다

활동

1) 아버지 사업이 어려워지니까 어머니는 생활비를 마련하기 위해 보석을 팔기 시작하셨다. 처음에는 우리 돌잔치 때 받았던 금반지를 파셨고 그 다음에는 아버지께 선물로 받은 보석을 파셨으며 마지막에는 결혼반지마저 팔아 버리셨다.
2) 내 친구는 화가 나면 물건을 정리하는 습관이 있다. 오늘은 정말 화가 나는 일이 있었나 보다. 처음에는 책을 크기에 따라 정리했고 그 다음에는 옷을 종류에 따라 정리했으며 마지막에는 음료수마저 크기에 따라 정리했다.

제10과 직업

01 적성을 고려해서 직장을 신중하게 선택할걸 그랬어

새 어휘

01 1) 돈벌이로도 2) 타협하
3) 단지 4) 조급하

02 1) 만만하 2) 결코
3) 증명사진 4) 타협하는

주제 어휘

01 1) 생계를 이어 2) 능력을 발휘해서
3) 자아를 실현하 4) 가치를 추구하는

02 1) 보람 2) 부와
3) 명예와 4) 권력을

문법1

01 1) 필요할 때 쓰라고 이모가 용돈을 주셨어요
2) 겨울을 따뜻하게 보내라고 장갑을 선물했어요
3) 이기라고 우리 팀을 열심히 응원했어요
4) 졸지 말라고 친구에게 커피를 사 줬어요
5) 심심할 때 읽으라고 만화책을 빌려 줬어요

02 1) 오래 오래 행복하게 잘 살라고 국수를 먹어요
2) 원하는 학교에 붙으라고 찹쌀떡을 선물했어요
3) 모르는 문제가 나와도 잘 찍으라고 포크를 줬어요
4) 부자가 되라고 가루비누를 사 가지고 갔어요
5) 하는 일마다 잘 풀리라고 휴지를 사 가지고 갔어요

문법2

01 1) 우산을 가지고 올걸 그랬어요
2) 좀 더 열심히 공부할걸 그랬어요
3) 처음부터 거절할걸 그랬어요
4) 보지 말걸 그랬어요
5) 한국에 오지 말걸 그랬어요

02 1) 지하철을 탈걸 그랬어요
2) 전화를 드릴걸 그랬어요
3) 이 회사에 오지 말걸 그랬어요 / 다른 일을 선택할걸 그랬어요
4) 신중하게 결정할걸 그랬어요
5) 친구들 말을 들을걸 그랬어요

활동

1) 가: 왜 동생에게 빵을 사 줬어요?
나: 배고플 때 먹으라고 빵을 사줬는데 오늘 소화가 안돼서 빵을 먹고 싶지 않대요. 그

냥 돈을 줄걸 그랬어요.
2) 가: 왜 할아버지께 청바지를 사 드렸어요?
나: 편하게 입으시라고 청바지를 사 드렸는데 청바지는 안 입으신대요. 그냥 평범한 옷을 사 드릴걸 그랬어요.

02 저는 신입사원 모집에 지원하고자 몇 해 전부터 취업 준비를 해 온 대학생입니다

새 어휘

01 1) 철학은 2) 창의성을
3) 중요시해서 4) 모집
02 1) 채용 2) 학벌
3) 중요시했다 4) 창의성

주제 어휘

01 1) 이직하는 2) 실직하는
3) 취업하 4) 근무하
02 1) 지원하다 2) 면접하다
3) 근무하다 4) 퇴직하다

문법1

01 1) 한국인의 취미 생활에 대해 조사하고자 합니다
2) 지금부터 지난번 조사 결과에 대해 알려 드리고자 합니다
3) 신제품에 대한 소비자들의 반응을 알아보고자 설문 조사를 했습니다
4) 이 문제에 대해 전문가들의 의견을 들어 보고자 여러 교수님들을 이 자리에 모셨습니다
5) 출퇴근 시간의 복잡한 교통 문제를 해결하고자 버스 전용 차선을 만들었습니다
02 1) 우리 대학에서 공부하는 외국인 유학생들의 한국 생활을 돕고자
2) 유학생들의 글쓰기 실력을 높이고자 한국어 보고서 쓰기 수업을 시작했습니다
3) 빨리 익숙해지게 하고자 한국인 가정을 체험하게 하고 있습니다
4) 유학생들의 문제 해결을 돕고자 상담실을 운영하고 있습니다
5) 여러 나라 학생들과 친해질 수 있는 기회를 제공하고자 1년에 한 번 축제를 엽니다

문법2

01 1) 기차가 곧 출발하므로 자리에 앉아 주시기 바랍니다
2) 요즘 전화 사기로 피해를 입은 사람들이 많으므로 모르는 번호로 걸려 오는 전화는 안 받는 것이 좋습니다
3) 요즘 졸업식을 하는 학교가 많으므로 꽃값이 올랐을 것입니다
4) 지금 옆방에서 중요한 회의 중이므로 조용히 해야 합니다
5) 시내에 큰 교통사고가 났으므로 길이 많이 막힐 겁니다
02 1) 황사와 미세 먼지가 심할 것으로 예상되므로
2) 습도도 높으므로
3) 비가 내리므로 우산을 가지고 나가는 것이 좋겠습니다
4) 날씨가 쌀쌀해지므로 실내 온도를 높이는 것이 좋겠습니다
5) 계속되므로 외출할 때 항상 마스크를 가지고 다니는 것이 좋겠습니다

활동

1) 아파트 주민들께,
아파트의 물탱크를 청소하고자 이번 주 금요일에 단수를 합니다. 금요일 오전 9시부터 오후 7시까지 물이 나오지 않으므로 미리 물을 받아 놓으시기 바랍니다.
2) 연세대 학생들께,
가정 환경이 어려운 학생들을 돕고자 수업 후에 학생회관에서 바자회를 엽니다. 헌 옷이나 가방 등을 기부 받으므로 사용하지 않는 옷이나 물건이 있으면 기부해 주세요.

03 연봉도 연봉이지만 기업 문화 때문에 이직을 많이 하는 것 같아

새 어휘

01 1) 부쩍 2) 보수적이다
3) 유심히 4) 응할지
02 1) 응한 2) 부쩍
3) 연봉을 4) 권위적

주제 어휘

01 1) 연금으로 2) 상여금은
3) 보수를 4) 퇴직금으로
02 1) 월급 2) 급여/월급
3) 상여금이 4) 수당

문법1

01 1) 돈도 돈이지만 신분증을 잃어버려서 속상하다
2) 디자인도 디자인이지만 질이 좋아야 물건이 잘 팔린다
3) 값도 값이지만 음식이 맛있어서 좋다
4) 일이 힘들기도 하지만 내 적성에 안 맞아서 그만둘 생각이다.
5) 새로 구한 집은 교통이 편리하기도 하지만 주변 환경이 깨끗해서 마음에 든다
02 1) 업무도 업무지만 회사 분위기를 파악하느라 정신이 없어요
2) 경기가 나쁘기도 하지만 이직하는 직원이 많아서 힘들어요
3) 근무 조건도 근무 조건이지만 변화가 필요한 때여서 이직하려고 해요
4) 일도 일이지만 동료와의 갈등 때문에 스트레스가 쌓여요
5) 회식도 회식이지만 갑자기 아이가 아파서 출근하지 못할 때 더 마음이 불편해요

문법2

01 1) 영수는 머리가 너무 아프다고 병원에 갔다
2) 친구는 미안하다고 나에게 사과를 줬다
3) 영희는 치과 가기 싫다고 치과 가는 걸 계속 미루고 있다
4) 리리는 칠판이 잘 안 보인다고 교실 앞 자리로 옮겼다
5) 직원은 환불 기간이 지났다고 환불해 주지 않았다
02 1) 건강이 나빠졌다고
2) 아이의 대학 등록금이 필요하다고
3) 지난번에 큰 계약을 성공시켰다고
4) 사장님께 청첩장을 드리겠다고
5) 내일 중요한 회의가 있다고

활동

1) 가: 이번 휴가는 안 갈까 봐.
나: 왜? 일이 바빠?
가: 일이 바쁘기도 하지만 돈이 부족해.
나: 휴가 때 해외여행 가겠다고 돈을 열심히 모았잖아.
가: 새 컴퓨터 사느라고 그 돈을 썼거든.
2) 가: 남자친구 생일 파티는 식당에서 할까 봐.
나: 왜? 음식 만들기 귀찮아?
가: 귀찮기도 하지만 집이 좀 좁아서 그래.
나: 집이 좁다고 좀 큰 집으로 이사했잖아.
가: 이번에는 손님을 많이 초대했거든.

04 앞으로 다양한 정보를 참고해 가면서 미래를 준비하세요

새 어휘

01 1) 참고해서 2) 떠오르
3) 유망한 4) 재생 에너지
02 1) 변리사는 2) 떠오르
3) 종사자 4) 참고해

주제 어휘

01 1) 전문직 2) 사무직
3) 성직 4) 서비스직
02 1) 연구직이 2) 교직이나
3) 성직이 4) 영업직이

문법1

01 1) 어떤 운동은 근력을 키우기에 좋은가 하면 어떤 운동은 지구력을 키우기에 좋아요
2) 어떤 나라에서는 손을 흔들면서 인사하는가 하면 어떤 나라에서는 포옹하면서 인사해요
3) 어떤 도자기는 색이 아름다운가 하면 어떤 도자기는 형태가 아름다워요
4) 어떤 아이는 입맛이 까다로운가 하면 어떤 아이는 뭐든지 잘 먹어요
5) 어떤 와인은 고기 요리에 어울리는가 하면 어떤 와인은 생선 요리에 어울려요

02 1) 어떤 학생들은 문과로 진학하는가 하면 어떤 학생들은 이과로 진학해요
2) 바로 회사에 취직하는 학생들이 있는가 하면 대학교에 진학하는 학생들도 있어요
3) 어떤 학생들은 대학교를 마치고 군대에 가는가 하면 어떤 학생들은 휴학하고 군대에 가기도 해요
4) 바로 대학원에 들어가는 사람들이 있는가 하면 사회생활을 몇 년 한 후 대학원에 들어가는 사람들도 있어요
5) 졸업하고 바로 취직하는 경우가 있는가 하면 전문직 자격증을 따기 위해서 몇 년 씩 공부하는 경우도 있어요

문법2

01 1) 물을 마셔 가면서 삶은 계란을 먹어야 목이 막히지 않을 거예요
2) 설명서를 읽어 가면서 기계의 사용법을 배우면 기능을 자세히 알 수 있어요
3) 써온 걸 봐 가면서 발표하면 도움이 돼요
4) 시계를 봐 가면서 시험 문제를 풀어야 주어진 시간 안에 모든 문제를 풀 수 있어요
5) 휴게소에서 쉬어 가면서 장거리 운전을 하세요

02 1) 건강에 좋은 음식을 먹어 가면서
2) 상대방의 말을 들어 가면서
3) 모르는 길은 사람들에게 물어 가면서
4) 맛을 봐 가면서
5) 중요한 내용은 수첩에 적어 가면서

활동

1) 어려운 문제가 있을 때 혼자서 해결하는 사람이 있는가 하면 주변 사람들과 의논하는 사람도 있다. 여러 사람들과 의논해 가면서 해결해야 문제를 잘 해결할 수 있을 것이다.
2) 발표할 때 이야기만 하는 사람이 있는가 하면 시각 자료를 보여 주는 사람도 있다. 시각 자료를 보여 줘 가면서 발표하면 발표를 훨씬 더 잘 할 수 있을 것이다.

ㅁ

ㅂ

ㅅ

YONSEI ACADEMIC KOREAN Vocabulary & Grammar INTERMEDIATE 2

연세 대학한국어 어휘·문법 중급 Ⅱ

편저자 연세대학교 한국어학당 교재편찬위원회
집필진 김미옥 · 장부연 · 김지혜 · 이지연 · 김소연 · 장주연
펴낸곳 연세대학교 출판문화원

주소 서울시 서대문구 연세로 50
전화 02) 2123-3378~80
팩스 02) 2123-8673
ysup@yonsei.ac.kr
http://press.yonsei.ac.kr
등록 1955년 10월 13일 제9-60호
인쇄 동국문화
삽화 문춘경 외

2016년 12월 29일 1판 1쇄
2025년 3월 28일 1판 7쇄

ISBN 978-89-6850-177-7 (04710)
978-89-6850-154-8 (세트)

값 24,000원